旅游服务与管理专业“十三五”规划系列教材
国家示范院校专业建设项目成果

旅游市场营销

LVYOU SHICHANG YINGXIAO

主　编　刘　颖　李　娟
副主编　刘春富　魏增华
参　编　单小珂　李　俊

旅游市场是旅游产品商品化的场所，是旅游企业产生各种旅游经济行为的领域，同时也是旅游生产者与旅游消费者的中介。旅游市场是社会经济发展到一定程度，旅游活动商品化、社会化的产物。

中国商业出版社

图书在版编目(CIP)数据

旅游市场营销/刘颖,李娟主编. －北京:中国商业出版社,2018.2
ISBN 978－7－5044－7443－8

Ⅰ.①旅… Ⅱ.①刘…②李… Ⅲ.①旅游市场－市场营销学Ⅳ.①F590.8

中国版本图书馆CIP数据核字(2011)第276864号

责任编辑:于印辉

中国商业出版社出版发行
010－63180647 www.c－chook.com
(100053 北京广安门内报国寺1号)
新华书店经销
北京银祥印刷有限公司印刷

开本:787×1092毫米 1/16 印张:13.5 字数:250千字
2018年2月第1版 2018年2月第2次印刷
定价:35.00元

* *
(如有印装质量问题可更换)

总序

随着中国经济日新月异的发展，人们的生活方式和生活观念也在悄然发生变化，在工作之余，越来越多的人们也把休闲旅游度假作为一种生活时尚。同时，人们也认识到，通过休闲旅游不仅可以让人身心放松，还可以增加见识，增长知识。正可谓："行万里路，读万卷书。"因此，未来我国更加需要大量旅游服务管理专业人才来为人们进行专业引导和服务，旅游市场大有可为。

放眼世界，各国旅游业经历了持续快速的发展，旅游业已成了世界上最大规模的产业，越来越多的旅游目的地对旅游者开放，使旅游业成为了世界经济发展的重要推动力。即使在国际金融危机爆发的大背景下，旅游业虽然受到一定重创，但该产业仍然占全球GDP的9.4个百分点，为世界提供了2.35亿个工作岗位。世界每11.8个工作中，就有1个是旅游业提供。就全世界范围而言，旅游业已成为世界上最重要的绿色产业之一。长远看，旅游在推动世界经济发展中保持领先的角色。同时在保障就业和消除贫困方面，旅游业必定有更大贡献。

再就我国旅游业来看，虽然起步较晚，但发展迅猛。为此国家旅游局又修订并出台新的旅游法律法规。2009年底，国家又出台《国务院关于加快发展旅游业的意见》（国发[2009]41号），将旅游业定为全国战略支柱产业。2010年上海世博会上，每天接待游客达45万人次，足以证明旅游业的成就。再者，旅游业是关联性很强的产业，直接或间接带动相关联的产业和部门达100多个，其产业关联效应明显。目前全国已有20多个省区市都把旅游定为支柱产业来优先重点发展。相信，有各级各地政府的重视，将使旅游业在国民经济增长和社会和谐发展方面扮演更加重要的角色。因此，我们特邀请全国部分旅游院校的领导和专家，齐聚北京，针对当前旅游业的发展和人才培养方面，进行了研讨，并组织编写了本套教材。

本教材在编写过程主要突出以下几个特点：

1. 针对性

本套教材为旅游院校教材，针对当前的旅游从业人员的特点，安排教材内容和体系。采取课堂教学和实际操作、校外指导相结合的教学方式。从而使授者易教，学者易学。

2. 实用性

本套教材在编写之初就本着"必需"、"实用"为宗旨，既参考以前出版的教材内容，进行"取舍"，又参考教育部教学大纲以及国家旅游局导游资格考试的新标准设置各科内容。这样使学生通过系统学习之后，能在掌握基础知识同时又能在工作中发挥实际作用。

3. 创新性

本套教材在内容编排上，努力在总结专家、学者经验的基础上，又吸收和借鉴如德国的双元制教学模式、澳大利亚的TAEF模式、加拿大的CBE教学模式、瑞士旅游酒店管理教学模式等国外先进的教学模式，进行编写。打破传统教材从概念到概念的写法。同时本套教材都配备PPT课件，以方便课堂教学。

诚然，本系列教材是示范院校教育教材改革与创新的阶段性成果，难免有不足之处，恳请广大专家、读者提出宝贵意见，以便日后修订时，使之不断完善。

旅游服务管理专业教材编委会

2018年2月

前言

进入21世纪以来,我国旅游业全面发展,已成为世界旅游大国。旅游市场营销是旅游管理专业市场营销方向的专业基础课程,旨在通过对旅游市场营销的系统学习,使学生树立正确的旅游营销理念、掌握实用的旅游营销手段与方法,具备旅游市场营销方案制订能力,为旅游类相关行业的产品服务开发与调整、旅游市场调研以及促销、沟通工作打下必要的任职基础。本课程立足适应21世纪对旅游管理人才培养的需要,突出对学生的市场观念、竞争意识、创新意识、实践意识的培养,是后续岗位实践开展的基础铺垫。

《旅游市场营销》教材全书由徐州技师学院刘颖,四川工商职业技术学院李娟统稿。

具体分工情况如下:

1. 徐州技师学院:刘颖编写第1章、第6章、第7章;
2. 四川工商职业技术学院:李娟编写第3章、第5章;
3. 长春市商贸旅游技校:刘春福编写第2章;
4. 徐州技师学院:魏增华编写第8章、第9章;
5. 徐州技师学院:单小珂编写第10章、第11章;
6. 安徽工商职业学院:李俊编写第4章。

本教材的编写过程中,我们拜读了国内外许多专家和学者的相关教材与著作,并借鉴了其中部分内容,在此对各位专家、学者表示衷心的感谢!

由于时间和水平所限,书中不乏疏漏与不当之处,敬请专家、学者和广大读者批评指正。

编者

2018年2月

目录

第一章 绪论 …… (1)
第一节 旅游产品与旅游市场 …… (2)
第二节 旅游市场营销学及其内容体系 …… (8)
第三节 旅游市场营销学的发展 …… (13)

第二章 旅游市场营销环境分析 …… (20)
第一节 旅游市场营销环境概述 …… (21)
第二节 旅游市场营销宏观环境分析 …… (23)
第三节 旅游市场营销微观环境分析 …… (27)
第四节 旅游市场营销环境的分析方法与对策 …… (31)

第三章 旅游者购买行为分析 …… (35)
第一节 旅游者购买行为概述 …… (35)
第二节 影响旅游者购买行为的因素分析 …… (38)
第三节 旅游者购买决策过程分析 …… (51)

第四章 旅游市场调查与预测 …… (56)
第一节 旅游市场营销调查 …… (57)
第二节 旅游市场调查的程序及方法 …… (60)
第三节 旅游市场需求预测 …… (63)

第五章 旅游市场细分与目标市场选择 …… (68)
第一节 旅游市场细分概述 …… (69)

第二节 旅游目标市场选择 …………………………………………………………… (74)
第三节 旅游市场定位 …………………………………………………………………… (79)

第六章 旅游产品策略 ……………………………………………………………… (84)
第一节 旅游产品概述 …………………………………………………………………… (84)
第二节 旅游产品组合策略 ……………………………………………………………… (87)
第三节 旅游产品生命周期策略 ………………………………………………………… (89)
第四节 旅游新产品开发策略 …………………………………………………………… (94)
第五节 旅游产品品牌策略 ……………………………………………………………… (97)

第七章 旅游产品价格策略 ………………………………………………………… (102)
第一节 旅游产品的定价目标及影响因素 ……………………………………………… (103)
第二节 旅游产品定价的程序及方法 …………………………………………………… (106)
第三节 旅旅游产品的定价策略 ………………………………………………………… (112)
第四节 旅游产品价格调整 ……………………………………………………………… (116)

第八章 旅游营销渠道策略 ………………………………………………………… (120)
第一节 旅游营销渠道概述 ……………………………………………………………… (120)
第二节 旅游中间商 ……………………………………………………………………… (123)
第三节 旅游营销渠道的选择 …………………………………………………………… (125)
第四节 旅游营销渠道的管理 …………………………………………………………… (129)
第五节 旅游营销渠道的发展趋势 ……………………………………………………… (132)

第九章 旅游促销 …………………………………………………………………… (138)
第一节 旅游促销概述 …………………………………………………………………… (139)
第二节 旅游广告 ………………………………………………………………………… (143)
第三节 旅游营业推广 …………………………………………………………………… (147)
第四节 旅游公共关系与旅游人员推销 ………………………………………………… (150)
第五节 旅游促销组合策略 ……………………………………………………………… (156)

第十章 旅游市场营销组织管理 …………………………………………………… (159)
第一节 旅游市场营销组织管理的基本内容 …………………………………………… (161)
第二节 旅游市场营销的组织构架 ……………………………………………………… (164)

第三节　旅游市场营销活动的控制与管理 ……………………………… (170)

第十一章　旅游市场营销创新 ……………………………… (179)

第一节　市场营销创新 ……………………………… (180)

第二节　旅游市场营销创新源 ……………………………… (184)

第三节　旅游市场营销创新策略 ……………………………… (187)

第一章 绪论

本章主要内容

- 掌握旅游产品、旅游市场的概念及特点
- 掌握市场营销与旅游市场营销的内涵
- 了解旅游市场营销学的发展
- 熟悉旅游市场营销的研究体系

*

顾客的需要就是工作的第一目标

麦克文·赖文(Michael Leven)是当今世界上最专业的饭店营销专家之一，曾任时代旅馆(Day Inn)的首席执行官。在他任职期间，时代旅馆的饭店数和客房数翻了一倍还多。他成功的要素就是引入一个观念——顾客导向。

赖文对顾客的关注可以追溯到30多年前他在纽约罗斯威饭店(Roosevelt Hotel)做销售代表的时候。有一次，他接到一个会议策划人员的电话，要预订一个有60人参加的宴会，需要10张6人的桌子。与这个策划人员确认了整个安排后，赖文把单子交到了宴会部。令他吃惊的是，这个单子被退回来了，上面有红色的标注："不行，我们不能提供6人的宴会桌。"宴会部还解释说饭店联盟要求宴会桌必须是10人或8人的。赖文给顾客打电话说明了情况，顾客的反应令他永生难忘："我们不管你们联盟是如何规定的，我是顾客，我会到其他能够满足我的要求的饭店去！"

这位未来的首席执行官并没有就此放弃，而是返回了宴会部，了解到原来每张桌子必须最少给服务员8份小费，于是，赖文想出了一个创造性的解决方案。他给那个会议策划者打电话，解释了协约的限制，并说服这位顾客每桌多付两份额外的小费。这样，他通过满足顾客的需要挽回了这个预订。

现在，赖文已经是美国特许经营系统的首席执行官。这是一个新的、发展迅速的饭店公司，微型客栈、最佳旅馆和豪森公寓饭店都是该公司的特许经营饭店。

资料来源：菲利普·科特勒，约翰·T. 保文，詹姆斯·C. 麦肯斯. 谢彦君主译. 旅游市场营销【M】. 大连：东北财经大学出版社，2006

第一节　旅游产品与旅游市场

一、旅游产品

旅游业在我国作为一个新兴的产业，其迅速发展起来是从 1978 年改革开放以后。旅游企业的经营对象就是旅游产品，遍及于旅游产业。美食用于满足旅游者吃的需要；客房用于满足旅游者住的需要；旅游景点、旅游商品和娱乐设施用于满足旅游者游玩、购物、娱乐的需要等。

所谓产品是指能够提供到市场上并满足人们的某种需要和欲望的任何事物。产品并不局限于实物，任何能够满足需要和欲望的东西都可以称为产品。除了有形产品，如食物、纪念品等之外，产品还可以涵盖无形的服务、信息、经验、思想等。旅游产品实际上是以服务为核心，把有形的产品和无形的服务结合起来创造并出售的一种经历。它是向游客提供的一种在惯常居住地之外的场所的新鲜经历、一种以一定物质条件为依托的服务，旅游者得到的是游历过程中的感受和体验，而不是具体的资源和设备。这种经历既有有形的产品（如旅游巴士、酒店大堂等），也有顾客通过与服务人员之间的相互接触和交流而获得的感受，即无形的服务的介入。

（一）旅游产品的概念

旅游中的“产品”是一个综合性概念，它涵盖了有形机构、服务、招待、自由选择和顾客参与等多方面的元素。从旅游目的地的角度出发，旅游产品是指旅游经营者凭借旅游景区景点、交通和旅游设施，向旅游者提供的用以满足其旅游活动需求的全部服务；从旅游者的角度来看，旅游产品就是指旅游者花费了一定的时间、费用和精力所换取的一次完整的旅游经历。总之，旅游产品是指旅游经营者为了满足旅游者在旅游活动中的各种需求，而向旅游市场提供的各种物质产品、精神产品和旅游服务的组合。

（二）旅游产品的构成

现代旅游活动是一种综合性的社会、经济、文化活动，旅游需求与旅游供给双方不可避免地要进行旅游产品的交换来实现旅游活动。从广义的角度看，旅游产品涵盖了旅游企业提供给旅游者消费的一切有形产品与无形产品，因此，旅游产品实际上包含了实物形态的产品以及服务与实物的组合形态的产品。按照现代营销管理学理论，产品是由三个层次构成的:核心产品、有形产品和附加产品。对于旅游业来说，吃、住、行、游、购、娱六大要素构成了旅游产品的核心层次。旅游产品可由三种特性和利益组成:核心服务或利益、必需的促成服务和附加产品或称外延产品三部分,如图 1－1 所示。

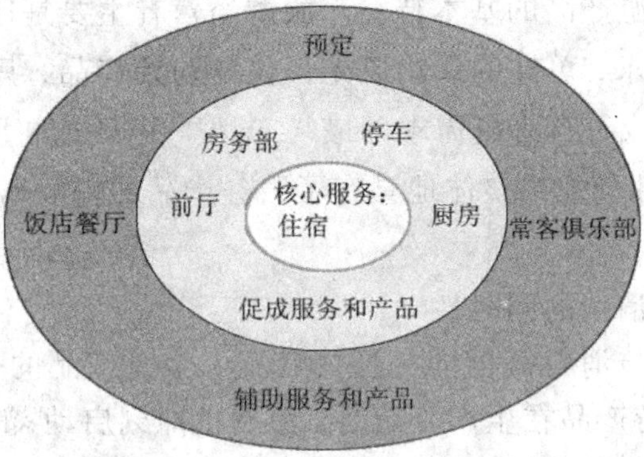

图 1－1　旅游服务的三个层面

核心服务是旅游产品提供给顾客的最基本的价值和利益。酒店的核心服务是客房，旅游胜地的核心服务是景区景点，餐厅的核心服务则是食品和饮料。

促成服务是核心服务之外必需的服务项目，有了这些项目，旅游企业才能顺利运行。例如，酒店必须有前厅才能为顾客办理入住，有客房部才能清洁客房;餐厅要有厨房才能准备餐点，这些都是为提供核心服务必需的服务项目。旅游企业可凭借这些促成服务体现出自身特色。

附加产品或称外延产品是在顾客购买旅游产品时所获得的全部附加服务和利益的总和，它也是旅游企业用以实现产品差异化的重要手段。如酒店提供的票务代理服务、餐厅的免费停车服务等，这些都可属于附加产品的内容。

预订系统是酒店业内最强有力的辅助服务之一。预订服务的便捷、殷勤和准确对于区分它和其他的连锁酒店非常重要。但随着越来越多的酒店提供预订服务，其特色也逐渐失去。目前，常客计划或常客俱乐部成为连锁酒店和餐厅附加产品内容之一，它主要通过对顾客的忠诚度管理来提供附加服务。

附加服务需要有形的辅助商品的维持。如，会员卡是常客俱乐部的有形支撑，而预订或确认方面的信函则是预订系统必需的。综上所述，住宿、交通、食物等是常见的核心旅游产品，而这些核心产品又需要如前厅、客房之类的促成服务才能使之成功传递。附加产品是旅游产品营销的重要支撑，也是用以体现产品特色和个性的关键。

(三)旅游产品的特征

旅游产品是一种特殊的商品，同样具有价值与使用价值二重属性。其价值构成不仅包含人们过去的物化劳动，而且包含人们现今的即时劳动;它的使用价值体现在满足人们的旅游活动及相伴产生的其他需求。旅游产品也是一种为交换而生产的商品，但它与别的商品相比有明显的不同。它不是以物质形态表现出来的一个具体劳动产品，而是以多种服务表现出来的无形产品。旅游产品具体表现为以下特征：

1. 旅游产品服务的主体性

服务的主体性是旅游产品的基本特征。旅游经营者主要是通过提供各种各样的旅游服务来满足旅游者的需求，单纯的景物风光仅仅是初始产品，只有众多的，齐全的配套服务与之组合，才能形成符合市场需求的最终产品。由于整体上的旅游产品具有服务主体性特征，因此，它便部分地或整体地具有了服务产品的一般属性，如无形性、不可转移性、易逝性、后效性等。

2. 旅游产品生产与消费的同时性

旅游产品具有生产与消费高度同一性的特点，旅游产品的生产(经营)和消费是一个过程的两个方面：旅游产品在生产开始时，消费也即刻启动；消费结束时，生产也不再进行，是在同一个时空背景条件发生，两者密不可分。这个特性使旅游产品与一般消费品表现处巨大的差异，并深刻地影响着旅游企业管理原则的建立和管理方式的选择。因此，旅游企业还应采取各种灵活的销售策略，努力提高旅游产品的使用率，避免旅游设施的闲置和浪费。

3. 旅游产品的综合性

旅游行业是一个综合性的行业，其综合性表现在它是旅游企业为满足旅游者的各种需要而提供的各种服务的组合，既包括物质的、精神的劳动产品，又包括非劳动产品和自然物。其综合性还表现在旅游产品的生产和经营设计涉及到众多行业和部门。

4. 旅游产品价值的无形性和不可储藏性

旅游产品的价值内容大部分是由生产者提供的即时劳动(主要为抽象劳动)所构成，因此旅游产品的实物部分生产出来后并不意味着产品的生产已经形成，从生产转向消费这一过程所包含的各种劳动都构成旅游产品的价值内容。

旅游产品是物质产品和抽象劳动的统一体，它具有一个最突出的特点——生产和消费具有同步性。这种同步性特征决定了其自身的不可储藏性，它的不可储藏性最突出的表现是受时间和空间双重限制。生产和消费的同步性要求旅游产品从生产到消费之间的时滞性很小，更无仓储一说；另一方面，旅游产品的不可储藏性还体现在空间上不可转移。

5. 旅游产品需求具有较大的弹性

旅游产品属于奢侈品，是否购买这种产品主要取决于人们的收入状况和它的价格水平。它受价格变动的影响大；旅游产品之间的可替代程度较高，即一个旅游点的价格高或服务不好时，旅游者就可能选择到其他地方旅游。上述两个因素决定了旅游产品是富有弹性的产品。

6. 旅游产品需求具有个性化

旅游者在旅游活动中享受交通、住宿、餐饮、游览及娱乐等服务时，往往会和自己的心里预期存在一定的差距。因此，旅游企业应从旅游者的角度出发，充分考虑不同旅游者的心里特征和行为方式，了解其特殊需要，开展个性化服务，提高服务水平，树立自身的品牌形象。

7. 旅游产品的文化内涵性

旅游是为了满足一种高层次的精神文化需求，具有强烈的文化性。旅游活动不仅是一种物质活动，而且是一种精神活动。旅游者花钱买的是精神上的享受，是为了增加社会阅历、增加见识和增加一种自我对世界的感知，旅游业产出的是精神产品。旅游产品只有具备丰富的文化内涵，才能提供给人们追求的文化目标。

8. 旅游产品的非实物性

旅游产品的非实物性可以从生产、交换和消费三个环节中体现出来。旅游产品的价值构成主要有两方面：一方面，旅游产品包含旅游生产者过去的物化劳动；另一方面，它的价值更多地由旅游生产者的即时劳务构成。在旅游市场流通的旅游产品并不以实物形态出现，多数旅游产品会出现使用权与所有权的分离，旅游者购买的仅仅是旅游产品的使用权，而其所有权仍在生产者手中。

9. 旅游产品的高附加值

旅游产品价值中所包含的有形原料的转移价值比重很小，而加工过程中所付出的人类劳动力创造的价值很大，具有很高的附加值。旅游产品的高附加值决定了现代旅游业是一种劳动密集型产业，相比其他产业来说，旅游产业耗费资源少，产出效益好，换汇成本低。

二、旅游市场

（一）旅游市场的含义

作为市场经济的组成部分，旅游市场与传统意义上的其他市场并无本质区别。旅游市场是旅游产品商品化的场所，是旅游企业产生各种旅游经济行为的领域，同时也是旅游生产者与旅游消费者的中介。旅游市场是社会经济发展到一定程度，旅游活动商品化、社会化的产物。

从经济学角度讲，狭义的旅游市场是指旅游产品交换的场所；广义的旅游市场则是指在旅游产品交换过程中各种经济活动现象与经济关系的总和。在旅游市场中存在着相互对立又相互依存的双方，即旅游产品的需求者与旅游产品的供给者，它们之间的矛盾运动推动着旅游经济活动的发展。此外，旅游经营者之间、旅游需求者之间、旅游经营者与供应商、中间商之间的各种关系，也最终通过旅游市场表现出来。所以，旅游市场就是旅游产品供给与旅游需求过程中所表现出来的各种经济关系的总和。

从市场学角度看，旅游市场是指在特定的时间、地点与条件下，具有购买欲望与支付能力的群体，即某种旅游产品的现实购买者和潜在购买者。这种意义上的旅游市场即旅游需求市场，我们通常称之为旅游客源市场。

(二)旅游市场的特点

旅游市场作为一种专业性的市场，其独特的市场行为特点体现在以下几个方面：

1. 旅游市场的异地性

旅游活动的完成通常伴随着旅游者地理位置的移动，旅游接待企业的客源也主要是非当地居民，因而旅游市场通常都远离旅游产品的生产地(旅游目的地)。旅游市场的异地性特点，增加了旅游者和企业获取市场信息的难度，也增加了旅游企业经营的交易成本。

2. 旅游市场的季节性

由于旅游闲暇时间的不均衡和旅游目的地国家或地区自然条件、气候条件的差异而造成的突出的季节性特点。旅游市场的季节性表现在:第一，旅游目的地与气候有关的旅游资源在不同的季节其使用价值有所不同。例如,北戴河是避暑胜地，避寒者的最好选择则是没有冬天的海南岛，这些旅游资源在特定的气候条件下，其旅游价值较高于平日，会形成淡旺季的差异。第二，旅游目的地的气候本身也会影响旅游者观光游览活动。例如,国外旅游者游览长江三峡一般选择在三月至六月或九月至十一月，十二月至次年二、三月，旅游者闲暇时间分布不均衡也是造成旅游市场淡旺季的原因。旅游经营者根据旅游市场季节性的特点，应有针对性地分析旅游淡旺季对策，尽量避免旺季接待能力不足，淡季设施大量闲置的现象。

3. 旅游市场的全球性

随着世界经济一体化的进一步发展，国与国之间的往来越来越频繁，由此带动了政治、文化、生活等方面的全球化进程。旅游需求来自世界各个国家和地区，而旅游供给又遍布全世界，在科学技术高速发展的今天，旅游者选择旅游目的地受时空限制越来越少。在国际政治条件许可的情况下，旅游者的活动不受地区和国界的束缚，旅游供给者的接待对象也无民族、国别之分。

4. 旅游市场的波动性

旅游消费是非生活必需品消费，旅游需求往往受外部环境的影响很明显。从长期来看，整个世界旅游市场将保持持续发展的趋势，但这种发展是波浪式的，而不是直线式的，特别是短期内某一局部旅游市场的波动性可能更为明显。旅游市场是一个在波动中持续向前发展的市场，它受多种因素的影响和制约。第一，旅游消费的季节性是引起旅游市场波动的原因之一。如果旅游经营者不采取有力措施缩小旅游淡旺季的差距，有可能使淡旺季市场产生较大波动。第二，旅游业内部与相关部门之间比例关系的协调与否，也会引起旅游市场的波动。旅游产品是满足旅游者食、住、行、游、购、娱等多方面需要的综合性产品，因此，旅游餐饮、旅游宾馆、旅游交通、旅游景点、旅游商品、娱乐业之间必须保持合理协调的发展速度。旅游经营者必须采取灵活机动的市场策略，防范经营风险。

5. 旅游市场的多样性

旅游者的年龄、性别、偏好等因素的差异性导致了旅游需求市场的多样性，同时为旅游者创造了多样化的市场空间。从旅游供给的角度看，旅游经营者依托不同的自然景观与人文景观，进行不同形式的产品组合，可以使旅游者获得不同的感受和经历。此外，旅游经营者还可以依据旅游者购买形式的不同，采取包价旅游、小包价旅游、散客旅游等多样灵活的经营方式。随着人类旅游需求的量和质上的不断提高，旅游活动的内涵还会不断拓展，变得更加丰富多彩。

6. 旅游市场的竞争性

旅游市场的竞争性体现在旅游者对稀缺旅游资源的竞争，以及旅游经营者对旅游者的竞争。旅游业的市场进入壁垒较低，其市场呈现高度的竞争性；旅游产品易被模仿，产品越来越多，因此导致旅游市场的竞争也越来越强烈。

（三）旅游市场的发展趋势

1. 市场需求呈不断扩大趋势

随着国民收入的增加和人民生活水平的提高，越来越多的中国人加入到旅游活动中来。国内旅游蓬勃发展，势头喜人；出境旅游已发展起来，并取得一定成效；入境旅游在竞争激烈的条件下也出现了稳中有开的势头。目前，旅游消费群体正在形成并不断扩大，构成了一个庞大的旅游需求和消费市场。

2. 规范旅游市场秩序的进程加快

随着社会主义市场经济的建立和完善，旅游市场体系也在逐步完善，全国各地旅游行业和管理部门，针对旅游市场中某些不合理不规范的行为，正加大力度进行整治，切实加强规范化管理。

3. 市场需求呈现多样化多层次性

中国幅员辽阔、山川秀丽，十几年前，许多地区就已经着手开发各类旅游资源和旅游产品，使得我国旅游资源和旅游产品不断丰富。同时，旅游产品的替代效应又极强，对旅游者来说，就增加了许多的可选择性。特别是由于旅游者的社会经历、经济收入、个人兴趣爱好、受教育程度、职业、性别等等不一样，旅游者表现出不同的市场需求，这种市场需求随着旅游者要求的变化而变化，并呈现出多样化和多层次性。

4. 旅游市场的东西部差异在日益缩小

过去，由于历史、地理、自然、交通、政策等诸多方面因素的影响，中国旅游市场在发达程度方面存在着较大的差异性，沿海优于内地，东部优于西部，国内外旅游者感兴趣的主要是那些早已名闻天下的旅游景区和景点。随着科学技术在旅游业中的运用，信息传递加快使人们想进一步了解了那些曾经不为人知而又富有新奇感的新景点，交通运输现代化缩短了空间和时间的距离，观念的变化使越来越多的旅游者去寻找从未开垦的神秘世界。与此同时，内地、西部那些不发达地区对旅游业的重视、对旅游投入的加大又使其与发达地区在硬件方面的差距不断缩小。这样，旅游市场的差异在逐渐缩小。

5. 旅游市场竞争呈现多角化

过去，中国旅游市场的竞争基本是同行业中企业之间的竞争，由于当时饭店、旅行社数量和服务项目的供不应求，这种竞争在一定程度上还带有垄断竞争的性质。然而，随着旅游业在各地的兴起，各类旅游饭店拔地而起，旅行社如雨后春笋般出现，使得竞争加剧。而目前的竞争又表现为多方位和多角化竞争，不仅有来自行业内部的竞争，还有各行各业办旅游所带来的竞争，有来自潜在竞争者的竞争，替代产品的竞争等多个方面。这是中国旅游市场呈现出的一个新情况，这表明今后市场竞争将日益复杂化、多角化，要求企业从长期性和战略性来考虑企业营销战略。

6. 旅游市场格局出现新的变化

从国际旅游业来看，市场格局出现新的变化。第一，20 世纪 90 年代以来，亚洲市场发展强劲。我国入境客源市场快速增长，来华客源增长幅度较高的主要客源国大多都在亚洲。以 1995 年为例，当年日本来华旅游人数 130 152 万人次，比上年增长 1 414 %；韩国来华旅游人数比上年增长 5 516 %，成为我国第二大客源国；新加坡、马来西亚、菲律宾、泰国、印尼五国来华旅游人数合计已超过百万，达 103 191 万人次，比上年增长 1 412 %。第二，市场结构发生变化，一是散客迅速增长，团队比重大幅度下降。据国家旅游局抽样调查，1990 年来华旅游者中散客占 3 514 %，1994 年散客比重上升到 67 %。近几年这种势头继续得到延伸。二是中年旅游者趋增，而老年旅游者趋减。第三，客源流向发生变化。表现在随着国际旅游市场逐步趋于成熟，交通及接待条件不断改善，产品的弹性和替代性增强，旅游者的选择性加大，分布也日益广泛，近几年来主要旅游城市客源出现较大范围的下降与减速，而此时，又有一批新兴的旅游城市和地区出现客源较大幅度增长。第四，旅游方式发生变化。旅游者在华停留天数趋减，经停城市数趋减，旅行的随意性增强，买方的选择性增强。

第二节　旅游市场营销学及其内容体系

一、市场营销与市场营销组合

任何组织的营销活动都会受到一定营销理念的支配和引导。具有不同市场营销理念的旅游企业，在设计、提供和销售产品的过程中表现处不同的行为方式，得到不同的营销效果。

1. 三种市场营销模式

三种市场营销导向模式对照见表 1 – 1。

表1-1 三种市场营销导向模式对照表

营销模式	核心理念	关注焦点	优点	缺点
产品导向	企业生产什么,就卖什么	产品生产的数量和质量	企业追求产品质量;大规模生产,降低成本	以产定销,忽视顾客需求;轻视广告促销等推销活动的重要性;无法使消费者重复购买无需求的产品
推销导向	企业推销什么,顾客就会买什么	如何让顾客购买企业的产品	刺激消费者购买行为;扩大产品销售数量	以产定销;追求短期效益,不能与顾客建立长期的互利关系;容易出现强推销、高压购买的不良推销措施
市场导向	顾客需要什么,企业就提供什么	顾客需求与偏好;顾客观点;顾客价值	以销定产,产品适销对路;立足于顾客的真正需求,关注产品以及推销策略;吸引顾客的尝新购买以及重复购买,建立顾客忠诚度,促进企业的长远发展	营销过程更加繁琐,需要更多人力、技术、设备等;需要懂营销和业务操作的复合型专业人才

产品导向型营销理念盛行于20世纪50年代。产品导向型企业致力于生产和改进优质和高效的产品，以求通过产品的高质量和与众不同的特点来吸引顾客的购买和消费，其产品和服务的设计不涉及顾客因素。

许多旅游企业认为推销或促销就是市场营销。其认为只要将产品成功地卖给消费者就是经营的成功，这种观念建立在只要企业能进行有效的推销活动就会带来顾客的购买的假定基础之上，也就是我们所说的推销导向型营销。这种推销观念仍然集中于产品，本质上仍是以产定销。

市场导向型营销的最大特点是以顾客的需求核心，依据市场上的需求来设计、提供和销售产品/服务，即顾客需要什么，企业就提供和销售什么的经营策略。市场导向型营销理念的真正内涵是以顾客为中心，从顾客的需求角度而不是经营者的需求角度出发来生产和提供相应的产品/服务。企业首先了解顾客的真正需求，然后提供完全适合这些需求的产品/服务而形成产品的自我销售。最理想的营销实际上是为已经准备好购买的顾客提供其想要购买的产品/服务的行为。

2. 市场营销组合

美国市场营销协会（American Marketing Association，AMA）于1985年对市场营销下的

定义为:市场营销是对思想、产品及服务进行设计、定价、促销及分销的计划和实施的过程,从而产生满足个人和组织目标的交换。2004年8月,AMA更新了营销的定义:市场营销既是一种组织职能,也是为了组织自身及利益相关者的利益而创造、传播、传递客户价值,管理客户关系的一系列过程。AMA对市场营销的最新定义为:市场营销是指用来创造、沟通、传递和交换对于顾客、委托人、合作伙伴以及社会具有价值的供应品而开展的活动,及一系列的制度和过程。

旅游企业的市场营销实际上涉及企业的一系列有组织、有顺序的营销活动,并不仅仅是生产和推销产品。这些营销活动一般可以被归纳为“4P”,即产品(product)、价格(price)、促销(promotion)和分销渠道(place)营销人员把这些营销元素加以综合运用,以满足顾客的需求和获得市场竞争力,从而获得最佳营销效果,这也就是我们所提及的市场营销组合。以“4P”为主的营销组合被广泛应用于营销实践,构成了旅游企业实施市场营销策略的核心。首先,公司向目标市场提供满足消费者需要或需求的产品和服务的组合。从市场营销的角度看,旅游产品是包括了有形的物质产品、无形的服务、旅游企业的理念、旅游从业人员的素质、包装和品牌的内在价值、游客的期望值等一系列因素在内的综合体。其次,旅游企业在确定了正确的产品策略,即有了一个适销对路的好产品之后,就要为经营的产品配以正确合理的价格。此价格需要满足如下条件:为顾客创造价值,能被顾客接受;在市场上具有竞争力;旅游企业能获利。然后,公司通过一系列广告和促销活动,如媒体广告、个人推销、关系推销等为顾客提供产品信息,激发顾客的兴趣和购买欲望,影响、说服他们大量购买或反复购买本企业的产品。此外,公司还需要创造分销渠道方便顾客购买、使用产品和服务,使旅游产品顺利地从产品提供者转移到最终消费者手中。旅游企业的分销渠道可以是个人(客房或餐厅服务员、航空公司票务员)、中间商(如旅行社、旅游代理商或旅游专业分销商)或其他组织。

以“4P”为核心的市场营销组合体现了现代市场营销理念的整体营销思想,一直被企业重视和广泛应用。但是其并不完全适用于具有自身特点的旅游服务业。因此,营销学家蔡特哈莫尔和毕特那针对服务企业的特点,提出了使用于服务业的“7P”市场营销组合策略,即在“4P”的基础上融入了三个构成服务产品的必要要素:人员(people)、过程(process)和有形展示(physical evidence)这七大要素中的任何一个或几个因素都会影响顾客购买的最初决策、满意度或重购决策。七大要素的简要概括见表1-2。

表 1-2 市场营销“7P”要素

组合要素	主要指标
产品	种类、质量、品牌、设计、服务项目、包装、形象定位、售前售后服务
价格	标价、折扣(包括折让和佣金)、付款条件、定价、顾客感知价值、信用条款
促销	广告、人员促销、公共关系、销售促进、宣传
分销渠道	分销地点、分销方式、分销机构、分销领域、业务种类、可达性、店面位置
人员	服务人员数量、形象、态度、业务水平、培训、激励、顾客
过程	手续、自动化、顾客参与、顾客取向、服务流程、标准化、定制化
有形展示	标志、停车场、周围环境和景色、员工服装、装饰风格、布局、色调、采光、音响、设施设备和内部装潢、名片

人员是指参与服务供给并由此影响购买者感知的全体人员，即企业员工、顾客以及处于服务环境中的其他顾客。服务员工在旅游服务中承担着服务表现和服务销售双重任务，对于顾客来说已成为旅游服务产品的组成部分。他们的着装、个人外表、精神面貌以及态度和行为都会影响顾客对服务的感知。顾客是企业营销立足点和实施营销的对象，也是旅游企业开展营销必不可少的人员的一部分。顾客不仅影响企业的服务产出、也会影响其他顾客接受的服务的质量。

过程是指旅游企业把服务传递到顾客手中的实际程序、机制和作业流程，即服务的供应和运作系统。顾客体验到的实际的提供步骤或服务的运作流程，包括服务体系的理念和运作、服务的自动化程度、顾客参与程度、咨询与服务经历等，都是顾客评价服务的重要依据。服务过程的复杂或简单并没有好坏优劣之分，旅游企业应该根据自身提供的服务的特点来设置相应程序。

有形展示是指旅游企业需要利用有形要素使得顾客能够在购买无形的服务产品之前对服务产品进行预期评价并为顾客亲身体验和消费服务营造环境和气氛。有形展示要素包括组织的所有有形设施(服务场景)以及任何便于服务履行和沟通的有形要素。影响顾客的服务场景要素既包括外部特征(如景区建筑、标志、停车场和周围景观等)，又包括内部特征(如设计、布局、设备和内部装潢等。例如，麦当劳金色的拱形标志和肯德基的桑德斯上校图像标志就是重要的有形展示要素。

二、旅游市场营销学的含义及内容体系

(一)旅游市场营销学的含义

旅游市场营销学也称旅游市场经营学，是市场学在旅游经济领域中的具体应用，是以现实和潜在的旅游者的消费需求为背景，动态地研究旅游经济个体的市场行为及与此相配备的管理职能和运行手段的一门学科。旅游市场营销学不仅研究旅游企业在日常

经营中的市场行为，而且研究为实现某一具体的行为，旅游企业应具有的一整套管理职能。运用这些管理职能，一个社会所有的旅游组织、旅游目的地和旅游接待设施不仅可以找到理想的旅游目标市场——现实的和潜在的消费者，而且可以激发潜在消费者对新的旅游产品的购买动机，从而从生产的角度创造出新的消费需求，然后通过信息反馈，努力生产出满足消费者需求的旅游产品和服务。

（二）旅游市场营销学的内容体系

旅游市场营销学的基本内容主要包括：产品策略、价格策略、促销策略及流通渠道策略。这是旅游市场营销学的“四大支柱”。

1. 产品策略

现代旅游市场营销学强调一切经济活动都应从旅游者的需求出发，根据旅游市场的需求制定旅游产品策略，即规划出何种旅游路线及其活动内容、服务项目的旅游。

产品策略主要指旅游企业如何根据自己的优势和特点，在激烈的市场竞争中适时地生产出自己的旅游产品和服务；同时，根据产品的生命周期积极研制和开发新的旅游产品和服务，在市场竞争中永远处于主动地位。产品策略的主要内容包括：新产品的开发策略、旅游产品的商标策略和旅游产品的实际内容三个方面。

2. 价格策略

我国旅游业的发展是一个以接待国际入境旅游为主，先国际旅游后国内旅游，以国际旅游带动国内旅游发展的非常规发展过程。因此，研究和制定旅游产品的价格策略必须与国际旅游市场的价格策略相结合，尤其要注意发达国家旅游业的旅游价格策略。另外，市场经济体制中的旅游产品的价格受市场供求关系的影响极大，各旅游社、旅游饭店可根据各自不同的条件采取多种多样的定价方法和策略。

价格策略的内容主要包括：价格制定策略和价格管理策略。价格制定策略主要针对现行旅游产品如何制定适宜的价格，恰当地体现旅游市场中的供求关系，以及市场诸要素变动之后对旅游产品的价格所做的必要的调整；价格管理策略主要从维护旅游消费者和生产者各自的利益这一法律角度出发，对产品的价格从制定、执行到调整所做的各种监督和管理措施。

3. 促销策略

促销的目的不仅在于向旅游消费者出售其需要的旅游产品，更重要的在于如何向旅游消费者介绍新的旅游产品，刺激旅游需求，以此扩大旅游企业的市场占有额，从而使企业居于有利的地位。在旅游业发达的国家，旅游企业在产品促销过程中积累了丰富的促销经验，由此总结出成套的推销艺术和广告艺术。前者包括人员销售，即推销人员挨户进行面对面的推销；后者为非人员推销，用文字、广播、图像等大众媒介作为工具而进行的推销。

促销策略的基本内容包括：旅游产品营销计划的制定、促销人员的培训、旅游产品的广告促销，以及旅游企业的公关销售。另外，旅游企业售后服务也成为促销策略的相关内容。

4. 流通渠道策略

现代旅游商品的流通渠道一般都要经过旅游批发商、零售商等多个环节，最后才为旅游消费者接受，尤其是国际旅游，更需要增加国外旅游批发商和零售商几个环节，从而加大了旅游产品中的营销成本。因此，流通策略的正确与否、流通渠道的选择是否适宜在某种程度上决定着旅游产品市场营销的成败。流通策略对于更好地满足旅游者的需求，最快、最便捷地进入目标市场，尽量缩短产品传递的过程，节省产品的销售成本起到了积极作用。

流通策略的主要内容包括：旅游产品销售渠道的选择、产品营销中介的建立以及产品营销计划的制定三个方面。

第三节　旅游市场营销学的发展

一、市场营销的发展阶段

在漫长的原始社会，奴隶社会和封建社会中，市场供求间的交换较为简单、朴实。随着经济的发展和商品的丰富，市场上占主动地位的角色一度发生变化，由最初的卖方市场逐步发展到买方市场，并逐渐达到成熟阶段。进入20世纪，市场营销学最终从其他学科分离出来，使人们得以从理论的高度来研究市场发展。营销观念也随之不断发展。

（一）生产观念阶段

生产观念支配下的企业总以为自己所生产的，就是消费者所需要的；消费者会乐意购买企业所供给的产品。企业只关注生产什么、能供给什么或什么能供给。在资本主义经济发展的初期阶段，由于生产力水平较低，社会商品难以满足广大消费者的需求，因此，生产企业在市场中居于有利地位，社会消费处于一种由生产创造需求的局面。此时，生产企业的经营活动着重于降低产品成本，努力开发新的产品。消费者的购买行为取决于生产者能否供应某一产品及该产品的价格是否低廉。这样，企业经营人员的首要任务是改进生产和销售中的工作效率。这种经营思想必须具备以下两个条件：

1. 社会上某一产品供不应求，生产者设法增加产量；

2. 产品成本过高，使生产者尽力提高生产效率以降低单位产品成本，从而降低产品销售价格。

（二）产品观念阶段

产品观念强调的是产品的品质和种类，追求质量高、功能多、性能好、品种全的产品，认为这样的产品会吸引消费者自行上门购买。由于生产观念阶段的经营思想使各生产者努力提高劳动生产率，从而使市场供求逐步达到基本均衡，生产处于饱和状态。这样，生产者的注意力从产品的数量渐渐转移到产品的质量上，不断提高产品的质量成为企业经营行为的指导思想。

这一阶段虽然使生产者的目标转移到了满足消费者需求上，但转移并不彻底，只满足了消费者对产品质量上的要求。然而，消费者购买某一产品的目的并不仅局限于满足该产品具有较高的质量，而是在这种质量保证的前提下满足自身的某种需要。同时，消费者的需求也是多变的。这样，生产者的经营与消费者的需求形成一个错位：以产品观点为指导思想的经营人员往往只注重改进产品的质量，忽略了市场研究，从而使企业的产品适应不了不断变化的市场需求，不能更好地满足消费者的需求。市场呈现出一方面生产者不断改进产品质量，另一方面消费者对这种产品视而不见的局面。生产企业的经营活动停滞不前，甚至影响到企业的生存，在这种状况下，市场经营逐渐进入推销观念阶段。

（三）推销观念阶段

推销观念更倾向于将经营活动的重心移向推销，注重推销技术和推销队伍建设，一味认为产品不是被顾客买去的，而是由企业卖出去的。所以，企业的主要任务，就是解决如何把产品卖给顾客的问题。以推销观念作为企业经营的指导思想，企业的一切经营活动都要围绕着产品进行。企业使用可获得的各种资源，提供最佳的产品，然后在市场上寻找对该产品感兴趣的消费者，再通过大规模促销，说服消费者购买。与生产观念、产品观念一样，推销观念也是建立在“企业生产什么就卖什么”的基础上，都属于“以产定销”的模式。

（四）营销观念阶段

市场营销观念认为，企业的产品仅仅是由于消费者需要才会被他们买去的，企业经营目标的实现离不开对消费者需求的识别，有赖于其能比竞争者更有效地使这种需求得到满足。因此，企业的一切经营活动应围绕的中心，是消费者的需要和如何满足消费者的需要。

市场营销观念与推销观念是两种不同的观念。推销观念采取的是一种由内及外的观察方法，先从企业现有生产和产品出发，再施以推销攻势增加产品销量。而市场营销观念采取的是一种由外及内的观察方法，先从市场需求识别开始，聚焦于顾客需求，然后协调营销活动，重点包括战略决策和策略实施，以达到经营目标。营销观念可概括为：“公司对所有足以影响顾客满意程度的活动进行协调，并创造和维持顾客的高满意度而使公司获利。”

营销观念的具体表现方法是多种多样的，例如，“发现需求，再满足需求，”“顾客需要什么，就销售什么。”“生产适销对路的产品，而非设法销售能够生产的产品。”企业的经营思想开始发生根本性的质变，从“以产定销”转变为“以销定产，适销对路，产销结合”。

（五）社会营销观念

社会营销观念出现于20世纪70年代，作为一种新观念，它的形成主要是为了修正、完善与发展市场营销观念。根据社会营销观念，在进行市场营销决策时，企业不仅要考虑到消费者的利益，而且要兼顾企业自身的利益和社会的利益，三者利益要达到有机、和谐的统一。社会营销观念的基本原则是：

1. 研究营销学的根本目的是帮助生产者更好地销售产品，消费者更好地购买产品，政府部门更好地履行管理职能，从而使市场机制日益健全，保证市场能够畅通的运行；

2. 企业外部的各类经济和非经济的团体，如政府部门、保护消费者权益团体等都应参与购买方的决策过程；

3. 生产者不仅要满足消费者的需求，更重要的是指导正确的消费行为，为消费者的长期利益服务；

4. 生产者不宜过多地细分市场去生产无本质差别的产品，而应根据消费者的基本需求类型进行产品生产；

5. 采纳并运用社会营销观念，就能最大限度地提高人们的生活水平，实现营销的基本目的。

二、旅游市场营销学的发展

（一）国际旅游业对市场营销学的研究

自第二次世界大战之后，国际旅游业得到迅速发展。20世纪60年代，旅游业的发展进入了第一个高潮，与此同时，市场营销学被介绍到旅游业中并得到普遍应用。而在此之前，指导旅游业的基本经营思想是推销观念。绝大部分旅游经营者认为，企业的销售量越大，利润就越高。旅游业采用的销售手段主要是广告、宣传和推动型推销。

20世纪60年代末，旅游业的竞争日趋激烈。不少经营者开始重视研究市场营销理论，并采用其他行业的研究成果，对旅游企业的组织结构进行了调整。多数旅游企业先后设置了营业部或营销部。许多经营者开始认识到，以推销观念作为企业整体活动的指导思想，已远远不能适应不断变化的市场需求。但多数旅游经营者仍然把营销学看成是一门神秘的学科，营销部的活动实质上仍以推销活动为主。

整个20世纪70年代，推销观念仍有一定的拥护者，但由于旅游业的竞争越来越激烈，不少发达国家大力发展旅游业，从而使旅游消费者的选择余地越来越大，激烈的竞争缩短了旅游企业进入目标市场之前的时间，旅游企业的投资急剧上升等原因，营销观念逐渐取代了推销观念。旅游业引进市场营销原理之后，其指导思想逐渐发生变化，经营者对旅游设施进行了进一步改造，旅游企业向旅游者销售产品的方法也越来越丰富多样，企业在市场中的竞争能力普遍增强。

总体来说。20世纪70年代，西方发达国家的旅游企业成为市场营销的初学者，旅游企业经营者已开始根据人口分布的特点、旅游者的兴趣和生活方式等对旅游消费者进行分类，依次提供恰当的旅游产品和服务。在销售过程中，“市场定位理论”逐渐得到推广，从而使旅游企业在众多旅游消费者中树立了良好形象。

进入20世纪80年代后，旅游企业能否满足旅游者的特殊需要和爱好，依然是决定旅游企业经营成败的关键。旅游者对旅游产品和服务选择的余地扩大了，使得旅游企业的竞争进一步加剧。在整个80年代，旅游企业的经营者都开始注重研究市场竞争、旅游者的旅游动机及旅游企业在市场中的不同地位，采取“重新定位”或“渗透已确立的细分市场”的策略，得以在竞争中获胜。

（二）我国旅游企业市场观念的发展

建国以来，我国旅游业的发展经过了两个完全不同的阶段。1978年以前，旅游企业主要从事政府接待，自然在国民经济结构中不构成一种产业。1978年，经济体制改革之后，旅游企业开始走向市场。随着我国由计划经济转向市场经济，旅游企业的市场营销观念、经营机制及经营思路也随之发生转变。我国的旅游企业在市场观念、经营思路上大致经历了以下几个阶段：

1. 接待阶段

从建国开始一直到1978年的改革开放，我国旅游企业的经营一直处于一种纯接待阶段。旅游企业基本上属于政府接待型机构，没有真正的经济行为。最明显的表现在于：企业无需主动寻找客源，不需要进行自己的促销活动。其主要任务是负责与政府活动有关的接待工作，而不是获利。在这一阶段，旅游企业中面向市场的专业部门是“接待科”。由于企业在市场中占主动地位，因而对市场的基本态度是“等客上门”。

2. “公关”阶段

随着旅游企业自身职能的不断强化，企业开始面向市场。随着对外开放，外资和合资旅游企业为众多的国有旅游企业树立了经营榜样，旅游企业一方面出于树立自身的企业形象，另一方面出于市场竞争的压力，开始将客人和一些重要的政府部门及企业机构视为市场资源，主动为自己建立关系网络。在这一阶段，旅游企业中面向市场的专业部门是“公关部”、“市场部”、“营销部”等类似部门。这是旅游企业市场意识觉醒的开始。

3. 销售阶段

进入20世纪80年代中期，我国旅游业进入第一个发展高潮。一方面，由于国际旅游入境人数的大幅度增加，使得市场进入“卖方市场”，另一方面，旅游接待能力受到“旅游饭店”和“旅游交通”两个瓶颈限制，使得旅游企业面临空前激烈的竞争局面。在激烈的市场竞争中，企业意识到必须主动将自己的产品推向市场展示给消费者。在这阶段，企业开始设立专门的“销售部”等类似部门。这些部门的出现标志着旅游企业有专门的销售人员从事专职的市场销售工作。

4. 市场营销阶段

我国旅游业在解决了接待能力不足的问题之后，旅游业开始恢复正常。进入 20 世纪 90 年代，由于我国的经济体制改革已进入全面、深入阶段，旅游业的外部环境已逐渐理顺，旅游市场行为已经规范化，旅游企业经营的市场意识也觉醒走向成熟，全面的市场营销观念与方法开始为企业界所认可，传统的销售过渡到了比较成熟的市场营销。旅游企业的市场行为从简单的销售阶段走向了调查、研究、预测市场的需求，设计自己的产品和调整自己的产品结构，确定现实目标市场和促销策略，预测未来潜在市场并进行先期的市场培育，切实抓好实际销售并融入市场的促销，注重客人对旅游产品质量的反应和处理，注意抓好售后服务，为进一步搞好产品的生产和销售提供反馈信息。

市场营销阶段是从进入到 20 世纪 90 年代后才开始在我国旅游企业实际应用的，我国的旅游市场营销不是很成熟，直接影响到我国旅游企业的自身经营和其在国际、国内旅游市场中的竞争力。

三、旅游营销的发展方向

现有的营销模式是以 19 世纪的经济理论为基础的，即以最有效的方式生产有形的产品，这是工业革命的最基本的组织原则。随着服务经济的到来，一种关于营销的新的视角目前正成为学术界和商业界讨论的热点，虽然其理论模型尚未完全建立，但这种新的视角正在引起营销基本范式的演进。所谓范式，即认识现实的基本方式，而范式的转变意味着对现实世界的根本假设的转变。从市场营销的角度出发，范式代表指导营销行为的内在逻辑和哲学。李想和帕特里克总结了其中最为关键的三种营销视角，并讨论了正在形成中的营销范式对旅游营销研究和实践的意义。

第一种：关系营销。关系营销的核心是在两个或两个以上的主体之间实现价值的交换，其重点在于吸引、维持和增进顾客关系，交易过程被认为是一种关于信息的、社会性的和过程的紧密联系，代表了交易双方为了获得长期利益而达成的相互承诺，维持现有顾客的忠诚并极大化获取他们的终身价值成为最具有战略意义的回报。关系营销认为，建立在相互信任和承诺基础之上的长期关系可以促进价值创造，合作可以带来竞争优势。

第二种：网络营销。网络范式认为普遍存在的单个商业企业之间的竞争将被由单个企业所组成的网络之间的竞争所取代，营销的主要功能被定义为网络型组织的整合者和协调者。网络是指由多重战略联盟所形成的复杂的、多面化的组织结构。这一理论的核心思想使企业应该将其资源投放于其核心竞争力上，而将其他功能和业务外包给其他专业化的实体。

第三种：服务营销。服务营销是由瓦戈和勒斯克所提出的以服务为中心的主要逻辑，认为营销是一个致力于改进操作性资源的持续的学习过程，它将营销的焦点定位于核心竞争力，从而使得营销成为整合商业职能的主要力量，以建立跨组织界限的工作关系。同时，以服务为中心的主要逻辑是以顾客为中心，以市场为导向的，与顾客合作并向顾客学习，从而响应他们个别化的、动态的需求。这意味着必须培养顾客关系从而将顾客纳入开发有说服力的价值提议的过程中，即价值是由生产者和消费者共同创造的，并且由消费者的使用所界定。

综上所述，第三种营销视角实际上包含了前面所提到的关系营销和网络范式的内涵，它意味着企业的基本职能并不是制造和销售产出单元，而是提供定制化的服务、解决方案以满足顾客的需求，它与服务经济的基本特征相联系，预示着未来市场营销的发展方向。

思考与练习：

1. 什么是旅游产品？旅游产品的构成及特征是什么？
2. 旅游市场的特点及发展趋势是什么？
3. 简介旅游市场营销学的涵义及内容体系。

案例：

河马饭店

众所周知，河马是一种面相和善友好的动物，那一对小眼睛透着淘气和睿智。在法国，以河马命名的饭店象征着什么呢？它象征着曾经是6亿法郎的营业额，958名员工，17家饭店(14家在巴黎市区，另3家在法国其他省)。这些饭店年供餐达450万次，日平均接待12 000多位客人。对消费者而言，河马这一标志不仅是一种产品，而且是一种装饰简洁、朴素、就餐令人赏心悦目的环境文化。河马饭店可谓主题餐厅领域的先驱，几年前，几乎所有的饭店都是靠其各自的特色而参与竞争并脱颖而出，而饭店采取就餐环境与某种产品密切联系形成该饭店的主题思想这一经营理念是最近几年才萌发并逐渐走向成熟的。主题饭店的基本理念是：菜肴数量有限，质量更高，出品始终如一，顾客对菜牌有100%的可预见性。

河马饭店经营特点由其董事长克里斯汀·圭那德的性格而决定，他本人持有50%的股份，而其他50%则由卡西诺(CASINO)集团控制。他雄心勃勃，锐意变更进取，运用新的管理技术来拓展饭店的生意。他在市场营销方面推行面向社会进行交流与沟通的策略，他本人极具幽默感，而且处处表现出来，同时他还聘请广告公司为其策划广告业务。

公司总部有一个综合数据处理中心，该中心每天都从各个单位收集并运用这些编码数据。收银机与电脑相连，同时这些电脑又与集团中心电脑相连。关于采购、投资、广告、市场及集团扩展的问题都在总部——河马委员会——得到全面解决，以此表明高级管理阶层给予各个饭店实质性的指导和帮助，并时时与他们保持联系。

河马饭店在寻求与探索如何提高饭店的服务质量方面，有一个成功的创新事例——有效的解决客人有时等餐台的时间过长的问题。对于客人有时等餐台的时间过长，接待人员要如实地告诉客人等餐台的时间。如果实际时间比期待的还长，就给客人提供免费饮料，让客人在等待餐台时更加愉快。在这个服务质量项目里，河马连锁店的董事长一再强调严格按照精确标准去做的紧迫性和重要性；要与灵活、创新的理念相结合以达到所要追求的目标：一流的质量与服务。

【案例讨论题】

1. 河马饭店的经营特点是什么？
2. 河马饭店在众多饭店中脱颖而出的制胜之道是什么？
3. 饭店在经营中进行创新的注意事项是什么？

第二章 旅游市场营销环境分析

本章主要内容

- 旅游市场营销环境的概念和特点
- 影响旅游企业营销活动的宏观环境因素
- 影响旅游企业营销活动的微观环境因素
- 评价旅游市场营销环境的方法，分析旅游市场营销环境的能力

*

“肯德基”如何打入中国市场

凡事预则立，不预则废。创办一家企业首先要进行详尽和周密的市场调查和研究，对影响企业发展的各种制约因素进行正确的预测和分析，才能做出正确的决策。

肯德基炸鸡店是世界上继麦克唐纳快餐店之后的第二大餐馆连锁店，它以独特的肯德基家乡鸡风味和方便迅捷的服务饮誉全球。自1987年肯德基炸鸡分店在北京开张，仅一年多时间，其营业收入和利润总额便遥居各国肯德基分店之首，创造了世界饮食业史上的又一奇迹。而这一奇迹的产生则主要应归功于投资决策者对市场的正确分析和预测。

首先，他们对中国的市场环境进行了客观公正的评价和分析。在开业前，中、外方合作者就中国发展美式快餐的市场前景进行了可行性论证。他们在考察了变化中的中国社会经济北京和中国人饮食习惯、文化背景特质之后，认为，肯德基家乡鸡不同于其它西方食品：口味上非常接近中国食品，进餐时间和方式都顺应了当代中国人，尤其是中国青年人追求现代意识的心态，因此具有广阔的发展前景。他们把第一家中国分店选在北京。一是因为北京是中国政治、经济、文化和交通中心，最具现代意识，最能迎合新潮，对外来饮食文化也最易接受；二是因为北京拥有1 000多万都市人口和上百万流动人口，市场容量极大；三是因为北京有众多的外国驻华办事机构和公务商务旅游者，肯德基炸鸡店的开业将满足他们对业已习惯的西方食品的思念之情。

在选择店址时，他们不惜代价进行了大量的事前调查。他们在王府井、西单、前门等

主要商业繁华中心地带进行了人流量的测定。此外，还进一步对人流结构进行了分析。经测定和分析，他们分析前门地区每天人流量为80万，且大多是外地来京经商人员和旅游者，对在外就餐需求量很大，客源不成问题。因此，一系列具有吸引力的数字促使他们选定前门作为肯德基炸鸡店的理想店址，为日后的经营成功奠定了基础。

重视决策前的市场分析，是一切企业制胜的共同规律。精确的市场分析和预测，能使企业真正做到以市场为导向，制定相应的产品、价格、服务等营销政策，满足市场的风险。与此同时，它又能帮助企业了解自己所处的市场地位和竞争态势，避免市场风险，从而在激烈的竞争中立于不败之地。肯德基炸鸡店在开业前后，对中国尤其是北京地区饮食服务业的市场环境与趋势、市场容量和消费者水平进行了细致的分析和正确的预测。针对消费者心理及购买水平，他们制定了面向普通民众的产品、价格和快餐服务经营策略，从而使他们在饭店餐馆如林的北京前门地区一鸣惊人，独占鳌头，取得了令同行垂涎的成就。它的成功给我们提供了许多有益的经验。

旅游市场营销环境等于机会加威胁。现代营销学认为，旅游企业营销活动成败的关键在于：能否深刻地认识旅游市场营销环境；准确把握各种环境力量的变动，继而使营销战略与不断变化的环境相适应、相协调。通过本章学习，熟练分析和把握各种营销环境要素，包括宏观环境要素和微观环境要素。旅游市场营销宏观环境是指那些能给旅游企业造成市场机会和环境威胁的社会力量，旅游市场营销微观环境是指与旅游企业关系密切、能够影响旅游企业服务顾客的能力的各种因素。旅游市场营销宏观环境对企业的影响是间接的、深远的；旅游市场营销微观环境对企业经营的影响是直接的、具体的。旅游市场营销环境要素之间是相互联系和相互作用的，旅游市场营销环境分析要从环境整体中把握环境发展趋势、识别市场机会和市场威胁。

第一节 旅游市场营销环境概述

一、旅游市场营销环境的概念

旅游企业所有营销活动都是在一定环境中进行的，而环境时刻变化，企业不能控制，因此，企业必须了解和掌握有关营销环境的内容。在市场经济条件下，旅游企业在市场规律的支配下能否适应不断变化的旅游市场环境，是旅游企业能否生存和发展的关键。

旅游市场营销环境是指作用于旅游业市场营销活动的外部条件中关联因素的部分集合。营销成败的关键首先在于能否把握市场营销环境的特点及变化，只有与环境的变化相适应、相协调，企业才能顺利地开展营销活动，并实现其预期的各项目标。

旅游市场营销环境分为微观环境和宏观环境，如图 2 – 1 所示。微观环境与宏观环境之间并不是并列关系，而不是主从关系，微观环境受制于宏观营销环境，微观环境中所有的分子都要受宏观环境中各种力量的影响。

阅读资料

美国旅游业市场状况

美国前总统比尔 · 克林顿曾说："旅行与旅游对于 21 世纪的美国人是非常重要的，它是我们最大的商务服务出口项目，是国家第二大雇主。"

近几年来的统计数据表明，美国在接待国际游客的数量上居第三位，但在国际旅游收入方面却居世界第一位。由于受到" 9 · 11"事件的影响，美国的国际旅游人数 2006 年恢复到 2000 年的最好水平，以后数年均将有不同程度的持续增长，2003 年为其近年来的最低谷，入境游人数仅为 4 120 万人次。

在国际客源市场中，多年来位于前五位的分别是加拿大、墨西哥、英国、日本和德国。2005 年日本入境人数为 3 883 906 人次，中国(含香港)位列十二位，为 405 380 人次，仅占日本的 10% 左右。美国的旅游业收入比其国际旅游人数恢复得要早 2 年左右，在 2004 年已达到当时的历史纪录，比历史上的纪录 2000 年 5 808 亿美元还增长了 3.32%。发源于欧洲的酒店业，20 世纪 50 年代，伴随着美国航空公司的崛起在美国得到了规模化、标准化和集团化的发展，1998 年由《酒店》杂志列出的排行前 25 位的连锁酒店集团中，17 个总部设在美国。目前欧洲占全球客房供应的 44.7%，而美国占 27%。

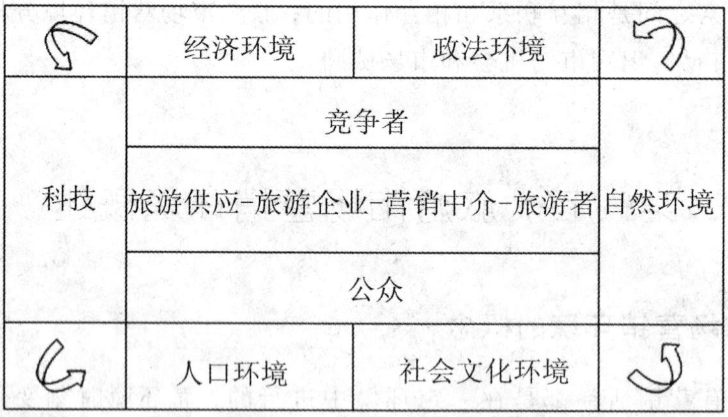

图 2 – 1　旅游市场营销环境

二、旅游市场营销环境的特点

1. 客观性

企业总是在特定的社会经济和其他外界环境条件下生存、发展的。不管你承认与否，旅游企业只要从事市场营销活动，就不可能不面对这样或那样的环境条件，也不可能不受到各种各样环境因素的影响和制约，包括微观的、宏观的。

2. 相关性

市场营销环境不是由某一个单一的因素决定的，它要受到一系列相关因素的影响。从较长历史时期对整个市场营销环境进行考察，我们便不难发现，各种环境因素总是程度不同地相互关联的。市场营销环境是一个系统，在这个系统中，各个影响因素是相互依存、相互作用和相互制约的。例如，旅游企业开发新产品时，不仅要受到经济因素的影响和制约，还要受到社会文化因素的影响和制约。

3. 差异性

市场营销环境的差异性不仅表现在不同的旅游企业受不同环境的影响，而且同样一种环境因素的变化对不同旅游企业的影响也不相同。由于外界环境对企业作用的差异性，使企业采取的营销策略各有其特点。例如，不同的国家、民族、地区之间在人口、经济、社会文化、政治、法律、自然地理等各方面存在着广泛的差异性。这些差异性对企业营销活动的影响显然是很不相同的。

4. 多变性

构成旅游企业市场营销环境的因素是多方面的，每个因素都会随着社会经济的发展而不断变化，只是这些变化有快慢强弱之分。一般来讲，科技、经济、政治与法律因素的变化相对其他因素变化要比较快些和强一些，它们对企业市场营销的影响就相对较短且跳跃性较大，特别是科技因素的变化最快最强，它是促使企业技术改造和产品创新的主要动力之一。而自然、社会和人口因素的变化则相对较弱较慢一些，但它们对企业市场营销的影响则相对较长期和稳定。

第二节　旅游市场营销宏观环境分析

旅游市场营销宏观环境是指影响旅游企业运作的外部大环境，既包括国际环境，也包括国内环境，它对企业营销活动的成败有着极大影响。旅游企业必须根据宏观环境中的各种因素及其变化趋势来调整和制定自己的营销策略，以达到市场营销的目的。宏观环境是由大范围的社会约束力量构成的，包括经济环境、人口环境、自然环境、政法环境、社会文化环境、科技环境。

一、经济环境

旅游市场营销的经济环境主要是指旅游企业市场营销活动所面临的外部社会经济条件(具体来说，主要是指社会购买力)。影响购买力水平的因素主要是消费者收入、消费者支出、消费信贷及居民储蓄、币值等因素，特别是消费者收入水平及其变化，直接影响其购买能力的大小，从而影响消费者的旅游消费支出。

1. 消费者收入

主要是指消费者的实际收入。旅游企业营销人员应注意实际收入的变动趋势，同时还应注意人均收入和收入的分配。

2. 消费者支出

主要是指支出结构或需求结构的变化对市场营销的影响。消费者支出主要取决于消费者的收入水平。消费者的货币收入扣除各种税金后，即构成“可支配的个人收入”，若再扣除衣食住等基本生活开支，即构成“可随意支配的收入”。对消费者支出的分析，有助于旅游企业了解目标市场的需求特点，把握市场机会，确定市场营销策略。

3. 居民储蓄及消费信贷

当消费者的收入一定时，储蓄数量越大，现实支出数量就越小，从而影响企业的销售量。同时，居民储蓄越多，潜在购买力越强。因此，旅游市场营销人员必须了解影响居民储蓄的诸因素，还应了解消费者储蓄目的的差异。以便准确地预测消费需求发展趋势和发展水平，寻求新的市场机会。

二、人口环境

人口环境是指企业所在区域的人口状况，包括人口分布、年龄结构、性别比例、文化水平、流动状况、家庭结构、民族种类等。对旅游企业而言，分析人口环境因素应从三个方面考虑。

1. 人口总量

在收入水平接近的情况下，人口的多少决定着旅游市场容量的大小。一般来说，人口总量与市场容量、消费需求成正比。

2. 人口结构

人口结构往往决定产品结构、消费结构和产品需求类型。人口结构主要包括年龄结构、性别结构、家庭结构，它们是影响旅游购买行为的重要因素。

(1)银发市场成为旅游市场的消费主体。随着老龄时代的到来，应注意开发适合银发族的产品。

(2)女性在社会生活中开始扮演重要角色。越来越多的职业女性作为企业的代表开始出现在商业性活动中，现代知识女性在社会生活中真正成为“半边天”，因此，企业营销要考虑女性的消费偏好。

(3)家庭消费成为旅游市场上的主要消费群体。家庭为单位的消费群体在都市中日渐流行，这一群体对价格不敏感。企业应重视开发各类家庭旅游产品。

3. 人口城市化

人口城市化程度是指城市人口占全国总人口的半分比，它是一个国家或地区经济活动的重要特征之一。一般来说，城市居民旅游需求的人数不仅比农村多，而且比例也大。随着城市化进程的发展，城市居民对于回归大自然、度假、休闲等旅游需求日益增加。

三、自然环境

一个国家和地区的自然地理环境包括该地的自然资源、气候条件和地形地貌等因素，都会不同程度的影响旅游企业的营销活动。旅游业赖以发展的三大资源之一就是自然资源，在世界范围内倡导环境保护与可持续发展的背景下，旅游企业必须树立生态意识，要积极地采取措施保护环境，顺应并积极发展生态旅游。

阅读资料

保护环境从开发时做起

当凯悦集团开发威克拉凯丽晶饭店（Hyatt Regency Waikoloa）时，他们有意避免对生活在一些水塘中的微小生物的生存环境造成破坏。为此，开发商专门开辟了新的可供这些海洋生物生存和繁殖的水塘。

喜来登在开发的非洲和印度海洋馆采取了一些措施，即征得游客同意后在客人账单上多收1美元，用于环保项目。

四、政法环境

政治和法律是影响旅游企业营销的重要宏观环境因素。

政策是党和政府为有效推进社会协调发展的一种带有强制性的规范。直接关系到社会购买力的提高和市场消费需求的增长变化。企业要多学习、研究有关政策规定，从中发现有利于企业经营的条文和信息，并善加利用。

法律是企业必须严格遵守的规范，绝对不能以身试法。法律环境对市场消费需求的形成和实现具有一定的调节作用。旅游企业研究并熟悉法律环境，既可保证自身严格依法管理和经营，也可运用法律手段对付竞争对手的“违法行为”，从而保障自身的权益。

五、社会文化环境

社会文化主要指一个国家、地区的民族特征、价值观念、生活方式、风俗习惯、宗教信仰、伦理道德、教育水平、语言文字等的总和。主体文化是占据支配地位的，起凝聚整个国家和民族的作用，由千百年的历史所形成的文化，包括价值观、人生观等；次级文化是在主体文化支配下所形成的文化分支，包括种族、地域、宗教等。文化对所有营销的参与者的影响是多层次、全方位、渗透性的。它不仅影响企业营销组合，而且影响消费心理，消费习惯等，这些影响多半是通过间接的、潜移默化的方式来进行的。

旅游活动会接触到世界各地不同的社会文化。社会文化包括两个部分：一是指比较稳定的持续的价值观念的核心文化；二是指容易受外界因素影响而发生变化的亚文化与次文化。社会文化因素通过影响旅游者的思想和行为进而影响旅游企业的营销活动。

阅读资料

武汉三特索道公司利用自身环境优势，修建了一条"长征路"，吸引了各中小学前去参加活动，使公司走出困境，取得了良好的社会效益。以纪念红军长征胜利60周年，弘扬长征精神为主题，对广大学生进行一次爱国主义和艰苦奋斗教育。三特公司投资3万元，在龟山模拟设置了一条"长征路"，设置了"瑞进"、"遵义"、"泸定桥"、"草地"等10多个长征景点，营造了钻网、吊环滑道等活动设施，陈列了大量红军人物的立式群像和众多珍贵历史照片，并把乘索道横渡汉江作为"飞夺泸定桥"穿插于活动中，使这条长征路更为充实，融娱乐性、安全性、教育性为一体。自5月11日"重走长征路"活动拉开序幕以来，武汉市陆续有50多所中小学校前来参加，共达3万余人次。师生们普遍认为，通过这次活动既增长了历史文化知识，又能体会到当年红军长征途中的艰辛，并在乘索道时饱览了三镇景致。

六、科技环境

科技是第一生产力，是影响人类前途和命运的伟大力量。科学技术直接影响到旅游企业产品开发、设计、销售和管理技术，决定了旅游企业在国际市场上的竞争地位。科学技术的发展给企业带来各种挑战的同时也孕育了大量的机会。

第一，科学技术的发展大大缩短了旅游的空间距离。轿车的普及、高速公路的建设、高速列车的发展和航空业的壮大等使旅游者能够快速、舒适、方便和安全地进行远距离旅游，充分满足了国际、国内旅游市场规模发展的要求。

第二，利用新技术改善服务，提高企业的服务质量和效率。利用新技术，提高管理水平和企业营销活动效率；

第三，新技术的出现对人民生活方式带来的变化及其由此对企业营销活动可能造成影响。庞大的互联网可能成为外出娱乐和旅游的替代品，人们足不出户，就可以环球旅游。

第三节 旅游市场营销微观环境分析

旅游企业营销活动的微观环境要素主要是指对企业营销活动过程和结果有直接影响的各种力量，它影响着企业为目标市场服务的能力。它构成旅游企业营销微观环境的各种制约力量并存在于企业周围，与企业形成协作、竞争、服务、监督关系。旅游市场营销活动的成败不仅取决于能否适应客观环境的变化，还取决于能否适应微观环境的变化。这些要素与旅游企业经营的供应链直接发生关联，主要包括企业本身、旅游供应商、旅游营销中介、旅游者、旅游业竞争者、社会公众（如图 2－2 所示）。

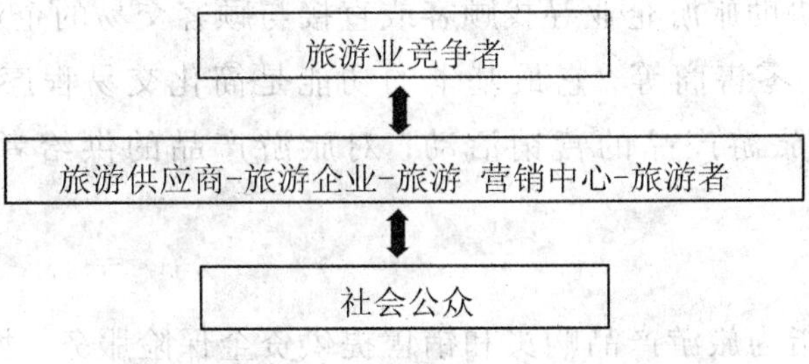

图 2－2 旅游市场营销微观环境示意图

一、旅游企业

以业务流程为中心建立的企业组织，必须以营销作为前哨，所有为顾客提供服务的职能要素必须紧密配合、通力合作，向顾客提供高效的服务。在分析旅游企业的内部环境时，要重点考虑营销部门与企业其他部门的协调及相互关系。其他部门主要包括决策层、财务部门、研发部门、公关部门等。这些部门构成了旅游企业制定、执行、控制营销计划和实现营销职能的企业内部微观环境。这些部门的业务状况如何，它们与营销部门的合作以及它们之间是否协调发展，对营销决策的制定和实施影响极大。

旅游企业营销部门在制定和实施营销目标与计划时，不仅要考虑旅游企业外部环境力量，而且要充分考虑旅游企业内部环境的力量，争取高层管理部门和其他职能部门的理解和支持。

二、旅游供应商

旅游供应商是指向旅游企业及其竞争者提供旅游产品和服务的组织或个人。具体的旅游资源供应商包括旅游酒店、定点旅游用品商店、公安部门、水电部门等服务部门。旅游商品供应商包括旅游风景区、宾馆饭店、交通部门、娱乐区等单位。任何一个单位都不能放松，因为旅游产品的综合性也决定了它的脆弱性，任何一环的失误都会给全局造成不利影响。

在综合考虑多方面的重要因素之后，就可以给每个供应商打出综合评分，选择出合格的供应商。

三、旅游营销中介

旅游营销中介是指协助旅游企业销售、推广其产品和服务的企业和个人。包括旅游中间商、金融机构和市场营销服务机构。营销中介在整个营销活动中不可或缺，他们是旅游产品到达顾客手中的媒介。因此，旅游企业在市场营销过程中，必须重视中介组织对营销活动的影响，要处理好同他们的合作关系。

1. 旅游中间商

旅游中间商是指协助旅游企业寻找顾客或直接与顾客交易的企业或个人。它包括经销商、代理商、批发商、零售商等，它最基本的功能是简化交易程序，节约时间和费用。它作为一个整体介入旅游产品的营销活动，对旅游产品的供给者和购买者都会带来益处。

2. 金融机构

金融机构主要是指为旅游产品购买和销售提供资金保险服务，协助旅游企业进行融资活动的各种公司。如保险公司、信贷公司、银行等。财务中介机构不直接从事商业活动，但对企业的发展经营至关重要。旅游企业的财产需要通过保险公司进行保险，业务要通过银行账户进行结算。而贷款利率和保险费率直接影响旅游企业的成本。因此，旅游企业要大力发展同金融机构的关系，保证企业有畅通的融资渠道，避免因贷款成本上升或信贷来源受限制而造成的不利影响。

3. 营销服务机构

营销服务机构是帮助旅游组织选择恰当的市场，协助旅游企业推出并促销其旅游产品的机构组织或个人，主要有广告公司、营销调研公司、传播媒介公司等。旅游企业可以委托外部营销机构来处理业务，但要谨慎选择，仔细考察每个不同的专业公司所提供的服务质量、服务内容、服务特色和价格水平，并定期评估其绩效，促使其提高创造力、质量和服务水平。

四、顾客

旅游企业的营销活动是以顾客为中心展开的。顾客是营销活动的出发点和落脚点。因此，顾客是旅游企业最重要的环境因素。旅游市场的顾客主要包括个体顾客和机构顾客。

1. 个体顾客

个体顾客又称旅游消费者，也包括购买旅游产品的个人和家庭，如观光旅游者、会议旅游者、商务旅游者、度假旅游者等。旅游消费者购买旅游产品和服务是为了满足个人和家庭的物质和精神的需要，并无牟利的动机。

目前旅游消费者理念的不断成熟，旅游需求成为高层次的需求，旅游消费者为了追求更好的物质享受和精神方面的满足，不再仅仅是局限于单纯的观光游览，而转向休闲度假与文化欣赏，并把参与性、体验性融入其中，使得旅游消费具有愉悦性、综合性等特性。但也由于旅游者的个性、生活条件、经济收入的差别，以及所处社会环境的影响，旅游需求还表现出因人而异、各种各样的特性。旅游企业营销人员应该分析企业所提供的产品和服务能否满足旅游消费者的需求，并根据不同类型的消费需求展开有针对性的促销攻势，以吸引顾客来消费。

2. 机构顾客

机构顾客是指为开展业务而购买旅游产品和服务的企业或机关团体组织。如企业到名胜风景区举行会议或作为奖励（福利）组织员工旅游或为创建企业文化组织员工假日出游等，都属于机构顾客。

机构顾客大多是企事业单位，数目比个体顾客少，但购买规模大。例如，某省厅级部门组织全省直属部门培训，可能一次订购200间客房。

因为机构顾客购买旅游产品的费用由单位支付，所以他们对旅游产品的需求受价格变动影响较小，企业营销人员在针对机构顾客是一定更注重旅游产品的服务和质量。

五、旅游业竞争者

旅游企业参与市场竞争，不仅要了解谁是自己的顾客，而且还要弄清谁是自己的竞争对手。从表面上看，识别竞争者是一项非常简单的工作，但是，由于需求的复杂性、层次性、易变性，技术的快速发展和演进、产业的发展使得市场竞争中的企业面临复杂的竞争形势，一个企业可能会被新出现的竞争对手打败，或者由于新技术的出现和需求的变化而被淘汰。企业必须密切关注竞争环境的变化，了解自己的竞争地位及彼此的优劣势，只有知己知彼，方能百战不殆。

我们可以从不同的角度来划分竞争者的类型：

（一）从行业的角度来看，旅游企业的竞争者有

1. 现有旅游企业：指本行业内现有的与旅游企业提供同样旅游产品和服务，这些企业是直接竞争者。

2. 潜在加入者：我国旅游市场前景乐观，会引来新的国内外竞争企业，要求重新瓜分市场份额和主要资源。另外，某些多元化经营的大型企业还经常利用其资源优势从一个行业侵入另一个行业。新企业的加入，将可能导致旅游产品和服务价格下降，利润减少。

3. 替代品企业：随着互联网络迅猛发展，人们可以足不出户，游遍世界。这与传统旅游产品和服务具有相近功能，能满足同一需求，属于替代品。随着科学技术的发展，

替代品将越来越多，旅游行业的所有企业都将面临与替代品企业进行竞争。

（二）从市场方面看，企业的竞争者有

1. 品牌竞争者：企业把同一行业中以相似的价格向相同的顾客提供类似产品或服务的其他企业称为品牌竞争者。如香格里拉酒店与希尔顿酒店就是品牌竞争者。

品牌竞争者之间的产品相互替代性较高，因而竞争非常激烈，各企业均以培养顾客品牌忠诚度作为争夺顾客的重要手段。

2. 行业竞争者：企业把提供同种或同类产品，但规格、档次、形式不同的企业称为行业竞争者。所有同行业的企业之间存在彼此争夺市场的竞争关系。

3. 需要竞争者：提供不同类型的产品和服务，但满足和实现消费者同种需要的企业称为需要竞争者。如航空公司、铁路客运、长途客运汽车公司都可以满足消费者外出旅行的需要，当火车票价上涨时，乘飞机、坐汽车的旅客就可能增加，相互之间争夺满足消费者的同一需要。

4. 消费竞争者：提供不同产品，满足消费者的不同愿望，但目标消费者相同的企业称为消费竞争者。如很多消费者收入水平提高后，可以把钱用于旅游，也可用于购买汽车，或购置房产，因而这些企业间存在相互争夺消费者购买力的竞争关系，消费支出结构的变化，对企业的竞争有很大影响。

六、公众

公众是指对旅游企业的目标实现产生实际或潜在影响的任何团体或个人。广大公众的态度，会协助或妨碍企业营销活动的正常开展。一个旅游企业的公众主要有以下部门。

1. 媒体公众，主要指报纸、杂志、电台、电视台、网站等具有广泛影响的大众传播媒介。旅游企业必须与媒体建立和保持广泛的合作，才能扩大产品的知名度和影响力。

2. 政府公众，主要是指负责管理旅游企业的政府机构和主管部门。如旅游局、物价局、工商行政管理局等。政府的政策引导和法律的规范创造出良好的社会环境是政府的主要职责，通过这种规范和政策，影响和引导企业自主地选择。旅游企业制定营销计划时要考虑政府公众对其影响。

3. 团体公众，既有权对旅游企业营销活动做出质询的团体或组织。如消费者权益组织、环保组织等。旅游企业营销活动关系到各个方面，所以必须要密切注意来至社会的批评和意见。

4. 社区公众，即旅游企业所在地的居民和社区组织。他们对旅游企业的态度直接影响到营销活动的实施。企业必须重视与当地公众的良好关系，积极支持社区的重大活动，为社区发展贡献力量。

5. 融资公众，指影响企业融资能力的金融机构，如银行、投资公司、证券经纪公司、保险公司等。

第四节　旅游市场营销环境的分析方法与对策

旅游市场营销环境的变化对企业可能产生的影响主要有两种：一是环境的变化导致对企业的新市场机会的产生，所谓营销环境机会，是指由于环境变化形成的对企业营销管理富有吸引力的领域；第二种可能产生的影响是营销环境的变化对企业造成的新的营销环境威胁，所谓营销环境威胁，是指由于环境的变化形成或可能形成的对企业现有经营的冲击和挑战。

然而市场营销环境是不可控因素，企业一般无法改变，只能设法适应它。要在不断变化的市场营销环境中，采取相应的对策，谋求生存和发展的能力。

一、环境分析方法

（一）环境威胁与市场机会

市场营销环境通过对企业构成威胁或提供机会而影响营销活动。

环境威胁是指环境中不利于企业营销的因素的发展趋势，对企业形成挑战，对企业的市场地位构成威胁。

市场机会指对企业营销活动富有吸引力的领域，在这些领域，企业拥有竞争优势。

（二）环境威胁与市场机会的分析、评价

企业面对威胁程度不同和市场机会吸引力不同的营销环境，需要通过环境分析来评估环境机会与环境威胁。企业最高管理层可采用“威胁分析矩阵图”和“机会分析矩阵图”来分析、评价营销环境。

1. 威胁分析

对环境威胁的分析，一般着眼于两个方面：一是分析威胁的潜在严重性，即影响程度；二是分析威胁出现的可能性，即出现概率。其分析矩阵如图 2－3 所示。

影响程度		高	低
	大	3　5	1　6
	小	2　4　8	7

图 2－3　威胁分析矩阵图

在上图中，处于 3、5 位置的威胁出现的概率和影响程度都大，必须特别重视，制定

因应对策；处于7位置的威胁出现的概率和影响程度均小，企业不必过于担心，但应注意其发展变化；处于1、6位置的威胁出现概率虽小，但影响程度较大，必须密切注意监视其出现与发展；处于2、4、8位置的威胁影响程度较小，但出现的概率大，也必须充分重视，

2. 机会分析

机会分析主要考虑其潜在的吸引力（赢利性）和成功的可能性（企业优势）大小。其分析矩阵如图2－4所示。

潜在的吸引力 \ 成功的可能性	大	小
大	3　7	4　2
小	6	1　5　8

图2－4　机会分析矩阵图

在上图中，处于3、7位置的机会，潜在的吸引力和威胁的可能性都大，有极大可能为企业带来巨额利润，企业应把握战机，全力发展；而处于1、5、8位置的机会，不仅潜在利益小，成功的概率也小，企业应改善自身条件，注视机会的发展变化，审慎而适时地开展营销活动。

用上述矩阵法分析、评价营销环境，可能出现4种不同的结果，综合如图2－5所示。

潜在的吸引力 \ 成功的可能性	大	小
大	3　7	4　2
小	6	1　5　8

图2－5　环境分析综合评价图

3. 企业营销对策

在环境分析与评价的基础上，旅游企业对威胁与机会水平不等的各种营销业务，要

分别采取不同的对策。

对理想业务，应看到机会难得，甚至转瞬即逝，必须抓住机遇，迅速行动；否则，丧失战机，将后悔无及。

对冒险业务，面对高利润与高风险，既不宜盲目冒进，也不应迟疑不决，坐失良机，应全面分析自身的优势与劣势，扬长避短，创造条件，争取突破性的发展。

对成熟业务，机会与威胁处于较低水平，可作为企业的常规业务，用以维持企业的正常运转，并为开展理想业务和冒险业务准备必要的条件。

对困难业务，要么是努力改变环境，走出困境或减轻威胁，要么是立即转移，摆脱无法扭转的困境。

二、企业对环境威胁的对策

面对环境对旅游企业可能造成的威胁，旅游企业常用的方法有三种：

1. 对抗策略，也称抗争策略。即试图通过自己的努力限制或扭转环境中不利因素的发展。如通过各种方式促使（或阻止）政府通过某种法令或有关权威组织达成某种协议、努力促使某项政策或协议的形成以用来抵销不利因素的影响。

2. 减轻策略，也称削弱策略。即企业力图通过改变自己的某些策略，达到降低环境变化威胁对企业的负面影响程度。如，对于非典和甲流疫情等突发事件，可通过各国建立以外事故的防范系统来预防或减轻它所带来的经济损失。

3. 转移策略，也称转变或回避策略。即指企业通过改变自己受到威胁的主要产品的现有市场或将投资方向转移来避免环境变化对企业的威胁。包含以下不同的"转移"：（1）企业原有销售市场的转移；（2）企业往往不仅仅限于目标市场的改变，而常常是作自身行业方面的调整；（3）企业依据营销环境的变化，放弃自己原有的主营产品或服务，将主要力量转移到另一个新的行业中。

思考与练习：

1. 旅游市场营销环境有哪些特点？
2. 旅游市场营销的宏观环境和微观环境包括哪些内容？
3. 以本地区一旅游企业为例，对其微观环境进行分析讨论。

案例：

2008 年 5 月 12 日 14 时 28 分，在四川东部龙门山构造带汶川附近发生了 8.0 级强烈地震。此次地震不仅在震中区附近造成了灾难性的破坏，其影响更是波及到全国绝大多数地区乃至国外。“5·12”汶川大地震发生后，一向以秀美风光和人文古风吸引世界目光的四川在一夜之间遭遇了一场浩劫。一时间，四川省内旅游服务业、食品供应几乎完全中断，蒸蒸日上的四川旅游业遇到了史无前例的重创。

千年景区：满目疮痍

5月20日，国家文物局抗震救灾四川现场会议在成都武侯祠博物馆广益堂举行，国家文物局局长单霁翔主持了现场会议。据会议通报，截至5月19日，在此次强烈的地震灾害中，四川省共有65处全国重点文物保护单位和119处省级文物保护单位遭受不同程度的损失，许多已经全部垮塌或面临垮塌。

“李白书房”千疮百孔

地震后的李白故居损毁严重。前天，记者专门前往位于江油市的“青莲故居”采访。这栋青砖绿瓦结构的四川省重点保护文物已经全面封闭，不准游人进入。据工作人员称，因为里面的文物古迹损毁严重，许多建筑物摇摇欲坠，怕有人进去被砸伤。他特别提醒记者千万不要进入太白楼内，因为太白楼的三层和四层结构毁坏严重。

在李白幼时居住的陇西院，记者看到了更为震撼的一幕。从唐朝一直保存至今的“山门”完全塌在地下，变成一堆残垣烂瓦。旁边看护现场的两名工作人员称，这些东西都是千年古物，即使全倒了，将来也要重建，因此他们必须守在这里，怕有一砖一木被人盗取。走进山门，可以看到李白书房和卧室损毁严重，房子的瓦顶上震出了很多洞，像筛子一般。墙体也有多处裂痕，卧室内一片狼藉，一地碎块。

朱德、陈毅故居有损毁

四川省不仅是国内著名的文物大省，同时也是革命遗迹较多的省份之一。许多革命先辈都出自四川，他们的故居分别有不同程度的损毁。

记者了解到，陈毅故居损毁得非常严重，其屋面损坏，陈列馆围墙开裂，即将倒塌。陈列馆职工值班室房屋檩子、屋瓦损坏三分之一。而朱德故居情况稍好，目前发现的损坏有墙体开裂、垮塌，房屋瓦面脱落。郭沫若故居的屋面琉璃瓦变形、脱落。

而位于绵阳市平武县的平武报恩寺是第四批全国重点文物保护单位。在此次灾害中，3 518平方米古建筑均不同程度受损，山门正脊断裂；天王殿墙体和报恩寺祭祀碑垮塌；大雄宝殿墙体向外开裂，裂缝达10厘米，壁画受损。整个建筑群受灾情况相当严重。

在成都，国家级文物保护单位武侯祠的屋脊部分出现断裂，墙面剥落。著名的杜甫草堂的东院落建筑已经垮塌10间，2个清代瓷花瓶破碎。另一处文物保护单位王建墓的墓顶开裂，藏品受损情况不明。

很多地方因为文物保管库房垮塌，也导致文物大批毁坏。比如三星堆博物馆，一号馆两件陶器从展具上震落，进、出口上部的鸟头装饰断裂，砸裂天窗玻璃；还有汉源县文管所，其文物库房已经夷为平地，219件文物全部被埋；彭山县文管所馆藏文物有31件受损，其中二级文物2件，三级文物8件。

资料来源：胡晓远．汶川地震与四川旅游业重建．成都：四川人民出版社

【案例讨论题】

运用环境分析的内容和方法，结合案例，分析环境因素对旅游企业的影响。

第三章 旅游者购买行为分析

本章主要内容

- 旅游者购买行为概述
- 影响旅游者购买行为的因素分析
- 旅游者购买决策过程分析

*

有需求的地方就有市场——在全世界酒店行业中，最早意识到女性顾客需求的特殊性的是希尔顿饭店联号。在1974年，美国阿尔克茨州希尔顿酒店就开辟了专门的女子楼层，专门为单身女性提供旅途中的一切服务。30多年来，希尔顿饭店联号一直致力于为女性消费者提供更加专业、更加细致的服务，从而赢得了大批女性顾客。在希尔顿饭店的女子客房里，一切设施设备都从女性的生理特点和旅途需要出发，不仅配备了穿衣化妆镜、品牌化妆品、芳香型沐浴露等女性用品，还提供女士睡袍、吹风机、卷发器、挂裙架、针线包等生活用品；客房装饰所用的色调通常非常温馨，床头柜或茶几上还备有最畅销妇女杂志，就连电话机的款式也讲究活泼、可爱。另外，女子楼层还安排有足够的便衣女保安人员，各项安全措施也非常严密。安全、温馨、舒适的女子客房很受单身女性顾客喜欢，希尔顿酒店也因此收获了大批忠实女顾客。

资料来源：中国旅游交易网 http://www.17u.net/bbs/show_2_120363_1.html

第一节　旅游者购买行为概述

分析旅游者购买行为是了解旅游市场的重要内容，是制定旅游市场营销策略的基础，是为了在满足旅游者的需求、适应社会利益发展、实现企业利润三者方面达到统一协调。

一、旅游者购买行为的概念

旅游者行为是旅游者购买和使用旅游产品或服务的决策过程中的各种活动，在旅游活动中，旅游者的心理和行为是极丰富和复杂的，旅游者的购买行为必然直接或间接地受到许许多多的心理因素和社会因素的影响。行为科学家科特.莱文用下列公式描述人类的购买行为：

$CB = f(p, s, e)$，

其中：CB 表示消费者行为

p 表示消费者个人的特点

s 表示社会影响因素

e 表示环境因素

以上公式也同样适用于描述旅游者的购买行为，旅游者购买行为即是旅游者个人特点、社会影响因素及环境因素三个变量的函数。其中，旅游者个人特点包括旅游者的年龄、职业、生活方式、自我观念、个性、经济状况、需要、动机、态度等；社会影响因素包括文化、社会阶层、家庭、角色与地位等；环境因素包括旅游产品、旅游价格、旅游服务等。这三个变量相互依存、相互作用。

二、旅游购买行为的类型

旅游者在现实的购买活动中，受个人特点、社会影响因素和环境因素的影响，表现出复杂多样的购买行为。根据旅游购买的决策单位、购买的参与程度、时间与旅游者的购买兴趣，我们可以大致进行以下归类研究。

（一）按旅游购买的决策单位分类

按照旅游购买的决策单位，旅游者的购买行为可分为旅游者个体的购买行为和组织机构的购买行为。前一种购买行为主要是个体旅游者单独出游的消费行为；后一种购买行为还可以依据购买决策单位的不同层次划分为两种，即一般组织机构的旅游购买行为和旅游批发商的旅游购买行为。

（二）按旅游者购买的参与程度分类

按照旅游者购买的参与程度的高低，旅游者的购买行为可分为当日往返旅游购买行为、短程旅游购买行为和远程旅游购买行为。进行当日往返旅游购买行为和短程旅游购买行为时，旅游者的决策过程简单，信息水平要求相对较低；进行远程旅游购买行为时，由于这种旅游耗时长、价值高，旅游消费者会投入较大精力搜集信息、慎重决策，决策过程也复杂得多。

（三）按购买的时间分类

按照购买的时间，旅游者的购买行为可分为现实的购买者和潜在的购买者。现实的购买者已有明确的购买需求，是旅游市场营销人员必须满足的消费者。市场营销人员也应该注重潜在的购买者，通过引发需求、培育市场，使潜在的购买者转变为现实的购买者。

（四）按旅游者购买行为的兴趣分类

按旅游者购买行为中的兴趣，旅游者的购买行为可分为情调型、节日型、时尚型和娱乐型。情调型是指旅游者根据旅游产品或旅游服务的情调而做出购买决策的购买行为。这类旅游者一般较为关注旅游产品的环境格局，如购物、进餐、娱乐环境中不同的建筑风格、装饰布局及色调、声音、温度、气味等渲染的情调。这类旅游者一般经济基础较高，追求新奇、浪漫的感觉，对于感兴趣的旅游产品不惜高价享用。例如，一些青年人选择新婚旅游海底婚礼这一单项旅游项目，就是一种情调型消费。节日型是指旅游者的消费兴趣在节假日期间集中而明显地表露出来的购买行为。如“五一”、“十一”、“春节”等假日制度，假日经济的繁荣引发了旅游消费热潮，出游人数明显高于平时。时尚型是指旅游者受社会风气及消费流行的影响而导致的购买行为。这类旅游者的兴趣反映在社会的趋时消费或特殊性消费上，他们追求新奇时髦、标新立异。近年来我国西部探险旅游热吸引了众多青年学生，就是时尚型消费的一种反映。娱乐型是指旅游者在物质生活基本满足后，倾向于精神生活享受的购买行为。旅游者购买旅游产品的目的主要为休闲放松、调节情绪、丰富精神生活。在实际购买活动中，大多数旅游消费者属于这种类型。

三、旅游者行为模式

营销人员在制定营销组合策略之前，必须先研究旅游者购买行为。但旅游市场涉及的内容千头万绪，从哪里人手进行分析？营销学家归纳出以下七个主要问题：

旅游市场由谁构成？（who）购买者（occupants）

旅游者购买何种旅游产品？（what）购买对象（objects）

旅游者为何购买？（why）购买目的（objectives）

旅游者的购买活动有那些人参与？（who）购买组织（organizations）

旅游者怎样购买？（how）购买方式（operations）

旅游者何时购买？（when）购买时间（occasions）

旅游者何地购买？（where）购买地点（outlets）

由于七个英文字母的开头都是“O”，所以称为“7O”研究法。

研究消费者购买行为的理论中最有代表性的是“刺激—反应”模式。心理学“刺激—反应”学派的研究成果表明，人们行为的动机是一种内在的心理活动，是种看不见、摸不着的“消费者黑箱”，这种基于心理活动的黑箱必须在外部的刺激作用下，才能引起行为，如图3－1所示。

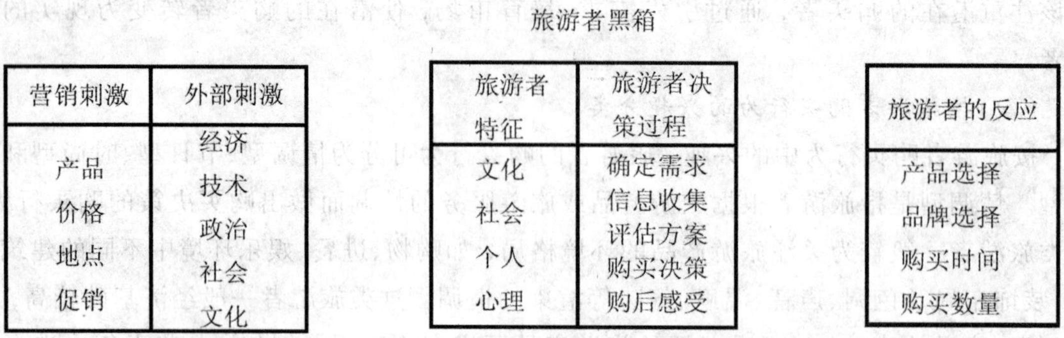

图 3－1　关于消费者购买行为的"刺激－反应"模式

从心理学角度分析，以上行为过程包括三类变量，即刺激变量、机体变量和反应变量。

刺激变量是指人的反应发生影响的刺激条件，包括可以变化与控制的自然与社会的环境刺激。其中营销刺激由"7P"组成（即 product，price，place，promotion、public image、public relation、public power），此外，社会环境因素（经济、技术、政治与文化等力量）也对人的行为产生刺激，如国内外政治形势的变化、币值的变动等。

机体变量是指有机体对反应有影响的特征，购买者特点影响购买者对刺激的认知反应，购买者决策过程影响购买结果。

反应变量是指刺激变量和机体变量在行为上引起的变化，即产生产品选择、品牌选择、经销商选择、购买时机、购买数量等方面的购买者反应。

由以上分析表明，旅游者购买行为的过程，实质就是旅游企业营销活动中各种可控因素（旅游景观、价格、旅游服务、促销等）及旅游者在所处的政治、经济、文化等环境因素的影响刺激下，促使旅游者产生旅游的心理活动，并受旅游动机的支配做出旅游决策的旅游行为反应。

第二节　影响旅游者购买行为的因素分析

根据科特·莱文对消费者购买行为的分析，消费者的购买行为受消费者个人特点、社会影响因素和环境因素的影响。在此基础上，我们从文化因素、个人因素、社会因素和心理因素进行分析。

一、文化因素

文化因素对旅游者影响极深，它通过影响社会的各个阶层和家庭，进而影响到每个人及其心理活动。文化因素可从文化、亚文化和社会阶层三方面来进行探讨。

(一)文化

文化作为企业市场营销活动中一种宏观环境因素，是人类欲望和行为最基本的决定因素，它往往决定着一个社会的消费习俗、伦理道德、价值观念和思维方式等。文化的产生和存在可以指导消费者的学习和社会行为，从而为消费者提供目标、方向和选择标准。例如，当文化变得对环境保护和身心健康日益重视后，生态旅游呈现了较大的发展空间。其次，文化的渗透性可以在新的区域中创造出新的需求来。例如，圣诞节期间我国各大旅游宾馆、饭店推出的吸引国内旅游的圣诞大餐。再次，文化自身所具有的广泛性和社会普及性使旅游者行为具有模仿性，例如春节期间中国人赶传统的庙会、灯会。鉴于此，旅游营销人员在制定营销方案时，必须经常试图去了解文化变迁从而掌握旅游者的潜在需求。

(二)亚文化

每种文化都由更小的亚文化组成，亚文化为其成员带来更明确的认同感。亚文化是指根据共同生活经验及情境而产生共同价值体系的一群人所遵循的文化标准，它流行于不同国籍团体、宗教群体、种族群众和地理区之中。例如，中国文化按宗教信仰可以区分为佛教、道教、基督教、天主教、伊斯兰教等亚文化。即使是企业文化，也还可以区分为各种部门文化。因此，旅游企业营销人员必须了解不同社会群体的文化差异，以进行有针对性的营销活动。

亚文化有许多不同的分类方法:一种比较有代表性的分类方法是由美国学者罗伯逊提出的按人种、年龄、生态学、宗教划分亚文化的分类法。目前，国内外营销学者普遍接受的是按民族、宗教、种族和地理划分亚文化的分类法。

1. 民族亚文化

几乎每个国家都由不同民族所构成。不同的民族，都各有其独特的风俗习惯和文化传统。尤其是我国共有56个民族。与有些多民族国家不同的是，我国各民族人口数量十分悬殊，少数民族人口少，而且居住分散。其中，汉族占总人口90%以上，其他民族所占比例较小，人口超过百万的只有蒙古族、回族、藏族、朝鲜族、满族等十几个民族。我国各民族虽然受社会文化的直接影响而带有明显的中华民族烙印，如排斥外域文化的入侵、内聚力强等，但各民族也都还保持着自己传统的宗教信仰、消费习俗、审美意识和生活方式。例如，朝鲜族人喜食狗肉、辣椒、喜欢穿颜色鲜艳的衣服，男子地位比较突出；蒙古族人的习惯则是穿蒙袍，住帐篷，吃牛肉、羊肉，喝烈性酒。在汉族人看来是味重、难以入口的奶茶，对蒙古人却是生活中不可缺少的美味饮品。旅游者进入不同的民族地区要了解和适应当地的文化。由此可见，民族亚文化对旅游者行为的影响是巨大的、深远的，也是旅游营销者不容忽视的。

2. 宗教亚文化

不同的宗教群体，具有不同的文化倾向、习俗和禁忌。如我国有佛教、道教、伊斯兰教、天主教、基督教等，这些宗教的信仰者都有各自的信仰、生活方式和消费习惯。宗教能影响人们的行为，也能影响人们的价值观。这并不是说每个人都一定是宗教信徒，但对一个社会或群体有着深远影响的宗教，却会给其成员的态度和行为留下深刻的印迹。例如，日本、韩国、新加坡被称为后儒教社会，虽然这些社会的大多数人并不信儒教，但人们认为遗传下来的儒教关于成就和工作、家庭和国家的态度，是这些国家和地区经济迅速发展的主要原因。宗教因素对于旅游企业营销有着重要意义。例如，宗教可能意味着与一定宗教节假日相联系的高旅游消费期（基督教的圣诞节）。对旅游企业来说，宗教节假日是推销旅游产品和服务的良好时机，伴随一个重要节假日的，往往是一个旅游销售旺季。

3. 种族亚文化

白种人、黄种人、黑种人都各有其独特的文化传统、文化风尚和态度。他们即使生活在同一国家甚至同一城市，也会有自己特殊的需求、爱好和购买习惯。

4. 地理亚文化

由于自然状况和社会经济历史发展的结果，地理上的差异，往往导致人们消费习俗和消费特点的不同。例如，中国闻名的川菜、鲁菜、粤菜等八大菜系，都风格各异，自成一派，就是因地域不同而形成的。长期形成的地域习惯，一般比较稳定。我国北方人由于气候寒冷，有冬天吃酸菜和火锅的习惯，几乎家家都备有火锅、砂锅，而南方人由于气候炎热，养成了吃泡菜、腊肠的习惯。同是面食，北方人喜欢吃饺子，南方人喜欢吃包子，西北部人却喜欢吃饼和馍。

（三）社会阶层

所谓社会阶层，是指一个社会中，依照一定的分组标志而划分的，具有相对的同质性和持久性的集团。它们是按一定等级排列的，每一阶层成员具有类似的价值观、兴趣爱好和行为方式。每一个社会阶层都会有一种被本阶层广大成员接受和认可的价值观和行为规范，处于同一阶层的人为了使自己的角色、地位与所属阶层相符，他们都会有意无意的遵循共同的一种规范行事。处于不同阶层的人，生活方式、消费习惯有相当大的差别。

不同社会阶层的成员有着不同的旅游购买行为，主要体现在以下三个方面：

1. 对旅游休闲方式的影响

高阶层的旅游者从事较多的户外活动，这一点在西方表现尤为明显。他们多进行如高尔夫球、保龄球、滑雪、海滨游泳等活动。而低阶层的旅游者，一方面，由于经济条件所限，无法从事那些高级的娱乐活动；另一方面，由于他们中间大部分人本来就是从事体力工作的，所以也较少有开展户外活动的需要。此外，高阶层的旅游者较少看电视，他们喜欢各种时尚活动和戏剧，而低阶层的旅游者则更乐于收看家庭系列轻喜剧和猜谜游戏等。

2. 对媒介和广告的影响

高阶层的旅游者比低阶段的旅游者更喜欢读报纸、杂志，而现在在西方国家，不同的报刊杂志都倾向于把自己定位于不同阶层之中。由于阶层不同，对于信息符号系统的反应包不相同。以广告而言，具有比较深刻含义而富有幽默性的广告，对高阶层的旅游者可能产生较好效果，而对于低阶层的旅游者，可能由于文化水平所限而无法理解广告的含义。此外，有研究表明，高阶层的旅游者，特别是女性旅游者，选择商品时更多是依赖广告。

3. 对价格心态的影响

低阶层的旅游者总倾向于把价格和旅游服务质量联系在一起，他们认为一定的价格反映一定的质量。对于中层和中下层的旅游者而言，他们对价格过低的旅游产品总会产生怀疑，认为这必然意味着服务质量的低劣，他们更多的是追求适中的价格。而对于上层的旅游者，价格和质量有时是可以脱离的，他们评价旅游商品和服务多以自己的喜好为依据，注重旅游商品和服务的象征性。而很多时候，价格也是一种身份地位的象征，他们可以以很高的价格去参加某次旅游活动以表明自己的社会阶层，哪怕他们自己心里也清楚这其实不值得。

二、社会因素

影响旅游者购买行为的社会因素有三类，它们分别是相关群体、家庭和角色与地位。

(一) 相关群体

相关群体也称参考群众，是指对消费者生活习惯和偏好有直接影响的各种社会关系。一般包括以下几类：一是主要群体，也称紧密型成员团体，即与消费者个人关系密切，接触频繁、影响最大的群体 。如家庭、朋友、同学、邻居。二是次要群体，也称松散性团体，即与消费者关系一般、接触不太密切，不保持持续交互影响的群体，如行为协会、学生会等。三是崇拜性群体，也称渴望团体，即渴望成为团体中的一员，仰慕此类团体成员的名望、地位，狂热效仿其消费模式与购买行为。这类团体的成员一般为社会名流，如影星、歌星、体育明星、政界要人、学术名流。此外，与崇拜性群体相对应的隔离性群体的价值观和行为是个人所不能接受的群体，如流氓帮派等。相关团体对旅游消费者购买行为的影响是潜移默化的，他们为团体成员提供某一特定的消费模式，并运用团体力量影响旅游者的购买态度以及对旅游产品的选择。

相关群体对旅游者的影响归纳起来具体可分为三种：即对旅游者行为规范的影响，对旅游者信息判断的影响，以及对旅游者价值观的影响。所谓对旅游者行为规范的影响，多指相关群体对旅游者买或不买旅游产品的影响，如某人平时不爱购物，但他在参加旅游团队时却时常会买些东西。旅游者之所以这样，是因为他不想使自己的行为与群体相背离，否则这个群体就可能有意无意地用某些方式打击他、疏远他。对旅游者信息判断的影响，多指当旅游者已经产生对某种旅游商品的购买动机时，相关群体对他在品牌选择、购买时间方面产生的影响。一般说来，相关群体所提供的信息其权威性越高，则他对这样的信息依赖性就越强。例如，某人一直想到国外去旅游，他发现他的同事大多对法国比较感兴趣，于是他就选择法国作为旅游目的地。至于对旅游者价值观念的影响，是指相关群体对旅游者在某件事物上所持的态度、信念和看法的影响。当你的朋友向你推荐自驾车旅游有无穷的乐趣时，你接受了他的看法，即在价值观上受到了影响。一般说来，旅游者对其所属群体的忠诚度越高，群体内部凝聚力越强，则对其成员在价值观上的影响越大，比如父母的价值观对子女的影响就十分显著。有时，上述三种影响是相互交织、相互联系的。一个旅游者在某一事物上可能会同时受到来自相关群体几方面的影响。例如，某人的一些朋友经常去旅游，并告诉他旅游对身心放松很有好处，于是他接受了这些观点，并且也去旅游。在这种情况下，当他接受了朋友的观点时，便在价值观上受到了影响，而当他决定到何地旅游时，又是在行为规范和信息方面受到了影响。

（二）家庭

家庭是社会组成的细胞，尤其是像我国这样一个崇尚家庭血脉、亲情的国家，它对于旅游者的购买行为有很大的影响力。在家庭的影响和熏陶下，形成了不同旅游者的价值观、审美情趣、消费习惯、个人爱好。在影响旅游者购买决定的参与因素中，家庭成员的影响作用是首位的。以家庭权威中心为标准划分的家庭类型有丈夫决策型、妻子决策型、协调决策型和自主决策型四类。不同类型的商品，家庭购买决策的重心也不尽相同。旅游产品对于已婚人士来说，一般属于夫妻共同协商决策型；对于未婚成年人士来说，一般属自主决策型。因而，旅游营销人员设计开发旅游产品时必须协调好家庭各方面需求与兴趣的偏好。

（三）角色与地位

角色是对于具有某一特定地位的人所应具有的行为的期望。地位是指从社会角度规定了的权利和义务的社会位置。

旅游者的购买行为往往要符合自己的地位与角色。大部分旅游消费品具有很大的地位上的象征意义，如选择星级酒店、豪华舒适的交通工具、选择旅游目的地、消费某一特定的旅游产品等，往往都代表着一定的社会地位。对具有社会地位象征意义的产品，营销者就应充分重视购买者的地位与角色，尽量使自己的产品具有地位上的象征意义。当然，在一般情况下，旅游者的购买行为也可能脱离自身的社会地位和相应的角色，如旅游者外出的消费水平、所期望的产品及服务质量往往高于其社会地位。至于角色，旅游者亦可能会因为参加那些参与性极强的旅游消费活动而暂时忘记自己的“角色”。

三、个人因素

旅游者的购买行为受个人因素的影响，主要包括年龄、职业、经济状况和个性的影响。

（一）年龄

岁数本身对旅游购买行为并没有实际意义，但年龄的差别往往意味着生理状况、心理状况、收入及旅游购买经验的差别。因此，不同年龄的旅游者会表现出不同的旅游购买行为。在现实生活中，青年旅游者一般偏好刺激性强、时尚新潮的旅游产品，而老年人一般则选择休闲性旅游产品。旅游营销人员必须注意旅游者在人生经历过程中兴趣的变化情况。

（二）职业

一个人的职业在很大程度上决定了这个人在社会结构中所处的地位和他的收入水平。同时，职业也决定了一个人闲暇时间的多少。职业本身意味着购买者的工作性质和生活经历。不同职业的人，由于工作性质可能会促使其选择不同的旅游产品。工作繁杂程度高、人际交往频繁、工作任务重的业者倾向于选择放松型的度假旅游。例如，医务工作者对旅游住宿的卫生条件可能较为重视；教授对导游讲解中科学性的成分要求较高。因而，旅游企业对不同的职业对象进行研究分析后，可以开发适合于特定职业消费者需要的产品或服务。目前，针对商务客人设计的商各饭店就是用以满足这类特殊客人的职业需要的。

职业决定收入水平，收入水平决定一个人的购买能力。可自由支配的增加是旅游购买产生的必要条件。收入的多少直接限制了旅游者购买旅游产品的种类、品牌、购买方式以及购买数量。闲暇时间是限制旅游购买的另一个客观因素。职业的种类在很大程度上决定了业者的闲暇时间。有些职业具有较长的闲暇时间，如教师。同时，职业也决定了闲暇时间的分配。有的职业可能只允许职工在冬季有度假机会，有的则只允许职工在夏季有度假机会。所以，职业在一定程度上影响到旅游购买的时间性和旅游天数。

（三）经济状况

经济状况实际上决定了个人和家庭的购买能力的大小。由于旅游消费是一种弹性较大的消费，因而个人经济状况和社会经济环境等方面的变化都会影响旅游者的购买决策。因此，旅游营销人员必须了解潜在旅游者的可支配收入变化情况及对旅游支出的态度。而且，当经济景气时，旅游人员需要积极地重新进行市场定位，重新设计旅游产品的构成和价格。

（四）个性

个性，是指个人独特的心理特征，这种心理特征使个人与其环境保持相对一致和持久的反应。个性通常可用自信心、控制欲、民主意识、顺从性、交际性、防守性和适应性等特征来描述。在能够区分出不同的个性，并且特定的个性同产品或品牌的选择之间存在很强相关性的前提下，那么个性就可以成为分析消费者购买行为的因素。例如，一家旅行社可能会发现不断增加的度假者有很强的者购买行为的因素。例如，一家旅行社可能会发现不断增加的度假者有很强的自信心、控制欲和民主意识，这就要求在旅行线路的广告中投其所好。

四、心理因素

旅游者购买决策通常还要受心理过程的影响，包括需要、动机、知觉、学习及信念和态度。

（一）旅游需要

1. 需要的含义

人类的一切活动，包括购买行为，都是为了满足自身的需要。需要是指人生理和心理上的匮乏状态，即感到缺少些什么，从而想获得它们的状态。关于需要最著名的理论是马斯洛的需求层次理论。马斯洛将人的需求从低级到高级划分为五个层次，依重要性的大小分为生理需要、安全需要、社会需要、尊重需要及自我实现需要。

（1）生理需要

即维持个体生存和人类繁衍而产生的需要，如对食物、氧气、水、睡眠等的需要。

（2）安全需要

即在生理及心理方面免受伤害，获得保护、照顾和安全感的需要，如要求人身的健康、有序的环境、稳定的职业和保障的生活等。

（3）社交需要

即希望给予或接受他人的友谊、关怀和爱护，得到某些群体的承认、接纳和重视的需要，如乐于结识朋友，交流情感，表达和接受爱情，融入某些社会团体，并参加他们的活动等等。

（4）尊重需要

即希望获得荣誉，受到尊重和尊敬，博得好评，得到一定的社会地位的需要。自尊的需要是与个人的荣辱感紧密联系在一起的，它涉及独立、自信、自由、地位、名誉、被人尊重等多方面的内容。

（5）自我实现需要

即希望充分发挥自己的潜能，实现自己的理想和抱负的需要。自我实现是人类最高级的需要，它涉及求知、审美、创造、成就等内容。

后来，马斯洛在以上五个基本层次的需求外，又加了两个需要：求知需要（获取知识）、审美需要（对美的欣赏）。

2. 旅游需要的主要内容

旅游需要实质是人的一种文化需求，是人类变换生活环境以调节身心节律的一种短期生活方式的需要，是人类在特定生活和特定经济条件下对旅游产品、服务的愿望和要求。它是人类总需要中的一个组成部分。但是另一方面，旅游需求又在不同程度上包含了人类各层次需要的内容，包括饮食、休息、安全、求知、审美和社会交往等多种需要的内容。根据对旅游活动影响的大小，分为求知、审美和社会交往等多种需要的内容。根据对旅游活动影响的大小，较为主要和典型的旅游需要主要体现为以下两方面：

(1)旅游者的文化需求

恩格斯曾经把人类的需求划分为三个层次：一是生存的需求；二是享受的需求；三是发展的需求。在满足基本生存条件之后，才会产生带有享受性的旅游需求。所以，旅游是人们生活水平提高，超出生存需要的需求。这些需求有精神方面的，也有物质方面的，但更多的是表现为人们对自己知识视野的扩大和个性方面的需求，也就是对文化的需求。这就是现代客源国主要集中于经济和文化发达国家的原因所在。这种需求促进了探险旅游、休闲观光、民俗风情观光旅游以及宗教旅游、美食旅游、民俗旅游、文物古迹等各种专项旅游的蓬勃发展。由于每个人都不同程度地对了解自身以外的事物、丰富自己的精神世界感兴趣，对使自己感到新奇的事物具有强烈的好奇心，因此，突破个人生活环境和地域限制的旅游也是人们探索求知、开阔眼界的一种重要方式。

(2)旅游者变换生活环境以调节身心节律的需求

人们的日常生活和工作，往往会给人一种单调感和枯燥感，造成心理压力和心理上的疲惫感。而且随着现代社会的高速运转，日益紧张的工作、生活也会造成人们体力和精神的疲劳。旅游使人们从紧张的工作环境中解放出来，给人们提供了松弛、娱乐和发展个性的可能。旅游能给人们以真正的精神上的超脱和自主自由的感觉，使人们的神经得到放松、疲劳得以恢复、生理和心理节律得到调节。随着经济的发展和人类社会的发展，人们的生活观念由追求物质生活的丰富和充实向注重身心的享乐转变。改革开放后，我国居民的旅游支出在各项支出中的比例日渐增长，这些都反映了人们对改变生活内容和节奏的需求。

3. 旅游者的需要在旅游购买中的表现

旅游的需要推动旅游者去进行必要的旅游活动，并直接或间接地表现在旅游购买活动中和影响旅游者的购买行为。具体到不同购买目的的旅游者来说，旅游需要表现为以下几方面的内容：

(1)观光型旅游者的需求内容

这类旅游者主要希望观赏游览异国他乡的名胜古迹、风土人情，同时还可以与购物、娱乐、考察、业务等相结合。他们希望通过游览观赏异域自然景观与人文景观来增长知识、开阔视野、陶冶情操，获得新、奇、异、美、特的感受，他们追求的旅游产品一般具有特色鲜明、价格低廉、逗留时间短的特点。

(2)娱乐消遣型旅游者的需求内容

这类旅游者的主要需求是松弛精神，调节生活节奏，摆脱紧张工作带来的烦恼，享受临时变换环境所带来的欢愉。他们追求的旅游产品以消遣、娱乐、享受为目的，而且质量优良、安全性强，注重季节性，他们一般选择旅游景区最好的季节出游。

(3)文化知识型旅游者的需求内容

这类旅游者的主要需求是观察社会、体验民俗风情、丰富知识积累，通过旅游达到积极的休息和娱乐，获得知识的启迪和充实。他们在选择旅游产品时十分在意日程安排的周密性和旅游线路的科学性以及导游的文化修养。

(4)公务型旅游者的需求内容

这类旅游者的主要需求是根据工作的需要进行贸易、商务洽谈、出席有关会议、进行科学文化交流或举办展览会为目的的游览。他们对旅游产品和服务质量要求较高，对价格不敏感。

(5)医疗保健型旅游者的需求内容

这类旅游者的主要需求是参加有益于身体和心理健康的旅游活动，治疗某些慢性疾病、消除疲劳。他们比较在意旅游项目中的保健、康复功能和医疗效果，以及旅游环境的质量。

(二)旅游动机

1.旅游动机的概念

动机这一概念是由伍德沃斯于1918年率先引入心理学的。他把动机视为决定行为的内在动力。一般认为，动机是“引起个体活动，维持已引起的活动，并促使活动朝向某一目标进行的内在作用”。人们从事任何活动都由一定动机所引起。引起动机有内外两类条件，内在条件是需要，外在条件是诱因。需要经唤醒才会产生驱动力，驱动有机体去追求需要的满足。需要可以直接引起动机，从而导致人朝特定目标行动。旅游动机是直接推动一个人进行旅游活动的动力，它规定了旅游行为的方向，推动和指导旅游活动的心理过程。

2.旅游动机的内容

由于人们的旅游需要具有多元性的特点，因此旅游者的动机系统也是非常丰富和复杂的，国内外学者从不同的角度对旅游动机的内容进行了阐述，比较有代表性的几种归纳如下：

一位是以美国学者约翰·A.托马斯提出的18种旅游动机：(1)观察异国人民的生活状态；(2)浏览风景名胜；(3)了解新鲜事物；(4)参加一些特殊活动；(5)摆脱例行公务；(6)过轻松愉快的生活；(7)体验某种浪漫生活；(8)访问自己的出发地；(9)到亲属或朋友曾经去过的地方；(10)避寒、避暑；(11)有益健康；(12)参加体育活动；(13)参加冒险；(14)取得一种高人一等的本事；(15)追求适应性；(16)考察历史；(17)社会动机；(18)经济因素(低廉的旅游开支)。

另一位美国学者罗伯特·W.麦金托把旅游动机分为四类：(1)身体方面的动机。通过与身体健康有关的旅游活动，达到松弛身心的目标。如度假休息、海滩休闲、温泉洗浴、异地疗养、娱乐消遣、避暑、避寒等。(2)文化方面的动机。了解异国他乡的异质文化，如历史文化传统、文艺形式、风景名胜、文物古迹、学术交流等。(3)人际方面的动机。如探亲访友、结交名师良友、摆脱家庭纠纷或人事纠葛等。(4)地位和声望方面的动机。出席高层次的学术会议、高级别的考察旅行、增加阅历的修学旅行、追求业余爱好的聚会等等，通过这些旅游活动可以引人注意，赢得名声，结识要人名人，得到某种承认。

我国一些旅游研究工作者把旅游动机分为以下几种：(1)求真的动机，以追求旅游产品的实用价值为主要目的；(2)求新的动机，以追求旅游活动的新颖为主要目的；(3)既求实又求新的动机；(4)求名的动机，以显示自己的地位声望为主要目的，其核心是"显名"和"炫耀"；(5)求美的动机，以追求旅游产品的欣赏价值为主要目的；(6)出自爱好心理的动机，以满足个人特殊爱好为目的；(7)求知动机，以追求知识为目的；(8)探亲访友、访祖归宗的动机；(9)好胜心理的动机。

3. 旅游动机的特点

(1)旅游动机的不可观察性或内因隐性

动机是联合刺激与反应的中介变量，它只通过某些外显行为指标的研究做出推断，动机本身是无法直接观察到的。一些人住总统套房可能是出于显示其身份、地位、财富这一动机，饭店如果据此设计饭店产品，并通过其他营销手段维持其豪华的形象，很可能迎合这部分消费者的需要，从而获得成功。果真如此，饭店采用的以身份、地位为追求目标的策略及其成功，恰恰印证了旅游者具有追求身份、地位的强烈动机。旅游动机无法直接观察，故提醒我们，在对行为动机进行推断时，必须谨慎、小心。以旅游者住豪华品牌饭店为例，他或她可能是出于显示身份、地位的需要，也可能是出于避免或减少购买风险的考虑。对同一行为后动机的不同解释，意味着完全不同的营销意义。所以，在制定和实施营销计划前，对购买动机的仔细研究和小心求证是非常重要的。

(2)旅游动机的多重性

旅游者所作的旅游产品或品牌选择，是受某种动机支配和主宰的，然而，这并不意味着某一购买行为是由单一的动机所驱使的。事实上，很多购买行为都隐含着多种动机。旅游者去旅游，既可能是出于获得某一群体的认同的动机，也有可能有学习的动机。所以，旅游企业在设计旅游产品和制定营销策略时，既应体现和考虑旅游者购买该产品的主导动机，又应兼顾非主导的动机。

(3)旅游动机的冲突性

当多种动机被同时激发时，会出现一种难以避免的现象，即购买动机的冲突。购买动机的冲突，是指旅游者面临两个或两个以上的购买动机，其诱发力大致相等但方向相反。在时间、收入、精力等条件的制约下，旅游者经常面临在几种同时欲求的产品、服务或活动中做出选择的问题，因此购买动机的冲突是很普遍的。

通常，旅游者面临三种类型的冲突情形：双趋冲突、双避冲突和趋避冲突。双趋冲突是指旅游者具有两种以上倾向选择的目标而又只能从中择选其一时所产生的动机冲突。在这种情形下，被选目标或产品的吸引力越旗鼓相当，冲突程度就越高。获得一笔年终奖金后，是到新、马、泰一游还是添一套高级音响？此类选择是双趋冲突的典型代表。在广告宣传中强化某一选择品的价值与利益，或通过降价，通过延期付款等方式使某一选择更具有吸引力，均是解除双趋冲突的有效方式。双避冲突是指旅游者有两个以上希望避免的目标但又必须选择其中之一时面临的冲突。趋避冲突是指旅游者在趋近某一目标时又想避开而造成的动机冲突。当被购买的旅游商品既有令人动心和吸引人的特征，又有某些不尽如人意的地方时，那么，趋避冲突就会由此而生。在购买某些高档旅游商品时，旅游者可能对所选的商品爱不释手，但另一方面又嫌商品价格太高，或担心所选商品一旦出现质量问题会带来很多麻烦，或担心导游拿回扣被骗，一些旅游者正是在这种游移不定的状态下放弃了购买。经验丰富的销售人员在发现这种趋避迹象后，常常会灵活地采用各种方法消除旅游者的冲突。比如，提供退货承诺，保证在一定时期内如果旅游者找到以更低价格出售同类产品的商家，就返回差价甚至给以奖励等等。

(三)旅游知觉

1. 知觉的概念

知觉是指人们通过自己的身体感觉器官而对外界刺激物所作的反应。旅游知觉即旅游者选择、组织及解释外来旅游方面的信息而产生其内心世界反应的过程。

2. 旅游知觉的三种方式

知觉是客观事物直接作用于人的感觉时，人脑所产生的对事物整体的反映。知觉过程是一种有选择的心理过程，它有以下三种方式：

(1)选择性没意

在现实生活中，人每时场刻都面临着来自各方面的刺激，但最能引起人们注意的情况有三种：一是与人们当前需要有关的；二是预期出现的；三是变化幅度大于一般的、较为特殊的刺激物。因此，引起消费者对旅游产品的注意应当是旅游营销工作者的主要工作。现在许多旅游企业散发附有精美照片的制作精良的旅游产品宣传手跟，设计新颖的大幅广告画面、高度概括性或具有幽默感和戏剧性形式的广告语（如深圳锦绣中华的标志性口号：“一脚踏入历史，一日游遍中国”），其主要目的就是为了吸引潜在旅游者的注意。此外，在旅游淡季，许多旅游企业采取价格策略吸引游客，较为明显的价格差异容易激发旅游者的消费热情。当前，经济和社会学家们探讨的“注意力经济”，即通过炒作卖点引发人们的关注而产生经济效应，就是很好利用了选择性注意这一特点。

(2)选择性曲解

消费者在接受外界事物和信息的刺激时，与原有思想模式相结合来解释外来刺激，从而造成先人为主、按照自身意愿曲解信息的倾向，称作选择性曲解。我国的旅游市场在逐渐走向买方市场的今天，旅游企业的服务质量就越来越受到旅游者的关注。某些旅游者对某家旅游企业的信誉度感知，若已通过亲朋好友与同事的亲身经历感受形成一定的思维倾向，当外界广告的刺激与其已建立起的感知不一致时，他们往往对广告产生不信任。

(3)选择性记忆

人们对许多已了解的事物，往往只记住那些与自己观念一致的事物。这在旅游者的消费偏好中表现得十分明显。旅游者对某种品牌旅游产品的钟情，而引起再次购买行为的发生，就是选择性记忆作用的结果。

3. 旅游知觉风险

在旅游活动中，一方面，人们对旅游商品、信息、旅游环境等外界刺激形成一定的知觉；另一方面，也对即将发生或已经发生的旅游购买决策产生知觉。由于种种原因，人们在旅游活动结束之前，往往很难预料其旅游购买决策结果的优劣，换言之，任何旅游购买决策都存在一定的风险。这种风险必然反映在人们的知觉中，并对其旅游消费行为产生影响。在消费者行为学中，我们把消费者所知觉到的购买决策中存在的风险称为知觉风险。知觉风险，简而言之是人们对购买决策中所存在的风险（简称购买风险）的知觉。购买风险则是由于种种原因而导致的人们购买活动的结果与其期望未必相符而存在的不确定性。例如，人们旅游大多是为了使自己的心情放松，但是，并非旅游时事事与预期一致，担心导游服务质量差，害怕买到劣质产品，这样，对旅游的购买就存在一定的风险。

（四）学习

1. 学习的概念

心理学家认为，人们只有少数本能会导致行为的产生，其他绝大多数的行为都是受后天经验的影响形成的。学习是人们在社会实践中，受后天经验的影响而改变其行为。旅游及其购买行为，也是受后天经验的影响而形成和改变的。

2. 学习的基本模式

学习理论专家认为，人类的学习是由驱使力、刺激物、提示物（也称诱因）、反应、强化五种要素构成，如图 3－2 所示。

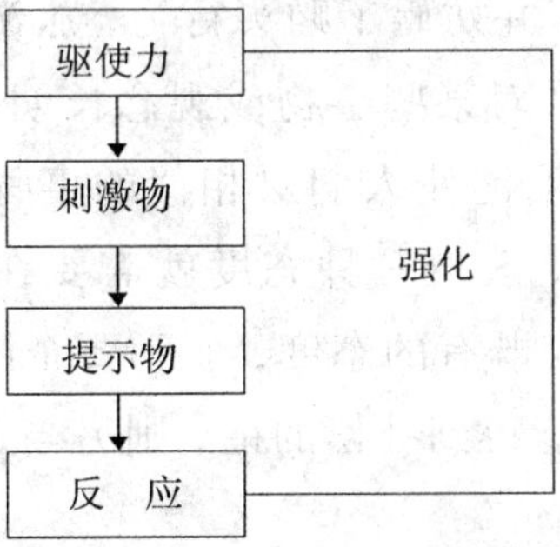

图 3－2 学习的“刺激—反应”模型

学习的“刺激—反应”模型表明，消费者的购买行为是由驱使力、刺激物、提示物、反应和强化等五种要素相互作用的结果。其中驱使力是指促使消费者产生购买行为的内在力量，它源自于消费者未得到满足的需求；刺激物是减低驱使力使消费者需求得到一定满足的事物信息；提示物则指能够诱发消费者购买行为的所有因素；反应指消费者为满足需求所采取的购买行为；强化是指消费者的购物评价，主要指对刺激物的反应与评价。如果消费者对购买商品的满意程度高，就会形成重复购买，这种“类化”的反应被称作正向强化。与此相对的是负向强化，这种情况下消费者会辨别、区别各种刺激，并根据情况调节反应。

3. 学习理论在旅游营销中的运用

根据以上理论，旅游营销人员应通过学习与驱使力的内在联系，运用刺激性暗示和提供积极的强化手段来建立对旅游产品的需求。因此，旅游营销活动中，首先，要努力设计具有差异化的整体旅游产品，以吸引旅游者，刺激其购买欲望。例如，旅游项目的丰富多彩一般可以增强旅游线路的吸引力。在同一条旅游线路的设计中，各项旅游活动要避免重复。其次，要善于及时有效地向旅游者提出启发需求的提示物，强化促销策略，诱发旅游者的购买行为。例如，通过促销资料、人员推销向游客提供必要的信息：同样价格的旅游产品，本企业的经营中附含了旅游保险费用，而其他企业需要旅游者自理，以暗示本企业旅游产品的价格性能比优于其他企业的同类旅游产品。旅游者通过对同类旅游产品的信息的比较分析，自然会影响到购买决策。此外，旅游企业还要做好强化工作，加强消费者对旅游企业及产品的满意度，创造重复购买。提供热情、细致、周到的服务，是提高知名度和信誉度的重要途径。

（五）信念和态度

1. 信念和态度的概念

人们通过实践与学习获得了自己的信念与态度。而信念与态度又反过来影响人们的购买行为。信念，是指个人对某些事物所持有的描述性思想。旅游企业应关注人们头脑中其产品或服务所持有的信念，即本企业产品和品牌的形象。人们根据自己的信念做了行动，如果一些信念是错误的，并妨碍了购买行为，旅游企业就应进行促销活动去纠正这些错误信念。态度，是指个人对某些事物或观念长期持有的好与坏的认识上的评价、情感上的感受和行动倾向。态度能使人们对相似的事物产生相当一致的行为。一个人的态度呈现为稳定一致的模式，改变一种态度就需要在其他态度方面做重大调整。因此，旅游企业最好使其产品迎合既有的态度，而不要企图改变人们的态度。当然，如果改变态度所花费的高昂的成本能得到补偿的话，则另当别论，也可通过持久的努力来引导，从而创造需求。

2. 信念和态度在旅游营销中的运用

由于信念的不易观察性，旅游营销人员在营销活动中要了解旅游者和潜在旅游者对旅游企业的印象，通过企业形象设计，来增强旅游者对旅游企业的良好认知，提高旅游企业的知名度和美誉度。由于态度具有长期不易改变的特性，故旅游营销人员在营销活动中必须了解旅游者和潜在旅游者对推出旅游产品的态度，通过沟通系统设计，来增强旅游者对旅游产品的良好印象。另一方面，旅游企业也可以通过研制新的旅游产品推向市场和提高服务质量以改变旅游者对旧有旅游产品的不良态度。例如，在旅游酒店的竞争中，一些酒店打出“三星的价格，五星的服务”的口号，正是利用旅游者的对不同星级酒店的信念和态度宣传自身服务的质优价廉。

第三节　旅游者购买决策过程分析

旅游者对旅游产品的购买活动，是通过一定的购买过程来完成的。通过对购买过程的分析，可以使旅游市场营销人员针对每个程序中旅游者消费的心理与行为特点采取适当的措施影响旅游者的购买决策，从而促使营销活动的顺利完成。

旅游者在购买之前，都有一个决策的过程。是买还是不买，到哪儿买等问题，都要经过旅游者的考虑、权衡，最后才能做出决定。事实上，旅游者的购买过程在实际消费之前就开始了，并在购买行为发生之后，仍有一系列影响。因此，旅游决策过程是由以下五个阶段构成的。如图 3－3 所示：

图 3－3　旅游者购买决策过程

（一）认识需求

购买决策的过程始于认识需求，即人们认识到自己对旅游产品的需要。这种需求可能由内在刺激物引起，如日常工作过于紧张、身心疲惫需要休息；也可能由外界刺激引发，如某个名胜古迹的宣传。人们从以往的经验中，学会通过购买某种产品或服务来满足自己的需要。内在刺激源于旅游者的生理需求，外在刺激则包括一切能够激发旅游者的消费动机的因素。但在一般情况下，这一需求是两方面共同作用的结果。就实质而言，认识需求是由于旅游者理想的状态与他感知的状态存在差距，这种差距促使他采取某种旅游决策行动。旅游者在意识到某个问题以后，是否采取进一步行动，取决于两个方面的因素：一是其理想状态与感知状态之间差距的大小或强度；二是问题的相对重要性。比如，某位旅游者希望客房面积为 55 平方米，而现在住的饭店客房面积只有 52 平方米。此时，理想状态与现实状态之间虽然存在差距，但由于差距比较小，如果没有其他因素，这一差距不会导致旅游者采取要求换房的决策行动。另一方面，即使现实状态与理想状态之间存在较大差距，但如果由此引起的问题相对于其他消费问题不具有太大的紧迫性和重要性的话，旅游者也不一定会进入下一步的决策程序。比如，某位旅游者

20年前就希望到美国去旅游，而现实却因为经济因素一直没实现，此时，理想状态与现实状态之间的距离是比较大的，虽然目前有一定的积蓄，但如果该旅游者面临更为紧迫的消费支出，如需负担儿子上大学的费用，该旅游者恐怕只有将旅游的计划暂时付诸脑后了。

对于旅游营销人员而言，他们必须了解自己的旅游产品可以满足消费者哪些内在需求，以及通过哪些外在刺激来引发人们对旅游产品的需求。一项旅游产品能够满足旅游者的需求越多，就越受旅游者的欢迎。在这一阶段，旅游营销人员要努力唤起和强化消费者的需要，并协助他们确认需要，创造需求。

（二）搜集信息

搜集信息是购买决策的调研阶段。人们认识到自己对某项旅游产品的旅游需求后，就会对他所需对象发生兴趣，因而有意识地去搜集相关信息，以加深认识。一般而言，旅游者的信息来自以下四个方面：个人经验（旅游者通过以往旅游经验、联想、判断获得的信息）、商业来源（主要包括由旅游营销人员、广告、旅游产品介绍获得的信息）、相关群体（由亲朋好友、家庭成员、同事邻里等提供的信息）、公众信息（由报纸、杂志、广播、电视等大众传播媒介、公众组织提供的信息），如图3－4所示。

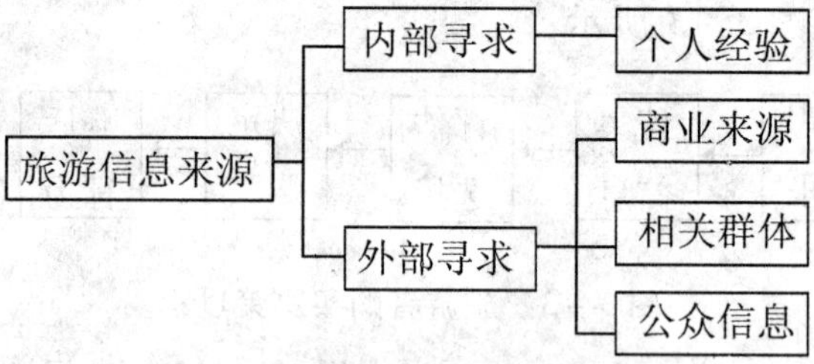

图3－4　旅游信息来源

通常，旅游者获得的旅游商品信息，大部分来自于商业来源，但影响力最大的是相关群体。旅游者获得的信息越丰富，就越有利于做出购买决策。因此，旅游营销人员必须不定期做市场调查，了解旅游者对旅游产品的信息来源渠道，从而制定有针对性的信息沟通方案，以增强旅游者对旅游产品的了解和信任。

（三）评估选择

旅游者搜集了各种有关资料后，必然要进行分析、对比，做出选择。不同的旅游者在比较评估的标准和方法上有很大的差别。旅游者在评估过程中涉及一系列标准，这些标准一般是由旅游者态度和事物的客观属性共同产生的，即对属性的态度。旅游者对属性的态度对其偏爱有重大影响。旅游者的态度是十分复杂的，例如，对不同旅馆的态度，旅游者会考虑到房价、地理位置、清洁卫生、房间大小及舒适程度等多方面问题。另外，人们对任何一个事物的态度，是由人们对该事物各种属性的一系列态度综合而成的。各个属性的重要性对旅游者形成旅游态度来说，就是旅游者在旅游活动中所寻求的基本利益，也就是人们在作旅游决策时最关心的东西。例如，对进行公务旅游的旅游者来说，位置、设施十分重要，而对消遣型旅游者而言，价格则十分重要。

由于旅游者的态度复杂，属性多样，所以旅游者的评价标准——对属性的态度常常是很多的。美国夏威夷大学旅游学院院长朱卓任认为，西方旅游者到中国旅游的评价标准从高到低依次为：文化和艺术、优美的风景、历史文物、人民的好客态度、良好的膳宿设施、中国菜系、气候、文艺演出、娱乐消遣和室外活动等方面。总体说来，旅游者对旅游产品的功能、特色、价格和优惠、品牌形象与企业信誉、价值观念这四个方面关注较多。旅游者在评估选择的过程中，以下几个方面需要引起旅游营销人员的注意：旅游产品的属性，对不同旅游者而言各种属性的不同重要性程度，旅游产品的品牌信念，旅游产品每一属性的效用函数，旅游者评估程序。此外，旅游营销人员在制定产品策略时，还可以从以下三方面努力：一是实行"实际的重新定位"，即改进旅游产品的质量和性能，使之尽量接近旅游者的需要；二是实行"心理的重新定位"，即通过广告宣传报道等系列措施，设法转变旅游者对有关旅游产品不切实际的观念和期望，帮助旅游者正确认识产品性能差异；三是"竞争性反定位"，即向旅游者宣传自身旅游产品的相对竞争优势，改变某些宣传者对旅游产品的竞争误会。宣传自身旅游产品的相对竞争优势，改变某些宣传者对旅游产品的竞争误会。

（四）决定购买

决定购买，是指旅游者做出购买决策和实现对旅游产品的购买，它是旅游购买行为的中心环节。旅游者获知并对旅游产品信息进行了比较和评估后，就会形成购买意图，但在从购买意图到购买决策之间的过程中，还会受到其他人的态度、可预期的环境因素、意外环境因素三方面因素的影响，最终形成购买决策。如图 3－5 所示。

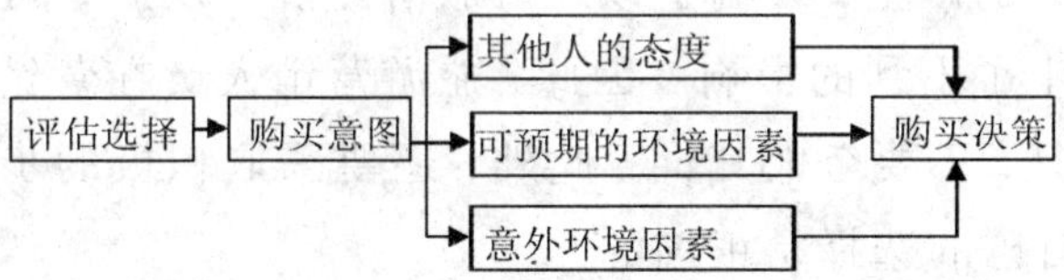

图 3－5　旅游者评估选择与购买决策间经历的阶段

其中，购买意图即旅游者决定购买何种旅游产品、预计的消费金额、购买时间、购买地点等。其他人的态度主要是指旅游者家人的态度或其他关键人士的态度。可预期的环境因素主要指旅游者预期今后的收入情况、预期的旅游费用以及可从旅游产品中获得利益等。无法预见的环境因素指失业、自然灾害等令人失望的不可控或超出预期的因素。旅游者修改、推迟或取消某个购买决定，往往是因观察到某种风险，受知觉风险的影响。知觉风险的大小随旅游产品的价格多少、产品性能的确定程度以及购买者信心的强弱而改变。因此，旅游营销必须尽可能减少旅游者可能承担的风险，令消费者对旅游产品产生信赖与认可。

（五）购后行为

购后行为是购买决策的反馈阶段。它是本次购买的结束，也是下次购买或不购买的开端。当旅游者认为购买到期望的旅游产品时，就会认可该项旅游产品，如果不满意其服务与质量，就会选择今后购买其他的旅游产品。判断旅游者购后感觉的两种基本理论是预期满意理论和认识差距理论。预期满意理论主要探讨消费者对产品的预期与感受到的使用效果间的关系，因而当旅游产品符合买主的期望，旅游者购买后就会比较满意；反之，期望与现实差距越远，买主的不满就越大。认识差距理论则认为任何产品都具有它的优点和不足，消费者购买商品后都会引发程度不同的不满意感，消费者往往习惯于用别的产品的优点同本产品的缺点相比较，而产生不满。当旅游者的购买行为产生认知失调或购买后冲突导致不满意，一般会设法采取某些行动降低心中的不满。如采取公开行动，直接向旅游企业索赔、进行旅游投诉、采取法律行动求得补偿；或采取私下行动，不再购买此项旅游产品或该旅游企业的旅游产品、警告相关群体注意该产品以免上当等。

当然，旅游者对产品的期望值更多地来自旅游市场营销人员和旅游消费者在购买行为之前获得的信息，而这与他自身的消费感受会有不同。因此，对于旅游营销人员来讲，一方面要使自己提供的信息（包括服务）与实际水平一致，另一方面要创造适合自己产品的特色，增强旅游者的满意程度，形成积极的品牌效应。这种积极的品牌效应的获得，既满足了当前的旅游消费者，又能获得长期的持久的名牌效应，并刺激和培养新的消费群体。反之，如果旅游者购买了与他期望值不相符甚至完全相反的产品，就会形成不满意感受，造成恶劣的影响，更严重的是，它抑制甚至扼杀了“明天的旅游消费者”。我国某些景区（点）中常见的服务质量低劣、“宰客”事件时有发生等现象，已经抑制了新的旅游消费者购买行为的产生，影响了该地区旅游经济的发展，同时也在一定程度上对我国旅游业的形象产生了不利的影响。因此，旅游营销人员在营销工作中，对旅游产品的广告宣传要实事求是，不要夸大其词，此外，还要采取积极的步骤，促使旅客消除不满意感，使他们相信自己的选择是正确的。

思考与练习：

1. 什么是旅游者购买行为？影响旅游者购买行为的因素有哪些？

2. 旅游者购买决策的过程一般有哪几个步骤？

3. 相关群体对旅游者的影响有哪些？对旅游企业经营有哪些启示？

4. 亚文化群体分为几种类型？

案例：

希尔顿的微笑服务

美国“旅馆大王”希尔顿于1919年把父亲留给他的12 000美元连同自己挣来的几千元投资出去。开始了他雄心勃勃的经营旅馆生涯。当他的资产从1 500美元奇迹般地增值到几千万美元的时候，他欣喜而自豪地把这一成就告诉母亲，想不到，母亲却淡然地说：“依我看，你跟以前根本没有什么两样......事实上你必须把握比5 100万美元更值钱的东西：那就是除了对顾客诚实之外，还要想办法使来希尔顿旅馆的人住过了还想再来住，你要想出这样一种简单、容易、不花本钱而行之久远的办法去吸引顾客。这样你的旅馆才有前途。”

母亲的忠告使希尔顿陷入迷惘：究竟什么办法才具备母亲指出的“简单、容易、不花本钱而行之久远”这四大条件呢？他冥思苦想，不得其解。于是他逛商店、串旅店，以自己作为一个顾客的亲身感受，得出了准确的答案：“微笑服务。”只有它才实实在在地同时具备母亲提出的四大条件。从此，希尔顿实行了微笑服务这一独创的经营策略。每天他对服务员的第一句话是“你对顾客微笑了没有？”他要求每个员工不论如何辛苦，都要对顾客投以微笑，即使在旅店业务受到经济萧条的严重影响的时候，他也经常提醒职工记住：“万万不可把我们的心里的愁云摆在脸上，无论旅馆本身遭受的困难如何，希尔顿旅馆服务员脸上的微笑永远是属于旅客的阳光。”

为了满足顾客的要求，希尔顿“帝国”除了到处都充满着“微笑”外，在组织结构上，希尔顿尽力创造一个尽可能完整的系统，以便成为一个综合性的服务机构。因此，希尔顿饭店除了提供完善的食宿外，还设有咖啡厅、会议室、宴会厅、游泳池、购物中心、银行、邮电局、花店、服装店、航空公司代理处、旅行社、出租汽车站等一套完整的服务机构和设施，使得到希尔顿饭店投宿的旅客，真正有一种“宾至如归”的感觉。当他再一次寻问他的员工们：“你认为还需要添置什么？”员工们回答不出来，他笑了：“还是一流的微笑！如果是我，单有一流设备，没有一流服务，我宁愿弃之而去住进虽然地毯陈旧，却处处可见到微笑的旅馆。”

【案例讨论题】

1. 从消费者的购买行为角度分析希尔顿成功的原因。

2. 微笑服务体现了一种什么观念？希尔顿之所以能留住顾客仅仅是靠微笑服务吗？

第四章 旅游市场调查与预测

本章主要内容

- 掌握旅游市场营销调查的概念、作用及类型
- 掌握旅游市场调查的程序及方法
- 了解旅游市场需求预测的方法

*

长城饭店的日常调查

北京长城饭店于1983年12月试营业，是北京6家五星级饭店中开业最早的饭店。随后，北京新建的大批高档饭店投入运营，饭店业竞争日益加剧。长城饭店之所以能在激烈的竞争中立于不败之地，除了出色的推销工作、优质服务和公共关系外，就在于其周密系统的调查研究。

1. 日常调查

问卷调查。每天将问卷（调查表）放在客房内，问卷（调查表）中的项目包括客人对饭店的总体评价，对十几个类别的服务质量评价，对服务员服务态度评价，以及是否加入喜来登俱乐部和客人的游历情况等等。

接待投诉。几位客务经理24小时轮班在大厅内接待客人反映情况，随时随地帮助客人处理困难、受理投诉、解答各种问题。

2. 月调查

顾客态度调查。每天向客人发送喜来登集团在全球统一使用的调查问卷，每日收回，月底集中寄到喜来登集团总部，进行全球性综合分析，并在全球范围内进行季度评比。根据量化分析，对全球最好的喜来登饭店和进步最快的喜来登饭店给予奖励。

市场调查。前台经理与北京各大饭店的前台经理每月交流一次客人情况，互通“情报”，共同分析本地区的形势。

3. 半年调查

喜来登总部每半年召开一次世界范围内的全球旅游情况会，其所属的各饭店的销售

经理从世界各地带来大量的信息，相互交流、共同研究，使每个饭店都能了解世界旅游形势，站在全球的角度商议经营方针。

这种系统的全方位调研制度，宏观上可以使饭店决策者高瞻远瞩地了解全世界旅游业的形势，进而可以了解本地区的行情；微观上可以了解本店每个岗位、每项服务及每个员工工作的情况，从而使他们的决策有的放矢。

资料来源：张岩松，王艳洁，郭兆平. 公共关系案例精选精析. 北京：经济管理出版社，2003

旅游者的购买行为受很多因素影响，现实中旅游者的类型也就多样，但是对于旅游目的地国家、地区及企业来说，不论是从经营角度，还是从分析研究角度，都不可能将所有类型的旅游者一并而论，旅游目的地国家、地区及企业更不可能有足够大的精力去面对所有的旅游者，所以有必要寻找属于自己经营范畴的局部旅游群体。然而何种旅游群体最适合旅游目的地国家、地区及企业，还需要进行认真细致的研究，开展充分的市场分析，第一步也是最关键的一步就是市场营销调查。

第一节　旅游市场营销调查

一、旅游市场营销调查的概念及作用

旅游市场营销调查，是指旅游目的地国家、地区及企业针对所面临的旅游市场环境，系统地搜集、设计、分析、归纳和整理该种特定旅游市场环境的资料和相关信息，进而为旅游目的地国家、地区及企业提供经营决策以及发展依据的一系列活动。

旅游市场营销调查对于任何一个旅游目的地国家、地区或者企业来说都是非常关键的一项工作，直接关系到经营和发展。只有在开展充分的市场调查基础上，才能够准确把握旅游消费人群的需求特征，这是一切经营的根本。“投其所好”是旅游业经营的一项精神，任何一种旅游服务或者经营都只有在赢得旅游消费者的兴趣基础上才能求得长久发展。而怎样才能更好地“投其所好”呢？只有了解旅游者需求，才能做到这一点。因此，旅游市场调查非常重要。与此同时，世界、国家范围内或者一个特定区域范围内的旅游经营主体竞争是存在的，面对相同或者相似的旅游群体，要想提高自己的竞争优势，就必须想办法抓住旅游者的“心”，也就是找到旅游者真正兴趣所在，这也有赖于市场营销调查。当然，旅游目的地国家、地区或企业的发展也离不开市场调查，这是帮助经营主体掌握整体市场走势，提供经营决策依据的重要途径。

二、旅游市场营销调查的类型

旅游市场营销调查的类型可以分成以下四种主要类型：

1. 探测性调查

旅游市场营销中可能会遇到很多问题和情况，对于其中一些暂时不能准确地确定原因或者不是特别明显的问题，可以先通过探测性调查来初步了解问题所在。此种调查不一定能够肯定得出问题的原因或者所要了解的信息，但是可以为是否继续进行深入调查提供初步的判断。比如竞争对手餐馆突然间客人增多，但是自家餐馆顾客减少，针对这一现象，一开始并不能够立马确定问题出现的原因，但是为了餐馆经营需要，也为了重新将顾客群吸引过来，就有必要进行调查，查明是何种原因所致。为此开展的调查可以归结为探测性调查，所调查出来的结果，如果表明是竞争对手采取了更吸引人的竞争策略，那么可以调整自己的策略；如果调查出来是因为顾客一时所好，那么可以通过别的方案提高自己的人气。总之，探测性调查能够帮助旅游企业确定是否有进行深入调查的必要，并且对经营决策有参考作用，但是探测性调查往往是一种非正式的并且调查范围并不大，所以一般是调查的初级阶段所采用的比较多。

2. 描述性调查

它是指对调查对象的相关信息资料进行收集整理并分析总结描述的一种调查是一种对客观情况进行如实描述的调查。旅游目的地国家、地区或者企业一般通过相关的信息资料统计或者直接观察、询问以及抽样调查等方法，了解特定调查对象的特征，进而对某一特定问题进行描述性说明，例如调查客源构成、旅游目的地分布、旅游消费选择等游客行为特征，可以通过旅游者分布的旅游区域或者旅游者到达的旅游点信息资料调查，对这些问题进行总结，进而得出结论。

3. 因果调查

任何问题的出现都有很多原因，只有在调查的基础上，才能比较准确地找到原因所在，此种调查就是因果调查。对于旅游市场营销调查中的因果调查，是指在收集和整理资料的基础上，通过各种统计分析手段或者各种推理方法，找出事件间的因果关系，进而得出结论的一种市场调查类型。

4. 预测性调查

旅游业发展需要考虑未来发展趋势，包括酒店在内的任何旅游企业或者旅游行政管理部门，为了自身经营利益或者国家、地区旅游业的发展需要，都有必要利用现有的旅游发展现实情况，分析归纳并总结得出未来发展趋势，设计出未来发展方案。因而，预测性调查也就是在收集和分析各类历史和现有数据的基础上，预测事物发展态势的一种调查类型。

三、旅游市场营销调查的内容

旅游市场营销调查的目的是为了旅游目的地国家、地区或者企业更明确地了解旅游市场，必要时对旅游市场进行细分提供依据。旅游业发展受到宏观和微观等多方面因素影响，其本身除了包括吃、住、行、游、购、娱等基本内容外，也处于错综复杂的关系网中，因此，旅游市场营销可以调查的内容也就非常多，涉及到的范围广。故旅游市场营销调查的内容包括：

1. 旅游市场环境调查

旅游市场环境既有政府政策、法规、制度等宏观环境，也有旅游企业、旅游者、旅游资源等微观环境，这些环境因素也是影响旅游市场态势的主要因素。因而围绕旅游市场环境的调查也就显得至关重要，这是许多包括酒店、旅行社、旅游景区在内的旅游企业关心的内容，也是旅游行政管理部门关注的内容，具体涉及到的细节内容更是繁多，主要有：

(1)客源国(地)和目的地国(地区)的政治、经济、宗教、文化以及居民收入调查；

(2)客源国(地)和目的地国(地区)的人口分布情况以及地理自然环境调查；

(3)客源国(地)和目的地国(地区)的交通状况以及可进入性调查；

(4)客源国(地)和目的地国(地区)的发展规划调查等；

(5)旅游者或者酒店等旅游企业顾客群体的消费特征调查，如年龄结构、文化背景、收入和消费水平、购买心理、职业、家庭等消费者个体特征调查；

(6)旅游消费者消费态度调查，包括满意度调查等。

2. 旅游业竞争对手情况调查

可以包括：

(1)竞争对手总体情况调查，如数量、规模、所在区域、员工情况、培训以及服务或产品内容调查等；

(2)竞争对手营销策略调查；

(3)竞争对手市场占有情况调查；

(4)竞争对手经营情况调查，包括CIS系统、酒店原料进购渠道、经营重点、未来发展战略等。

3. 旅游资源调查

包括旅游资源分布情况调查、旅游资源吸引力调查、旅游资源保护和开发效果调查、旅游资源的可开发性调查、环境承受力调查等等。

4. 旅游相关产业情况调查

旅游业经营涉及到很多相关产业，比如建筑业、供电供水部门、物品供应、城市运输、公共部门等，针对旅游经营中的相关问题，就有可能延伸到与其相关的产业，因而针对这些相关产业的分布、规模、管理水平、合作关系、合作态度、利润、未来发展等相关问题，就有可能开展相应的调查。

第二节　旅游市场调查的程序及方法

任何一项调查都不是凭空而来的，必须要依据科学合理的程序，并借助于适当的方法，才能够产生调查效果。旅游市场调查同样如此，不论是关于何种内容的调查，都必须遵照一定的程序。

一、旅游市场调查的程序

旅游市场调查的程序如图 4－1 所示，具体分以下六步：

第一步，制定调查计划，明确本次调查的对象和主要内容，只有确定好调查对象，才避免产生盲目调查的情况。当然，调查计划中还应该包括用何种方法具体实施调查，分析调查中可能会出现的一些障碍和问题，并对可能存在的问题提出先见性的解决措施，以及对调查经费进行预算，使得整个调查工作在可控制的范围内施展。

第二步，制定完计划之后，就要根据调查主体（旅游企业、旅游行政管理部门等）的实际情况，成立信息分析小组。信息分析小组可以采取真实的小组形式，以几个成员为核心，集体负责调查分析工作；也可以是一种形象称呼，也就是明确调查分工以及调查资料的分析负责人，认真严格地负责本次调查。

第三步，调查人员确定之后，接下来就是确定何种调查方法，也就是通过怎样的形式收集所需要的信息资料。实际中，可以用到的调查方法比较多，比如口述法、翻阅图书资料法、观察法等等，而用的比较多的是问卷调查法。不管用何种具体的方法，或者是各种方法都会涉及到，这一环节都要确定下来，并且针对某种或者某些调查方式，设计具体的调查内容，比如问卷调查中的问卷设计等，以便于为其后的具体实施提供可行的工具。

第四步，也是最关键的一步就是由调查人员实施具体的调查工作，对于该阶段出现的一系列现实问题进行控制管理，保证调查质量。

第五步，是对于搜集到的调查数据资料和信息进行汇总、整理、归纳和分析，得到所需要的调查信息。

旅游市场调查的最后一步就是对于分析归纳出的调查信息，进行整理，撰写出调查报告，以便于以文字的形式总结调查结果，并得出实际可用的信息，并根据调查情况，分析市场情况以及预测未来，为旅游业经营发展提供现实依据和建议。

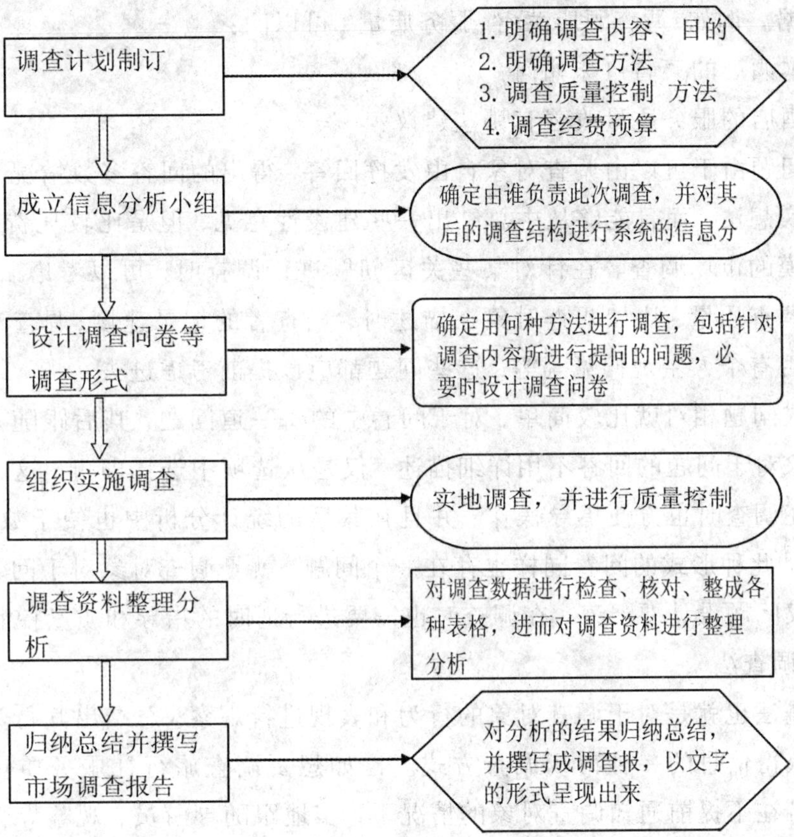

图4－1　旅游市场调查程序图

二、旅游市场调查的方法

旅游市场调查的常见方法主要有询问调查法、观察调查法、实验调查法以及资料调查法。

1．询问调查法

询问调查法是运用最多的一种调查方法，主要是通过事先拟定的问题，对调查对象进行提问，进而得出问题答案，并对答案进行归纳总结的一种调查方法。询问调查法的问题提问形式可以多样化，比如现场提问、问题填写、电话提问、面谈等等，但是不管用何种提问形式，调查对象的回答都可以作为一种调查数据，为其后的统计分析提供依据。此种调查方法由于涉及到问题的询问，所以又被称为问卷调查法，也就是提前设计好围绕调查内容所涉及的一系列问题，然后针对这些问题寻找调查对象，并通过恰当的形式搜集问题答案。问卷调查法在现实生活中被广泛运用，旅游行业也不例外。

此种调查方法中很关键的一点是问卷设计，实际中调查问卷的形式也是非常灵活，最多的是通过开放式或者封闭式的问题进行提问。其中，开放式问卷是指提出针对于调查内容的一系列可以由调查对象自由发挥答案的问题，由调查对象本人描述或者填写，作为调查依据。例如，调查酒店菜肴、服务质量，可以问：

您认为本酒店的菜肴口味如何？

您对本酒店的服务质量改善有哪些建议？……

开放式问题由于可以由调查对象自由发挥回答，得出的回答多数情况下比较符合调查对象的真实想法，而且能够从中总结出一些建设性意见，但是比较耗费时间，所以不太适合大规模的市场调查。在针对某些关键问题进行调查时，可以考虑采用此种形式，但是要控制调查质量，比如调查对象在描述时，调查者的记录速度；调查对象描述的真实性以及是否有个人主观偏见等等，这些问题都应该提前考虑进去。

而封闭式问题相对就比较简单，对于问卷中的每一道问题，其后跟随几项选择式选项，调查对象对于问题的回答不用详细描述，仅是从选项中选择即可，这种形式的问卷比较简单，在调查时也方便指导操作，并且在其后的统计分析中也便于数据统计、录入和分析。但是此种形式的问卷同样也存在一个问题，就是调查对象对于问题回答的真实性，所以不仅问题设计要严谨，在调查时也需要进行适时的指导和质量控制。

2. 观察调查法

观察调查法也就是对于调查对象的行为和表现进行观察，总结出其行为以及表现的特征，进而获得信息的一种市场调查方式。比如想要调查旅行社服务质量出现哪些问题，调查人员在不提前通知调查对象的情况下，实地跟随导游员，观察导游员在带团过程中的态度、语言、行为、举止等，从中捕捉服务质量信息。此种方法就是观察法。再比如，调查酒店饭菜质量，可以观察顾客用餐表情，从中初步判断出顾客对于菜肴的感觉。这也是观察调查法。总之，观察法是一种身临其境的调查方法，将调查对象置身于实际环境中，通过观察其各种表现来得出信息，相对比较真实。此种调查方法也可以跟问卷调查结合在一起，为了保证观察过后的评价比较公正合理，可以事先拟好所要调查的内容，然后以这些内容为依据，来逐项观察并对照，可以总结出相对合理的信息。

3. 实验调查法

实验调查法也就是通过做实验的形式来开展的调查方法，主要是指将调查对象置身于特定的市场环境中，拟定市场环境中的一些因素为变量，考虑改变这些变量因素，调查对象发生怎样的变化，进而得出调查信息的一种市场调查方法。

4. 资料调查法

资料调查法是指通过搜集各种与调查内容有关的资料，对这些资料进行汇总、整理、分析，进而获得有效调查信息的一种调查方法。比如，调查地接旅行社游客分布趋势，可以搜集该地近几年旅游行业统计报告，记录、分析近几年该地区旅游者人数变化规律，从而为旅行社经营提供游客变化信息。

第三节 旅游市场需求预测

一、旅游市场需求和旅游市场需求的作用

在西方经济学中，需求(demand)是指消费者在某一特定时空内，在某一价格水平时，愿意而且能够购买的商品量或者劳务量。此处所指的需求是指有效需求，也就是消费者有购买欲望并且能够支付的商品或者劳务。同样的，如果这种商品或者劳务表现为旅游产品或者旅游服务，那么对此的需求也就构成旅游需求。单个人的旅游需求是指单个人对于旅游产品或者服务的有效需求，而单个人的旅游需求的汇总也就构成该种旅游产品或者服务的市场需求。在旅游经济学中，旅游需求多数是指旅游市场需求。旅游市场需求的发展，是与社会经济发展分不开的，同时与人们的消费方式、文化背景以及接受知识的能力也分不开。旅游市场需求的发展，推动着旅游市场供给的发展，也就推动者旅游业的发展。对于旅游企业来说，旅游需求更是其生存发展的关键，旅游需求变化，对其经营产生波动。旅游业置身于各种市场环境中，旅游企业自身存在也与众多宏观和微观环境分不开，其中就包含旅游消费者。而市场营销的目的是扩大旅游产品或服务在消费者心目中的影响力，提高竞争优势，终极目标还是旅游消费者。只有把握住旅游消费者的需求变化趋势，才能有的放矢地实施营销策略。

前面已经提到过，旅游市场营销的关键环节是了解旅游消费者需求以及市场整体态势的市场调查，而旅游市场调查的目的是获得有效的市场信息，为旅游企业经营或者旅游业主体未来发展找到和预测有用的信息。市场是一个综合性概念，旅游市场关键的要素是需求，有需求的市场，才有可能获得发展;需求发生变化，旅游供给也就相应跟随着变化或者调整。把握住市场需求，是旅游行业一切行为主体都需要关注的问题，旅游企业更是需要注意，只有这样才能够在竞争对手提出发展政策之前，设计具有吸引力的诱导政策或者发展方案，吸引旅游者，才能够获得更大的竞争优势。如何把握市场需求变化规律，或者如何掌握市场需求特征，其中非常重要的工作就是对市场需求进行预测，掌握市场需求未来发展态势，只有这样，才能够提前做工作。

旅游市场需求预测的方法一般有两种主要的方法:定性预测方法、定量预测方法。

二、旅游市场需求定性预测方法

定性预测方法是指预测者通过前期市场调查的信息资料整理和汇总，凭借自己的经验、知识，对汇总后的数据资料或者信息进行分析、判断和推理，进而掌握市场需求未来发展态势的一种预测方法。定性预测方法对于预测者的知识和经验以及分析推理能力

要求比较高，往往凭借单个人并不能有效地达到预测效果，所以一般是由多人共同完成预测的，这里的多人可以是旅游企业或者旅游主体单位的多位决策者，也可以是多位管理层，也可以是聘请多位专家进行综合预测。常见的定性预测方法主要有：

1. 特尔菲预测法

特尔菲预测法是一种由行业领域专家调查分析的市场预测方法。特尔菲法最先由美国兰德公司(RAND Corporation)在20世纪50年代初创立，在软科学领域用的比较多。此种方法一般是由专家匿名的形式，经过多次反馈，将专家多次提出的意见进行汇总分析，进而得出预测结果。。

特尔菲法将预测活动与某领域专家的知识经验充分结合在一起，专家能够从多个不同的情况出发，总结出预测内容个案特征，有助于增强预测结果的专业性。

2. 集体预测法

集体预测法是由旅游企业多位人员共同参与预测的一种现代参与式民主预测方法，具体是指将准备预测的内容以及所依据的数据、信息等资料罗列出来，以会议的形式召集企业多名人员，如决策人员、专业技术人员、员工，甚至重要顾客，利用上述多人的经验和智慧以及对于各自领域的独特认识，共同提出意见，进而得出预测结果的一种市场需求预测方法。

三、旅游市场需求定量预测方法

顾名思义，定量预测方法不带有主观见解，不像定性预测法那样依靠知识和经验等主观推理出结果，而是凭借真实的调查数据，将这些数据输入系统，凭借统计学模型以及统计方法，而推出预测结果，此种结果也是以数据形式显示出来的，最终由预测者通过整理、分析最终数据而得出预测结果。

常用的需求定量预测方法有：

(一)稳定型市场需求预测方法

稳定型市场是指市场需求和供给变化不是特别大，在一定时期内处于相对稳定状态，在此种市场环境中预测市场需求情况，一般采用平均法来预测，也就是以以往历史数据的平均值为未来预测值。下面介绍常用的修正移动平均法：

修正移动平均法是先对以往的数据进行简单平均，但是这种平均计算出的值受市场因素影响，容易产生一些滞后性，故在第一次移动平均值的基础上，对产生的滞后性进行修正，最终得出预测值。此种预测方法通用的计算公式如下：

$$y'_t = (y_{t-1} + y_{t-2} + y_{t-3} + \cdots + y_{t-n})/n$$

$$y_t = ((n-1) \div 2 + 1) \times y'_t \times a + y'_t$$

公式中，y't——初次移动平均值；n——移动期数；y——基期实际值；t——预测期数；yt——最终预测值；a—— 趋势平均增长率。

例：江陵酒店餐厅有座位200个，前5年餐厅上座率如下：第1年，73.2%；第2年，74.6%；第3年，73.7%；第4年，74.4%；第5年，75.0%。根据行业经验计算出，该餐厅上座率平均增长趋势a值为0.58%。根据市场分析，下年度市场环境基本上不会发生太大变化，假定移动期数为3，请用移动平均法计算预测期（下一年度）的餐厅上座率。

解：已知n＝3，t＝6，借用移动平均法公式

$y'_t=(y_{t-1}+y_{t-2}+y_{t-3}+\cdots+y_{t-n})/n$

得出，$y'_t = y'_6=(y_5+y_4+y_3)\div 3=(75.0\%+74.4\%+73.7\%)\div 3=74.37\%$

利用修正移动平均法进行修正，得出：

$Y_6=((3-1)\div 2+1)\times y'_6\times 0.58\% + y'_6$

$=((3-1)\div 2+1)\times 74.37\%\times 0.58\% + 74.37\% =75.23\%$

即，预测年度的上座率为75.23%

（二）趋势型市场需求预测方法

与稳定型市场相比，趋势型市场是指旅游企业面临的市场环境是呈现一定的增长趋势的，这种市场，能够从历年的数据资料中总结出一定的规律。但是市场变化受很多因素影响，也有一些不定因素，所以在预测市场需求之前，必须考虑充分的市场影响因素以及市场变化规律，在预计市场按照一定的规律稳定增长时，则可以采用趋势型市场需求预测方法进行预测。下面，将常用的趋势型市场需求预测方法做一下介绍：

1. 变动趋势法

此种方法的计算背景是首先计算出固定期数的移动平均值，再计算期数推至下一期的移动平均值，然后计算两次移动平均值的差额，该差额就是变动趋势；以此类推，再计算下一个固定期数内的移动平均值，跟上一个移动平均值相比计算差额，两次差额即变动趋势再平均，算出趋势平均值。最后一步，以趋势平均值和移动平均值为基础，计算出最终预测值。其公式如下：

$Yn = a + bn$

其中，a——最后一期移动平均值；b——最后一期变动趋势值；n——移动期数。

例：江陵酒店餐厅有座位200个，前5年餐厅上座率如下：第1年，76.4%；第2年，77.8%；第3年，76.9%；第4年，77.6%；第5年，78.2%。假设市场环境好，餐厅上座率呈稳定上升趋势，请用变动趋势法预测下年度餐厅上座率。

解：先计算前三年的移动平均值为（76.4%＋77.8%＋76.9%）÷3＝77.03%

计算第2.3.4年的移动平均值为（77.8%＋76.9%＋77.6%）÷3＝77.43%

计算第3.4.5年的移动平均值为（76.9%＋77.6%＋78.2%）÷3＝77.57%

对于三期移动平均值，分别计算变动趋势，即：

第二次与第一次移动平均的变动趋势值为：77.43%－77.03%＝0.40%

第三次与第二次移动平均的变动趋势值为：77.57% - 77.43% = 0.14%

得出，趋势变动值为：(0.40% + 0.14%) ÷ 2 = 0.27%

代入公式 $Y_n = a + bn$，得出：

$Y_6 = 77.57\% + 0.27\% \times 3 = 78.38\%$

即下年度餐厅上座率预测值为 78.38%

2. 指数平滑法

趋势型市场还有一种情况是市场需求虽然呈现增长趋势，但是受不同因素影响，每一期的增长幅度是不同的，此种情况下，一般用指数平滑法来计算预测值。统计学中指数平滑法有一次平滑指数和二次平滑指数。为了增加对此种预测方法的了解，这里简单介绍一次平滑指数的计算方法，计算公式为：

$Y_t = aY_n + (1 - a) Y_{t-1}$

这里，Y_t——下期预测值；Y_n——本期实际值；Y_{t-1}——本期预测值；

a——平滑系数（$0 \leqslant a \leqslant 1$）

一般情况下，平滑系数是由预测者根据预测经验给定的。

思考与练习：

1. 为什么要进行旅游市场营销调查？请说出你的想法。
2. 旅游市场营销调查的类型有哪些？
3. 你认为问卷调查方法有何利弊？
4. 简述旅游市场调查的程序。

案例：

张经理刚刚接手一家顺风旅行社，在此之前，该家旅行社一直效益不错，自从开业至今已经满 5 年了，员工工作精神饱满，旅行社的顾客也是络绎不绝。前任经理可能因为业绩出色的原因，被竞争对手挖走。张经理前来成功应聘。旅行社总经理在张经理第一天上任时，就旅行社市场前景对张经理做了一番分析，分析很透彻，也给张经理一定的压力。并且，总经理布置一个任务，就是要求张经理给自己拟定一份工作计划书，并对业绩做一定的量化陈述。对于新接触的旅行社，张经理一无所知，总经理只给出 5 年来旅行社统计的每年接待顾客人数和营业额数据，其他的由张经理自行研究。张经理该如何拟定自己的计划书呢？他思考了半天。计划书中肯定是要对下一年度旅行社的工作进行展望的，但是面对那么多竞争对手，不能凭空展望，需要一些有说服力的实际证据才行。他盯着总经理给的5年顾客人数和营业额数据，进入沉思状态……

附：顺风旅行社5年营业额数据如下：

年度(年)	接待的游客人数(万人次)	营业收入(万元)
2005	47	154.3
2006	52	166.2
2007	58	171.4
2008	64	182.7
2009	71	197.9

【案例讨论题】

1. 如果你是张经理，你会从哪些方面了解该旅行社目前的状态？通过什么样的方式可以了解这些状态？

2. 假定顺风旅行社处于趋势型市场环境中，请分别用变动趋势法预测该旅行社2010年接待游客人数。

3. 假设前任经理2008年预测2009年的营业收入为183.3万元，实际营业收入表中已经给出，请用指数平滑法(平滑系数假定为0.2)预测2010年的营业收入。

第五章 旅游市场细分与目标市场选择

本章主要内容

- 旅游市场细分概述
- 旅游目标市场选择
- 旅游市场定位

*

万豪酒店(Marriott)是与希尔顿、香格里拉等齐名的酒店巨子之一，总部位于美国。现在，其业务已经遍及世界各地。通过市场细分来发现市场空白是“万豪”酒店的一贯做法，正是这些市场空白成了万豪酒店成长的动力和源泉。万豪一旦发现有某个价格点的市场还没有被占领，或者现有价位的某些顾客还没有被很好地服务，她就会马上填补这个“空白”。在高端市场上，Ritz－Carlton(波特曼·丽嘉)酒店为高档次的顾客提供服务方面赢得了很高的赞誉并倍受赞赏；Renaissance(新生)作为间接商务和休闲品牌与Marriott(万豪)在价格上基本相同，但它面对的是不同消费心态的顾客群体——Marriott吸引的是已经成家立业的人士，而“新生”的目标顾客则是那些职业年轻人；在低端酒店市场上，万豪酒店由Fairfield Inn衍生出Fairfield Suite(公平套房)，从而丰富了自己的产品线；位于高端和低端之间的酒店品牌是Townplace Suites(城镇套房)、Courtyard(庭院)和Residence Inn(居民客栈)等，他们分别代表着不同的价格水准，并在各自的娱乐和风格上有效进行了区分。

资料来源：中国旅游交易网. http://www.17u.net/news/newsinfo_14696.html

从企业市场营销的角度来看，旅游市场是潜在旅游者对某种旅游产品或服务的整体需求。但由于旅游市场本身的广阔性和复杂多变性，任何旅游企业或任何旅游产品都不可能满足所有旅游者互有差异的整体需求，它们所能满足的只是整体旅游市场中十分有限的部分。因此，旅游企业只有在做好充分的市场调研基础上，正确地细分市场，识别市场机会，才能找到适合企业自身的生存与发展空间，从而迈向成功之路。

第一节 旅游市场细分概述

旅游市场细分是旅游市场营销工作系统过程中的首要的环节，也是实现市场营销目标的基础与前提。只有对旅游市场细分的正确把握，旅游企业才能做好恰当的目标市场选择。

一、旅游市场细分的概念

市场细分，又称市场区隔、市场分隔。这一概念是美国学者温德尔·史密斯(Wendell R. Smith)在1956年发表的《市场营销策略中的产品差异化与市场细分》一文中首先提出的，以后受到了国际市场营销界的广泛重视与普遍运用。它是现代企业营销观念的大进步，是顺应新的市场态势应运而生的，是旧的营销观念向现代营销观念转变的产物。

市场细分这一概念运用于旅游业，我们便可以将旅游市场细分的概念定义为：旅游企业是根据购买者的需要和欲望、购买态度、购买行为特征等不同因素划分市场的行为过程。旅游市场细分化是一种异中求同的过程。作为一种鉴别市场的方法，它是在真正认识到差异的基础上，把具有相同旅游需要的旅游者集合成群体，形成一个具有鲜明特征的旅游于市场，以开展有针对性旅游营销活动的方法。

二、旅游市场细分的作用

(一)市场细分有利于旅游企业发掘市场机会和开拓新的旅游市场

旅游市场的细分建立在对旅游市场的全面系统的调查与研究基础之上。通过深入了解旅游者不同消费需求的满足程度，旅游企业可以发现那些尚未满足或未被充分满足的旅游需求，创造条件迅速地开拓新的市场空间。对于旅游企业尤其是一些中小企业来说，捕捉被忽视的市场空隙，可以较为迅速的取得市场的优势地位，避免进入已饱和且竞争激烈的市场。例如，上海中国国际旅行社的“您好·巴士”就是针对上海商务客人多、游览观光随意性强的特点而推出的自助旅游项目，目前已接待了大量国内和境外旅客。

(二)市场细分有利于旅游企业制定和调整旅游营销方案和策略

通过旅游细分市场的情况，旅游企业可以及时发现和掌握旅游市场的特征、变化状况，以及竞争者的状况，从而改良现有旅游产品和开发旅游新产品，以满足旅游者不同的不断变化的旅游需求。同时，旅游企业可以针对不同的旅游细分市场制定各种各具特色的市场营销组合策略，并根据旅游者对各种营销因素的反应和市场需求特征的变化，及时调整旅游产品或服务的价格、方向及促销方式，以更加贴切和灵活地满足目标市场上旅游者的需求。

（三）市场细分有利于旅游企业科学地开发目标市场和取得良好的经济效益

旅游市场的细分化有助于旅游企业营销资源的合理配置。旅游企业可以根据市场需求程度状况，根据自身条件和市场竞争状况扬长避短，集中企业有限的人力、物力、财力资源生产特色旅游产品，争取最佳经济效益。

三、旅游市场细分的原则

（一）可衡量性

可衡量性是指旅游市场经过细分后具有明显的差异性，每一细分的旅游于市场的购买力大小和规模大小都能被衡量，从质与量两个方面可以为旅游企业制定营销决策提供可靠依据。

（二）可接近性

可接近性是指旅游企业对细分的旅游子市场能够有效接近和为之服务。也就是旅游细分子市场是旅游企业能够通过开展营销活动对旅游者产生影响并占据一定市场份额的市场。这主要表现为一方面旅游企业要考虑自身的人力、财力、物力，另一方面要考虑这一市场旅游销售渠道是否畅通。

（三）可盈利性

可盈利性是指细分的旅游于市场的容量能够保证旅游企业获得较好的经济效益。旅游企业必须在市场细分所得收益与市场细分化所增成本费用之间做权衡，即旅游细分市场必须有适当的规模、现实与潜在需求，旅游企业选择其作为目标市场由此提供旅游者适销对路的旅游产品可以从中获利。否则，得不偿失，市场细分也失去了本身的意义。

（四）合法性

合法性指旅游企业对旅游市场细分、进行旅游经营，必须遵守一国的法律和道德规范。一些旅游活动，如赌博在西方国家或在我国澳门特区是合法的；如色情旅游，在泰国等一些东南亚国家是合法的，在我国内地这些属于违法行为。迷信、吸毒、赌博、色情等不良需求，不符合社会主义物质文明和精神文明的需求，不能作为旅游企业细分市场盈利的标准，必须加以抵制。

四、旅游市场细分的程序

（一）选择旅游市场范围

旅游企业细分旅游市场，必须依据旅游市场的需求状况同时结合联系本企业的任务与企业目标、资源条件，从旅游整体市场中划分出来的局部市场上进行细分。一旦需求发生了变化，整个细分市场也要做相应调整。

（二）列举确定市场范围内旅游者的需求

这些需求大多具有与地理环境、人口属性、心理属性、购买行为四大类细分因素有关的特征，旅游企业通常依据以往营销的结果与经验进行判断预测，或通过收集类似旅游产品已有的市场反映来了解旅游者尚未被满足的需求。此外，旅游企业还可以向不同的潜在旅游消费者进行抽样调查。

（三）筛选细分变量因素

通过调查分析，各旅游细分变量，剔除那些特点不突出的一般性需求因素，同时综合一些特点类似的消费需求因素，重点选择有一定代表性强、特征鲜明的需求作为细分标准。

（四）对细分市场的初步确定

对各细分市场暂时命名分类，并进一步分析各旅游子市场的特点，决定是否有必要再分或重新合并。这一步骤是对上述的重新认识和必要的更正，形成细分市场的雏形。

（五）调查、分析、评估各细分旅游子市场

通过初步细分，各个旅游细分市场的范围已经清楚，这时就要取得选定变量的相关资料，衡量各细分市场的规模，分析各细分市场的盈利能力，预测未来旅游市场的竞争程度料，衡量各细分市场的规模，分析各细分市场的盈利能力，预测未来旅游市场的竞争程度以及变化趋势等。

（六）确定可进入的旅游细分市场

旅游企业通过对细分的各旅游子市场的调查、分析、评估，结合企业自身的经营目标和资源优势，选择可进入性强、盈利性大的细分市场，制定相应的市场营销组合，以促进市场定位。

五、旅游市场的细分标准

（一）地理变量细分

地理变量细分是旅游企业按照旅游者居住所在的地理位置来细分旅游市场。

1. 根据六大旅游区细分旅游市场

世界旅游组织根据地区间在自然、经济、文化、交通以及旅游者的流量、流向等方面的联系，将世界旅游市场划分为六大旅游区：东亚及太平洋旅游区、南亚旅游区、中东旅游区、非洲旅游区、欧洲旅游区、美洲旅游区。

2. 根据客源国进行旅游市场细分

这六大旅游市场中，欧洲旅游区与美洲旅游区是在接待人次、旅游收入方面处于领先地位，它们是世界上最发达的旅游客源输出地区与旅游接待地区。同时传统的旅游目的地正在转变为重要的客源地。在这种"双向旅游"中亚太地区表现得极为活跃。作为旅游目的地，它们成为北美和欧洲客人关注的焦点。与此同时，东亚及太平洋地区已成为近年来旅游业发展最快的旅游市场。

3. 根据潜在客源地区与旅游目的地之间的自然环境的差异进行旅游市场细分

主要有地貌、气候、地形、水体、生物构成自然旅游资源的重要因素，它们往往对旅游者具有较大的吸引力。例如黄土高原的人对戈壁、沙漠以及丹霞地貌、熔岩地形、大峡谷很感兴趣，海滨边生长的人向往神秘的积雪高原，南国热带的游客新奇于北国的雾凇与冰雕，都是客源地区与旅游目的地之间的自然环境差异作用的结果。当前，世界上以气候为主导因素的自然旅游资源(如地中海风光)在旅游市场细分中占有较为重要的地位，反映了人们对变换自然环境的一种需要。

4. 根据客源地与旅游目的地的空间距离进行旅游市场细分

由于旅游输出国与旅游接待国之间的差异，旅游市场也呈现出明显的变化趋势，两地之间的旅游交通条件、旅游时间、旅游费用都是两地间旅游活动发展的制约性因素。因此，可以将旅游市场细分为远程、中程、近程等旅游细分市场。一般说来，近程旅游市场一般比较活跃，是旅游目的地国争取客源市场的焦点。远程旅游市场来访的游客虽然数量相对较少，但大多是中上层生活条件的游客，他们一般在旅游目的地停留时间长、消费水平高。随着交通工具向现代化发展，远程旅游市场有逐步发展的趋势。因此，旅游目的地国在大力发展邻近旅游市场的同时，应有针对性地挖掘开发远程市场，以保持国际旅游市场的均衡发展。

(二)人口统计变量细分

1. 根据旅游者的年龄结构细分旅游市场

根据旅游者的年龄结构，可将旅游市场分为老年旅游市场、成年旅游市场、青年旅游市场、儿童旅游市场。其中，老年旅游市场以度假旅游和康复保健旅游方式居多，他们一般选择较著名的旅游景点或参加有益于健康的游览活动。老年人对旅居条件、旅游交通的便捷舒适性、旅游项目的安全性以及旅游服务的质量尤为关心。老年人市场是近年来比较引人注目的市场，特别是世界人口老龄化的加剧，老年旅游市场的开发将会产生很大的市场潜力。成年旅游市场是旅游市场的重要部分，这一市场人数最多，购买力最强。中年人以观光旅游、会议旅游、度假旅游居多，注重食宿与娱乐条件，看重与自己身份年龄相称的游览项目。这一旅游市场是旅游市场中最具有经济实力的市场，也是较为理想的目标市场。青年人市场以探险旅游、修学文化旅游居多，追求旅游活动项目的刺激性与情调性;对食宿条件不重视，这一市场整体消费水平不高。儿童旅游一般由学校组织或家长带领，一般选择教育性强、娱乐性强、安全性强的旅游活动项目，注重食宿的卫生与安全，对美食、旅游纪念物也有浓厚兴趣。

2. 根据旅游者的性别差异细分旅游市场

根据旅游者的性别差异，旅游市场可以分为男性旅游市场与女性旅游市场。男性旅游市场在商务旅游、体育旅游、探险旅游、康乐旅游中的比例较高，这一市场追求运动量强、刺激性大、娱乐性浓的旅游活动。女性旅游市场注重目的地的选择、结伴旅游居多，喜欢购物，对价格敏感，对旅游活动的安全性要求高。但是近年来，由于妇女社会经济地位的提高以及她们心理承受能力、社会交往能力的增强，女性旅游市场有了迅速增长，单身旅游也成为时尚。因此，开发适合女性的旅游游览项目以吸引更多女性旅游者，已受到旅游企业的关注。

3. 根据旅游者的收入状况细分旅游市场

根据旅游者的收入状况，又可以将旅游市场分为高档旅游消费者市场、中档旅游消费者市场、低档旅游消费者市场。其中，高档旅游消费者市场追求美学价值高的旅游产品和优越舒适的旅游条件，这类旅游者一般社会地位高、收入高、购买力强。中档旅游消费者市场是旅游的主要客源，这类旅游者一般选择中低档旅游项目，重视旅游产品的价格。低档旅游消费者一般选择价格低廉的旅游项目。旅游企业针对以上三类旅游者的需求特点，可以提供不同档次的服务。由于旅游者的收入状况与职业、受教育状况往往是相互关联的。因此，按旅游者收入进行旅游市场细分的状况一般与按职业细分的状况大致相同。

4. 根据旅游者的国界差别细分旅游市场

根据旅游者的国界差别，旅游市场可划分为国内旅游市场与海外旅游市场。在我国，通常情况下国内旅游者限于经济支付能力，一般消费水平不高，对旅游条件要求不高，大都以到达游览目的地而满足。但随着我国经济的发展与文化素质的提高，我国旅游者对旅游服务质量的要求也越来越高。海外旅游者购买力一般较强，对旅游条件要求高，注重旅居档次、卫生条件、服务质量、工作效率、选择著名的旅游景点。

（三）心理变量细分

心理变量细分是以旅游者的心理特征来细分市场。

旅游者心理因素十分复杂，是一个内涵十分广泛、丰富的概念，它不仅与旅游者的收人水平有关，而且与旅游者的文化素养、社会地位、价值观念、职业等因素密切相关。因此，运用心理因素这一变量细分市场是一项非常有趣但又非常艰巨的工作。由于旅游者的个性、购买动机等变量引起的旅游者购买差异。每一类旅游消费群，均体现出不同的需求特点。因此，旅游企业需要有针对性地开发旅游产品和拟定营销方案，以吸引不同类型的旅游消费者。

（四）行为变量细分

1. 根据购买时机细分旅游市场

按购买时机细分，可以将旅游市场细分为旺季旅游市场、淡季旅游市场、平季旅游市场等，以及节假日旅游市场（如寒暑假，我国的春节、中秋、国庆节市场）。旅游企业可以把特定时机的市场需求作为服务目标，如我国近年来发展迅速的周末度假市场就引人关注。

2. 根据旅游者购买旅游产品追求利益的侧重细分旅游市场

按旅游者购买旅游产品所追求利益的侧重，可以设计开发专项旅游产品以满足其需求。如为新婚旅游者设计浪漫、舒适愉快安静的旅游产品，为商务客人提供优质快捷的旅游服务，为工薪阶层与学生提供质优价廉、经济实惠的旅游产品等，都是基于旅游者对旅游产品追求的利益基础之上。

3. 根据旅游者旅游方式的不同细分旅游市场

根据旅游方式不同，旅游市场可划分为团体旅游市场与散客旅游市场。其中，旅游团体又可依据团队性质与档次差别，划分为观光团或专业团，普通团或豪华团。旅游营销产品与服务的内容应当与他们主要旅游目的和消费档次相一致。散客旅游也分两类：一类属于经济收入较高的人，他们习惯于高档消费，不愿意参加团队旅游；另一类一般为工薪族或学生，他们由于收入低，或为追求新奇与自由，不愿随团旅游，这类旅游者追求旅游条件的方便、卫生、价格合理。

4. 根据消费者购买旅游产品的使用频率细分旅游市场

根据消费者购买旅游产品的使用频率来细分某些旅游产品的市场，可分为较少旅游者，多次旅游者和经常旅游者这样的细分市场。这种市场细分，有利于深入描述探析不同购买者数量特征的旅游群体在人口属性与心理特征、媒介习惯方面差异的深层原因。这一变量因素一方面也反映了旅游者对某一旅游产品的忠诚度。

第二节　旅游目标市场选择

旅游企业的一切营销活动都是围绕目标市场进行的。旅游企业在市场细分化的基础之上，结合企业自身的资源条件选择和确定目标市场，明确企业的具体服务对象，实施相应的目标市场营销策略，是实现企业顺利运作、提高经济效益的重要途径和手段。

一、旅游目标市场的概念与模式

(一)旅游目标市场的概念与原则

市场是旅游市场营销活动中的一个重要概念，因为旅游企业把满足旅游者的需求放在首位，必须充分满足旅游者的需求，旅游企业才能生存和发展。旅游者的需求是千差万别的，没有任何一个旅游企业能满足所有的旅游需求，而只能满足旅游市场中一部分旅游者的需求。旅游企业只能根据自身的技术力量、物质资源及管理能力等条件，满足旅游者的特定需求，也有用特定的旅游产品和服务来满足这些旅游者，旅游企业才能实现经营目标。旅游目标市场中所指的一组特定的旅游消费者就是一个或几个旅游细分市场。一般而言，旅游企业选择的目标市场，应符合以下原则：

1. 旅游目标市场具有一定的市场发展潜力

旅游企业选择某一或某些细分市场作为旅游目标市场，其最终目的是期望旅游企业进入该领域后具有理想的长期盈利能力。因此，目标细分市场必须具有一定的市场发展潜力。测量目标市场的发展潜力，一般要估算目标市场的需求总量(即市场容量)，也就是在一定时空条件下，目标市场的需求总量是该市场旅游者人数、旅游者购买力、旅游者购买意愿三者的乘积的结果。

2. 旅游目标市场的选择力求避免"多数谬误"

多数谬误是过多企业都把同一个细分市场作为自己的目标市场，从而造成某一种旅游产品的供给大大超过市场需求的状况。许多旅游企业共同经营同一种旅游产品，实际上就是共同争夺同一产品有限的消费者群，结果造成社会劳动和资源的浪费，也不能满足本来有条件满足的其他市场需求，大大提高了企业的机会成本，影响了企业的经济效益。

3. 旅游目标市场结构具有内在吸引力

从盈利的角度来看，具备理想的规模和发展特征的细分目标市场势必具有吸引力。波特认为有五种力量决定整个市场或其中任何一个细分市场的长期的内在吸引力，它们分别是：同行业竞争者、潜在的新参加的竞争者、替代产品、购买者和供应商。

4. 旅游目标市场符合企业的目标和能力

旅游企业选择目标市场必须具备开发该市场所需的人力、财力、物力资源条件，同时还必须符合企业最终的发展目标。只有选择那些企业有条件进入、能够充分发挥自身资源优势的市场作为目标市场，旅游企业才能增强拓展与竞争能力，以获得最佳效益。

(二)旅游目标市场模式

旅游企业在确定目标市场时，必须考虑选择一定的模式，以确定企业的目标市场的范围选择与营销方式。旅游企业选择目标市场的模式，归纳起来有以下五种：密集单一市场、有选择的专门化、产品专门化、市场专门化、全面覆盖（如图 5－1 所示）。

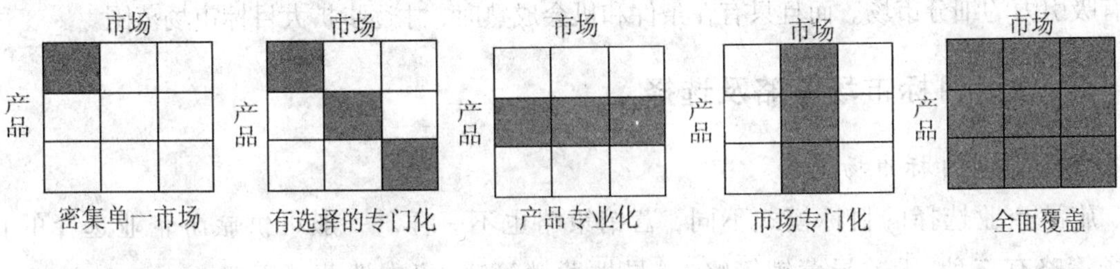

图 5－1　旅游目标市场的五种模式

1. 密集单一市场

密集单一市场也称产品——市场集中化，即旅游企业的目标市场无论从产品还是从市场角度，都集中在一个细分市场。旅游企业通过密集营销，可以更加了解本细分市场的需要，树立特别的声誉和建立巩固的市场地位。采取这种模式，旅游企业还可通过生产、销售和促销的专业化分工，获得良好的经济效益。但由于密集市场营销一般情况风险较大，也会出现不景气情况。

2. 有选择的专门化

有选择专门化即选择若干个客观上都有吸引力并符合旅游企业的目标和资源的细分

市场，为不同的旅游顾客群提供不同类型的旅游产品。各细分旅游市场之间很少或没有任何联系，然而每个细分市场都有可能盈利。这种目标市场模式有利于旅游企业分散经营风险，即使某个细分市场失去吸引力，旅游企业还可以继续从其他细分市场获取利润，但是它有赖于旅游企业各细分市场的浴量、企业产品的竞争力以及企业资源的合理配置。

3. 产品专门化

产品专门化即旅游企业生产一种旅游产品，向各类旅游消费者同时销售这种产品。当然，由于面对不同的消费群，旅游产品在档次、质量、功能以及促销上可以有所不同，旅游企业通过这种战略，可以在某个旅游产品方面树立起很高的声誉。

4. 市场专门化

市场专门化即旅游企业向同一旅游消费群提供性能有所区别的同类旅游产品，旅游企业专门为这个顾客群体服务而获得良好的声誉。例如，现在一些以“银发市场”为目标市场的旅行社，主要为老年人设计一系列适合其年龄、心理特征的康复保健、休闲度假旅游产品以满足该市场的需求。

5. 全面覆盖

全面覆盖即旅游企业决定全方位进入各个细分市场，为所有顾客提供他们所需要的性能不同的系列产品。这是某些实力雄厚、在旅游市场上占据领导地位的大型旅游企业，力图垄断全部市场而采取的目标市场范围策略。例如，我国中国国际旅行社、中国青年旅行社、中国旅行社三大支柱旅行社，采取的就是此种模式。旅游企业在运用上述五种模式时，一般总是首先进人最有吸引力的细分市场。而且只有在条件和机会成熟时，才逐步扩大目标市场范围。

二、旅游目标市场策略及选择

(一)旅游目标市场策略

旅游企业选择的目标模式不同，营销策略也不一样。一般可供旅游企业选择的目标市场策略有三种:无差异营销策略、差异性营销策略、集中性营销策略。

1. 无差异营销策略

如图 5－2 所示，这种营销策略不管细分市场的差异，旅游企业所设计的产品和营销方案，都是针对大多数旅游者的。如我国旅游部门在旅游业刚起步阶段、仅着重推出观光旅游项目。

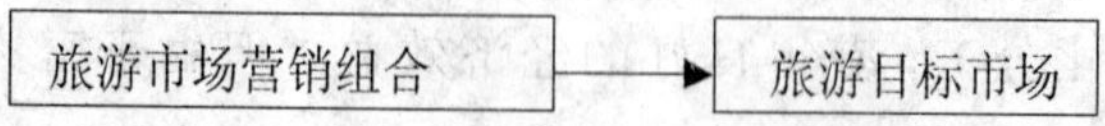

图 5－2　无差异目标市场策略

这种策略的优势在于:第一，规模效应显著。由于可以大规模销售，分销渠道简化，市场调研和广告宣传开支较低，销售成本降低，可以获得规模经济效益。第二，易于形成垄断型名牌旅游产品的声势和地位。如我国的长城、故宫等名牌旅游产品的推出。

无差异营销策略的缺点在于：第一，加剧市场竞争不能满足旅游者需求的差异性。当有若干旅游企业都采用此策略，就会加剧市场竞争，而小的细分市场的需求则会得不到满足，单一的市场策略不易满足具有多种多样需求的旅游者。第二，旅游者的社会经济情况，个人兴趣及生活方式在不断发生变化，旅游者对旅游多样化的需求日益增长。因此，这种策略适用于旅游交通方面，或者是适用于少数垄断性强、供不应求的旅游产品，如长城、三峡等。但是对其他的旅游企业，满足不了旅游者日益增长的多元化需求。特别是随着社会经济的发展，旅游者个人兴趣以及生活方式不断的发展变化，自助旅游的趋势越来明显，无差异营销策略已不适应现代国际旅游的竞争。

2. 差异性营销策略

差异性营销策略即旅游企业把整个旅游市场划分为若干个细分市场，从中选择两个以上的细分市场作为自己的目标市场，并有针对性地进行营销组合以适应旅游者不同的需要，凭借旅游产品与市场的差异化，获取最大的销售量。如图 5－3 所示，例如旅行社同时推出观光旅游、康复健身旅游、经济团旅游、豪华团旅游等产品及其营销组合。

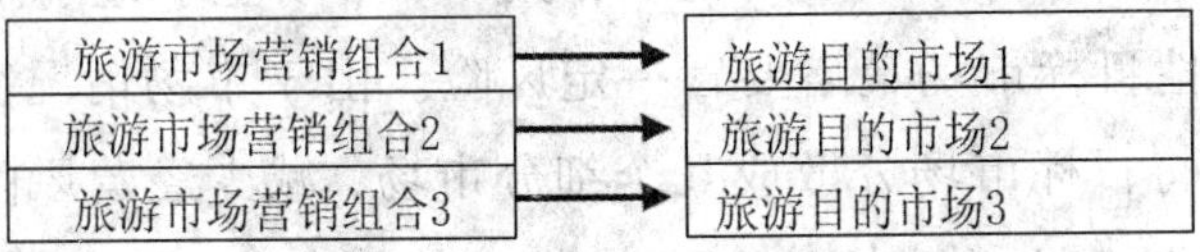

图 5－3　差异性目标市场策略

差异性目标市场营销策略的优势主要在于：第一，由于能够较多较快地变换旅游产品的类型特点，以适应和启发旅游者的需求，因而有利于增加旅游者对该旅游企业的信赖感和提高购买频率，提升旅游的市场竞争能力。第二，如同时在几个细分市场中占有优势，有利于树立旅游企业在旅游者心中的形象，从而有利于经济效益的提高。第三，由于差异性营销的灵活机动性，可以在一定程度上分散旅游企业的经营风险。

差异性目标市场营销的缺点在于：第一，由于差异性营销带来生产经营成本与营销宣传费用的增加，难以使旅游企业取得规模效益。第二，经营目标市场数量越多，会影响经营效率，使旅游企业管理难度加大。第三，由于多元化分散经营，可能使企业的资源配置不能有效集中，影响某些优势的发挥。旅游企业在采用差异性目标市场策略时，应注意必须保证所选定的目标市场由于总销量扩大所带来的收益要大于营销总成本费用的增加。实力相对较小的旅游企业一般不宜采用此策略。

3. 集中性营销策略

集中性营销策略即旅游企业在旅游市场西方的基础上，选择一个或少量细分市场作为旅游目标市场，为充分满足某些旅游消费群特定的需求服务，而集中企业自身营销力量实行高度的专业化经营，以占领大量市场份额。如图5－4所示，策略适合中小型旅游企业和一些旅游资源独具特色、能吸引一定类型旅游者前往的旅游地。

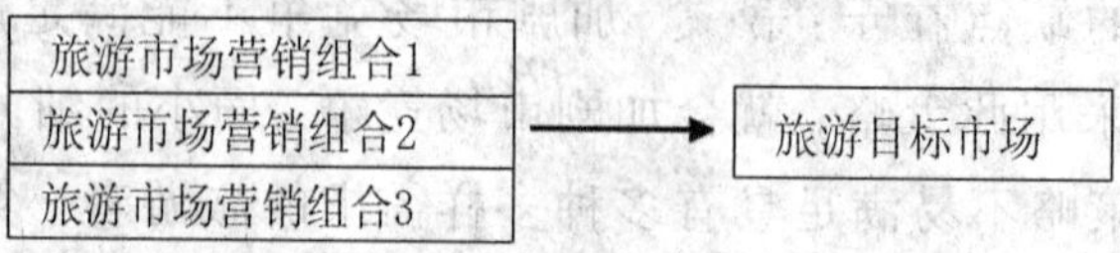

图5－4　集中性目标市场策略

集中性目标市场营销策略的优势在于：第一，由于旅游企业营销对象集中，在单一化较小范围的市场上活动，占用资金相对小，且资金周转相对快，成本费用相对低，可以集中力量在特定旅游市场上占领优势和实现一定的规模经济效益。第二，由于旅游企业经营范围明确，有利于创造出特色产品与服务，并可提高企业产品或服务的知名度和市场占有率。

集中性目标市场策略的缺点在于：第一，企业经营具有很大风险性。依赖于小部分市场生存的旅游企业承担的经营风险较大，一旦市场突然发生变化或者强大竞争对手的进入或者新的更有吸引力的替代产品出现，都可能使企业没有回旋余地而陷入困境。第二，如果选定不是较大的细分市场，则竞争者太多，市场竞争过于激烈。

因此，采用集中性目标市场策略要冒一定风险。由于市场情况变化和市场竞争的激烈化，往往促使企业将目标市场分散成几个细分市场，减少经营风险。

（二）旅游目标市场策略的选择

旅游企业采用何种目标市场策略，要受到旅游市场营销宏观环境、旅游企业自身实力条件、旅游产品或服务特点、旅游市场需求状况、旅游产品生命周期，以及旅游市场竞争状况等因素的影响，应综合考虑各方面因素来加以确定。

1. 旅游市场营销宏观环境

旅游市场宏观环境影响旅游者的购买行为以及旅游市场的供求关系，一般情况下，当某种旅游产品处于供小于求的卖方市场，可采用无差异目标市场策略；而在供大于求的买方市场情况下，则可采用差异性与集中性目标市场策略。

2. 旅游企业的自身实力条件

旅游企业的自身实力条件主要包括其人力、财力、物力条件以及其生产能力、技术能力和销售能力，具体表现为旅游企业的产品的设计与营销组合能力、宣传促销能力、服务与管理能力等方面。如果旅游企业的实力雄厚，管理水平较高，信息资源丰富，可考虑采用无差异性市场营销策略或差异性市场策略；如果旅游企业的实力不足，人力、财力、物力、信息等资源有限，企业无力顾及整个市场或多个细分市场，则适宜采用集中性市场营销策略。

3. 旅游产品或服务的特点

同质性旅游产品或服务，如旅游饭店同等档次的客房、旅游航空客运服务等，由于其差异性小，替代性很强，竞争主要集中在价格上，较适宜实行无差异性市场策略。而对于一些差异性较大、旅游者选择性很强的旅游产品或服务，如特色旅游线路产品、旅游餐饮服务等，则适宜采用差异性市场营销策略或集中性市场营销策略。

4. 旅游市场需求状况

当旅游市场上的消费者在某一时期的需要与偏好及其他特征很接近，市场类似程度很高时，适宜采用无差异市场策略，如旅游交通市场。而对于旅游者需求异质程度很高的旅游产品市场，一般要采用差异性市场策略或集中性市场策略。

5. 旅游产品生命周期

旅游产品的生命周期分为导入期、成长期、成熟期和衰退期四个阶段。旅游产品处于导入期或生长期时，性能还不够完善，品种比较单一，竞争者也较少，应采用无差别市场营销策略或集中性市场营销策略。当旅游产品进入成熟期后，旅游产品品种增多，竞争者也增多，此时适宜采用 差异性市场营销策略，以开拓旅游市场，扩大市场份额。当旅游产品进入衰退期，则应采用集中性目标市场营销策略收缩旅游企业的产品线，以便保持部分市场，延长旅游产品的生命周期。

6. 旅游市场竞争状况

如果竞争者数量较少或弱，且产品具有垄断性，本企业则可采取无差异市场营销策略。若竞争者采用无差异市场营销策略，本企业则可反其道而采用差异性市场营销策略或集中性营销策略。如果竞争太多，则应采取差异性或集中性目标市场策略。从竞争者采用策略来看，如果竞争对手实力较强大且已经采用了差异性市场营销策略，本企业则应在进行充分市场调研的基础上，实行更深一层的差异性社会营销策略或集中性市场营销策略。

综上所述，旅游企业必须从实际出发，要在综合考虑以上各种因素的基础上选择目标市场策略。一般情况下，当旅游目标市场策略选择与确定后应保持相对稳定，但可随着市场环境与企业经营状况的变化做适当的调整。

第三节 旅游市场定位

旅游企业选择和确定了目标市场及目标市场战略后，就进入了目标市场营销战略的第三个步骤——市场定位。旅游市场定位的目的是取得目标市场的竞争优势，确定旅游产品在目标旅游者心目中的适当位置并留下深刻的印象，以便吸引更多的旅游者。

一、旅游市场定位的含义

市场定位是20 世纪70 年代由美国的两位资深广告和营销策划专家阿尔·顿斯和杰

克·特鲁塔提出的一个重要的营销学概念。所谓市场定位，就是企业根据目标市场上同类产品的竞争状况，针对顾客对该类产品某些特征或属性的重视程度，为本企业产品塑造强有力的、与众不同的鲜明个性，并将其生动形象地传递给顾客以赢得顾客认同。市场定位的实质就是使本企业与其他企业区别开来，使顾客明显感觉和认识到这种差别，从而在其心目中占据特殊的位置。市场定位实际上是一种理念的表达，因此市场定位是一种心理位置而不是空间位置定位。

旅游市场定位是指旅游企业根据旅游目标市场上旅游者的需求偏好、竞争状况和自身优势，设计出自己的产品与形象，从而在目标旅游者心目中确定与众不同的价值和地位。旅游市场定位的目的是在旅游者的心目中创造出产品的差异性，以形成本企业产品的竞争优势。

二、旅游市场定位的必要性和重要性

在市场营销理论中，市场细分(Segmentation)、目标市场(Targeting)与市场定位(Positioning)都是企业营销战略的要素，被称为营销战略的STP。

旅游市场定位是旅游市场营销战略体系中的重要组成部分，它有利于树立旅游企业及其产品和品牌的鲜明有力的形象，满足旅游者的需求，从而提高企业的市场竞争力。

(一)定位能创造差异

有差异的、与众不同的事物才能吸引人们的注意力。同样，要令企业的产品和品牌对旅游者产生吸引力，而不被竞争对手的产品所消灭，就要尽力创造差异，追求与众不同，以便给旅游者留下深刻的印象。

简单地说，定位能创造产品的差异性，而差异则能使人产生品牌联想。例如，海飞丝的市场定位是去头屑，通过长期、大量地广告宣传，企业已经有效地将该定位信息传递给目标顾客，当人们听到海飞丝，就会联想到去头屑，而当人们要解决头屑烦恼时，首先想到的就是海飞丝。在这个方面，旅游企业还应做进一步的努力。

(二)定位是基本的营销战略要素

通常，旅游企业会根据旅游者需求的差别将市场细分，并从中选出有一定市场规模和发展潜力，并且符合企业的目标和能力的细分市场作为企业的目标市场，但仅仅确定了目标市场是不够的，这时企业还是处于一厢情愿选择旅游者的阶段，使目标旅游者能够把企业的产品作为他们的购买目标才更为关键。为此，旅游企业需要将产品定位在目标旅游者所偏爱的位置上，并通过一系列营销活动向目标市场传达这一定位信息，让旅游者感到这就是自己所需要的，这样旅游企业所选定的目标市场才能真正成为企业的现实市场。如果说市场细分和目标市场选择是寻找“靶子”，而定位就是将“箭”射向靶子。

(三)定位是制定各种营销策略的前提和依据

“4P”营销策略(产品、分销、价格、促销)直接影响到旅游企业营销目标的实现，而这些策略的依据是否正确，则是其是否有效的关键。只有以定位为制定各种策略的依据，各项手段相互配合，协同向旅游者传达产品的定位信息，才能使旅游产品顺利到达目标市场。有定位为前提依据，各项营销策略才能发挥最大效用。

(四)定位形成竞争优势

市场营销的终极战场是消费者的心灵。因此，在竞争日趋激烈的市场中，作为旅游企业来说，关键的不是对一件产品本身做些什么，而是你在旅游者心目中做些什么，单凭质量的上乘或价格的低廉已难以获得竞争优势。旅游企业必须通过市场定位，突出企业与众不同的形象和价值，在旅游者心目中留下难以忘怀的印象，从而形成企业的竞争优势。

三、旅游市场定位的步骤

旅游市场定位的关键是企业设法在自己的产品上找出比竞争者更具有竞争优势的特性，根据竞争者现有产品在细分市场上所处的地位和旅游者对产品某些特性的重视程度，塑造出本企业产品的市场定位。因此，旅游企业市场定位的全过程可以通过以下三个步骤来完成。

(一)识别企业的竞争优势

旅游者一般都会选择那些给自己带来最大价值的产品和服务。因此，赢得和留住顾客的关键是要比竞争对手更好地理解顾客的需要，并向他们提供更多的价值。正如美国学者波特在《竞争优势》一书中所指出的:“竞争优势来自企业能为顾客创造的价值，而这个价值大于企业本身创造这个价值时所花费的成本。”“竞争优势有两种类型:成本优势和产品差别化。”据此，可以明确，旅游企业的竞争优势取决于其旅游产品开发设计和经营管理方面的成本优势及其旅游产品的创意设计能力。

要想确定企业的竞争优势，需要具体了解以下问题:竞争对手的产品定位是怎样的?目标市场上旅游者的需要和欲望的满足程度如何，哪些需要和欲望是尚未得到满足的?针对竞争对手的市场定位和目标市场上旅游者需要的利益，企业可以做什么？通过回答以上三个问题，旅游企业就可以从中找出与竞争对手的差异所在，并由此确定自己的竞争优势。

(二)选择有价值的竞争优势

并不是所有的差异都能成为竞争优势，旅游企业要做的就是区分哪些差异能够成为有价值的竞争优势。一般来说，旅游企业只需要对那些最能体现企业风格、最适合目标市场需要之处进行必要宣传即可。这就要求企业确定需要突出多少种差异和需要突出哪些差异。

(三)沟通及传播企业的市场定位

在确定了市场定位后，旅游企业就必须要把它准确无误地传递给目标旅游者，使其独特的竞争优势在旅游者心目中留下深刻印象。旅游企业要通过营销活动使目标旅游者了解、熟悉、认同本企业的市场定位，并在旅游者心目中建立与其定位相一致的形象。如一家旅游企业定位于“质量上乘”，那么它就必须努力地把这种信息传播出去。优质产品的信息可以迈过营销的其他要素表达出来，如高价格，因为在人们的观念中高价格往往意味着高质量；高品质的旅游产品设计、高质量的广告媒体选择、高素质经销商的合作等，这一切必须与企业“质量上乘”的定位相一致。此外，旅游企业还要不断强化其市场形象并保持与目标旅游者的沟通，以巩固其市场翅位。如果目标旅游者对企业的市场定位理解出现偏差，或者由于企业宣传上的失误而造成旅游者的误会，企业要及时纠正与其市场定位不一致的形象。

四、旅游市场定位的方法

(一)初次定位

初次定位是指新成立的旅游企业初入市场、旅游新产品投入市场，或者旅游产品进入新市场时，企业为满足某一特定目标旅游者的需要，采用所有的市场营销组合而使其竞争优势与特色为目标旅游消费群体接受的过程。

(二)避强定位

这是一种避开强有力的竞争对手进行市场定位的模式。当企业意识到自己无力与强大的竞争者抗衡时，则远离竞争者，根据自己的条件及相对优势，突出宣传自己与众不同的特色，满足市场上尚未被竞争对手发掘的需求，这就是避强地位。

这种定位的优点是能够迅速地在市场上站稳脚跟，并在旅游者心中尽快树立起一定形象。由于这种定位方式市场风险较小，成功率较高，常常为多数旅游企业所采用。

(三)迎头定位

这是一种以强对强的市场定位方法。即将本企业形象或产品形象定在与竞争者相似的位置上，与竞争者争夺同一目标市场。实行迎头定位的旅游企业应具备的条件是能比竞争对手设计出质量更好或成本更低的旅游产品；市场容量大，能容纳两个或两个以上的竞争者；拥有比竞争者更多的资源和能力。这种定位存在一定风险，但能够激励企业以较高的目标要求自己奋发向上。

(四)重新定位

重新定位是指旅游企业通过改变产品特色等手段，改变目标旅游者对产品的认识，塑造新的形象。

即使企业产品原有定位很恰当，但当出现下列情况时，也需要考虑重新定位。一是竞争者推出的市场定位侵占了本企业品牌的部分市场，使本企业产品市场占有率下降。二是旅游者偏好发生了变化，从喜爱本企业品牌转移到喜爱竞争对手的品牌。所以，一般来说，重新定位是企业为了摆脱经营困境，寻求重新获得竞争力的手段。当然，重新定位也可作为一种战术手段，并不一定是因为陷入了困境，相反，可能是由于发现了新的产品市场范围引起的。

思考与练习：

1. 什么是市场细分？旅游市场细分的作用是什么？
2. 旅游目标市场营销策略有哪些？联系实际谈谈旅游企业应该如何应用。
3. 旅游市场细分的原则是什么？旅游企业为何要遵循这些原则？
4. 分析旅游企业为什么要进行市场定位。

案例：

奇特的“袖珍宾馆”

上海南京西路，有座“袖珍宾馆”——海港宾馆。在大饭店、高档宾馆林立的上海，饭店或宾馆经理们大多为入住率低而发愁。可在这里，却常常出现10多批客人等在大厅中，争抢海港推出客房的情形。生意如此兴隆，奥妙何在？何不让我们身临其境详细观察。

夜晚，走进海港宾馆的客房，两张席梦思床放置于客房的主要位置，与一般的宾馆一样，看不出有什么特别之处。可是，当你清晨起床之后，轻轻按一下机关，床就会缓缓翘起翻嵌进暗墙里。这时，你就会惊讶地发现，一间客房怦然变成一间标准的“经理室”。对生意人来说，既不需要多付房租，又不落身价，花了标准房的钱，派了“套房”的用场。

除了巧妙的客房设计以外，海港宾馆的决策者还广泛调查客人的其他要求。通过调查发现，很多客人为整个上海没有一个为寻找合作者提供企业资料的信息库而大伤脑筋。他们立即与上海旅游协会合作，开办了上海第一个商务信息电脑库，分门别类地储存上海的主要经济信息和各类机构“花名册”，企业也可以申请在电脑库中立一个“户头”，储入企业见解和合作意向。这项软件服务为商务旅游者提供了大量合作机会和线索，大受他们欢迎。

【案例讨论题】

用市场细分、目标市场选择、市场定位原理分析海港宾馆的经营是如何成功的。

第六章 旅游产品策略

本章主要内容

- 旅游产品概念及特点
- 旅游产品组合策略
- 旅游产品生命周期策略
- 旅游新产品开发策略
- 旅游产品商标策略

旅游活动是一项具有经济性质的社会文化活动。其经济性在旅游市场营销中的实质表现为:实现旅游产品的交换,从而使旅游者的需求得到最大满足,同时使企业获得满意的经济、社会和文化效益,实现可持续发展。因此,旅游产品是市场营销的基础和核心内容。同时,旅游产品策略是旅游市场营销组合策略的起点,决定着旅游市场营销的价格策略、营销渠道策略和促销策略,在旅游市场营销中具有重要作用。

第一节 旅游产品概述

一、旅游产品的概念及构成

旅游产品与一般的产品不尽相同:从供给的角度看,旅游产品是旅游企业向旅游者提供的用于满足旅游需求的全部实物和服务;从需求的角度看,旅游产品是旅游者在实现旅游消费需要中所体验到的全部经历。旅游产品种类繁多,归纳起来有六大类,即食、住、行、游、购、娱。旅游产品的设计者要从游客需求出发,从三个层次上来考虑整体旅游产品的设计。

第一个层次是旅游产品的核心层,是给旅游者带来的核心利益。旅游者购买某项产品,最主要目的不是得到产品本身,而是要得到某种核心利益。如一位饥肠辘辘、疲惫不堪的观光旅游者所追求的核心产品很可能是一杯饮料、一餐能很快解决饥饿的简便饭菜、一间可供其休息的客房。从核心产品看，不同旅游企业提供的不同产品核心往往有很大差别。旅行社提供的是“旅游经历”，旅游交通部门提供的是车船机舱的座位，旅游饭店提供的是食品、饮料、客房床位等。当然仅仅考虑产品核心层是不够的，还要从其他的角度来综合考虑旅游产品的设计。

第二个层次是旅游产品的形式层。包括旅游产品质量、风格、特点、式样、品牌，旅游产品核心层是旅游整体产品的最基本内部，而形式层是核心产品的实现形式。

第三个层次是旅游产品的附加层。是指为旅游者提供附加利益和附加服务，如旅游消费信贷、优惠付款条件、旅游信息咨询、免费接送服务、购物折扣等等。旅游企业可以利用这些附加利益和附加服务，来提高游客的满意度。

二、旅游产品的特点

（一）无形性

虽然一些旅游产品是以实物形态表现出来的有形产品，但旅游产品的主体则是以多种服务表现出来的无形产品。从旅游者角度看，在旅游活动中除消耗少量实物产品外，大部分消费是接待服务、导游服务、观光游览，由此构成一次完整的旅游经历。在旅游消费中，即使消费实物性很强的产品如餐饮等，服务产品也占较大比重。

（二）综合性

旅游产品的综合性是旅游者需求的综合性所决定的，旅游需求从大类看有食、住、行、游、购、娱及相关配套服务，几乎涉及日常生活所有领域；从需求成分看既有物质需求，又有精神需求；旅游产品的生产经营涉及农业、工业、商业、建筑业、金融保险、交通运输、酒店、旅行社、饮食等多个行业及文化、教育、科技、公安、海关等部门，所跨的行业和部门之广是其他产品难以比拟的。旅游产品的综合性要求旅游企业要搞好与相关部门和行业的协调，在科学组合产品上下功夫。在旅游黄金周期间，一些旅游者抱怨住宿难、乘车难、游览地人满为患，有的游客甚至把企业推上被告席，就是因为对旅游者需求的综合性考虑不周所致。

旅游产品的综合性也是旅游业脆弱性一面的具体反映，相关因素稍有波动，旅游产品的需求马上会发生逆转。如发生战争、突发事件等，会立即导致旅游产品需求萎缩。旅游企业应充分认识旅游产品的脆弱性特点，尽量减轻相关因素对旅游产品需求的负面影响。

（三）生产和消费同步性

一般产品总是先生产后消费，而许多旅游产品的生产只有在旅游者光临后才开始，生产过程伴随着旅游者消费进行，随旅游者的消费活动完成而终结。旅游产品生产与消费的同步性还说明旅游产品在游客消费之前一般还不是“成品”，旅游者在消费前一般也难以对旅游产品质量作出评价，这意味着旅游者的购买风险较高，同时也意味着旅游沟通与促销将对旅游者起更强的引导作用，恰如其分的沟通与促销，将有利于旅游者了解企业的产品并选择购买。

一些旅游企业在利用生产与消费同步性方面有很成功的运作。如酒店的厨师从后台走到前台，把菜肴后台制作的部分过程放到前台制作，展示制作艺术，使客人既饱口福又饱眼福。

（四）不可转移性

一般产品会随着所有权的变动而移动，如消费者购买一件衬衫，付款后会带走它。而大多数旅游产品所有权不会转移，旅游者购买的是特定时间、特定地点的产品使用权，如特定班次的车船、航班的座位代表乘座权、景点门票代表观赏权等等。

大部分旅游产品具有不可转移性，但也有一部分旅游产品是可以移动的。一些旅游企业经营者善于利用空间策略创造市场，通过“移动”旅游产品使之走近旅游者而取得了成功，如酒店餐饮外卖、把宴席开到野外场所等。

（五）不可贮存性

一般实物产品暂时销售不出去可以贮存待售，但以非实物形式存在的旅游产品一般不可贮存，只有旅游者前来消费，其价值和使用价值才能实现。一间客房、一个车船座位、一次游览，今天是今天的价值，明天是明天的价值，如果没有售出，今天的价值就会全部损失，而且永远都无法得到补偿。旅游产品有很强的季节性，旅游企业应十分关注旅游产品不可贮存性，在淡季时努力争取客源，尽可能减少因销售不出去而导致旅游产品价值的损失。一些营销有方的旅游企业，创造了淡季不淡、旺季更旺的经营佳绩。

（六）很强的替代性

旅游产品是满足人们精神享受的非生活必需品。人们对精神产品的需要不仅可以通过消费旅游产品获得，也可通过教育、体育健身等方式获得。如果旅游产品不尽如人意或其它产品吸引力更强，那么一部分旅游产品被取代的可能性就越大。当然随着经济的发展，社会对旅游产品消费的增长速度会加快。

旅游产品的替代性强，还表现在它们之间存在相互替代的可能。如新酒店取代老酒店成为游客新宠；经营不善且脏、乱、差的旅游景点渐渐衰落而被新景点取代也不乏其例；旅游交通工具之间也有一定的替代性，一些传统的旅游交通工具如船舶等逐步被飞机、火车、汽车取代；还有一些旅游产品受季节变化影响被暂时替代，如冬季时，中国南方一些旅游地游客纷至沓来，北方大部分旅游地则进入淡季。

第二节　旅游产品组合策略

旅游企业为了适应旅游市场变化着的多种旅游需求，增强旅游企业的抗风险能力和有效竞争力，就应该根据市场特点对旅游产品进行有效组合。

一、旅游产品组合的含义和作用

（一）旅游产品组合的含义

所谓旅游产品组合，是从旅游市场营销的角度，旅游企业生产各种不同品种、规格、档次旅游产品优化的组合或结构，以最小的投入，最大限度地占领市场，实现旅游企业的经营目标。它包括三个因素：旅游产品线的宽度、深度和关联度。

产品线是指在技术上、结构上满足同一类需求、密切相关的产品。一个企业所有的产品线数量称为产品线的宽度。产品线数量越多，其宽度就越大。产品线的深度是指每种产品线中不同等级、规格的产品的多少。各种产品线之间在生产条件、生产渠道或其他方面可以存在某种联系，也可以互不相干。产品线之间的关联程度就是产品组合的关联度。

旅游产品的组合策略实质上就是针对目标市场，对产品组合的宽度、深度以及相关性进行选择、决策，以便使产品组合最优。

（二）旅游产品组合的宽度、深度及关联性

1. 旅游产品组合的宽度

旅游产品组合的宽度是指旅游企业内有多少条不同的产品线。如果一家企业拥有饭店、旅行社、汽车公司、旅游景区等四条产品线，则其产品组合的宽度是四条产品线。拓展产品组合的宽度，即增加产品线、扩大业务范围、实行一体化或多元化经营，可以充分利用企业的各项资源，发挥企业优势，开拓新的市场，提高经济效益。

2. 旅游产品组合的深度

旅游产品组合的深度是指每一条旅游产品线上平均拥有的产品品种数或活动项目数。延长产品线，即增加产品品种，使各产品线具有更多规格、花色丰富的产品，可以适应更加广泛的顾客需求，吸引顾客，扩大总的销售量，提高市场占有率。

3. 旅游产品组合的关联性

旅游产品组合的关联性是指各条旅游产品线在最终用途、生产条件、分销渠道等方面相互关联的程度。如旅游产品的要素——住宿、餐饮、交通、景点、娱乐、购物等方面的一致性。一致性高则产品组合的关联性较大，例如，某旅游企业同时经营房地产和旅游饭店，则这两条产品线的关联性较大。提高产品组合的关联性，可以增强企业的市场地

位，充分发挥企业的技术专长、生产和销售能力，创造名牌产品。

（三）旅游产品组合的作用

旅游产品组合选择和评价的基本依据是有利于促进旅游产品销售和增加企业的总利润。旅游产品组合的各个要素对促进销售、增加利润都有直接效果。

1. 满足旅游消费者需求，以确保市场营销的成功

任何一种旅游产品都是用来满足旅游消费者需求的，不同档次的旅游产品满足不同档次的旅游消费者需求，而不同数量的旅游产品不同程度地满足旅游消费者需求。在既定的旅游市场中，不同档次、不同数量的旅游产品组合是否科学，决定了旅游企业市场营销的成功与否。

2. 树立旅游产品形象

不同的旅游企业总是通过不同的旅游产品组合树立产品的整体形象。主导产品的推出使企业的形象更加鲜明，符合旅游企业的长远发展战略。如一些旅行社以经营国际旅游产品为主，而一些旅行社以经营国内旅游产品为主。旅游企业在推出主导产品后，并没有完成企业的产品组合。在主导产品的经营上，企业要再配以一定数量、一定档次的副产品，从而完善产品组合。旅游产品的组合使旅游企业的市场形象更鲜明，也更具有个性化。

3. 产生良好的经济效益

若旅游产品的组合科学合理，那么它就能适应旅游市场的发展，分散企业的投资风险，使产品适销对路，取得较为理想的市场份额；若旅游产品的组合不科学合理，那么它就适应不了市场需求的变化，即便是高质量的新产品，也不能在短期内进入市场，需要企业花费较大的人、财、物力，开展较多的营销工作，其结果往往事倍功半。

二、旅游产品组合策略

（一）产品组合扩展策略

产品组合扩展策略是指加大旅游企业产品线的广度和深度，经营多种旅游产品以满足多个市场的需要。旅游企业尽可能向整个旅游市场提供多领域或多行业的产品或服务，如某饭店集团既经营饭店业、交通业，同时又经营旅行社，甚至还经营零售业。产品组合扩展策略还可以指旅游企业在某一领域或行业向市场提供多种产品。如某旅行社经营观光旅游、度假旅游、购物旅游等多种产品，并以欧美市场、日本市场、东南亚市场等多个旅游市场作为目标市场。这种产品组合策略能满足不同市场的需要，分散经营风险，但经营成本较高，并易造成资源分散。因此，必须注意在加强产品深度与广度的同时加强产品的关联度；在扩大市场份额的同时保持自身特色；不能急功近利，应循序渐进地进行，以保持资金的正常运转。

（二）产品组合简化策略

产品组合简化策略即缩小旅游产品组合的广度和深度，包括市场专攻型策略和产品

专攻型策略。市场专攻型策略是指旅游企业面向某一特定的旅游市场提供其所需的多种旅游产品，以满足其多样化的需求。如某旅行社专门为日本市场提供观光、修学、考古、购物等旅游产品；或者单纯以老年市场为目标市场，开发休闲度假旅游、疗养旅游、保健旅游等适合老年需求的产品。这种组合策略有利于旅游经营者集中力量充分了解某一目标市场的多种需要，开发满足这些需要的多样化、多层次的旅游产品，从而有利于市场渗透。

产品专攻型策略是指旅游目的地或企业专门经营某一类型的旅游产品来满足多个目标市场的同一类需要。例如，某一旅行社只经营修学旅游，将其推向欧美市场、日本市场和东南亚的市场。因为产品品种单一，所以经营成本较低，可集中资源进行产品的深度开发，不断完善某一产品，易于为目的地或企业树立鲜明的品牌形象。但企业的经营风险较大，一旦这种产品受到市场波动，将导致企业经营困难。

产品组合简化策略可以有效利用企业资源，追求专业化经营。但由于其目标市场单一，市场规模有限，而使旅游企业在整个旅游市场中所占份额较少，若此市场出现大的变动，则经营者承担的经营风险较大。

（三）产品组合价格策略

旅游产品组合价格策略是指拓展不同价位的旅游产品组合，可分为高档旅游产品组合策略与低档旅游产品组合策略。高档旅游产品组合策略是指旅游企业在原有的旅游产品系列中，增加高档旅游产品项目的策略。这种策略可以树立企业形象，提高产品知名度，增加现有产品的销量。低档旅游产品组合策略是指旅游企业在原有的高档旅游产品系列中，增加廉价旅游产品项目的策略。以原有高档旅游产品的知名度带动现有廉价旅游产品的销售量，但这样可能会导致品牌泛化，原有品牌声誉受损，使原有市场份额缩减，因此，旅游企业应谨慎使用该策略。

第三节 旅游产品生命周期策略

一、旅游产品生命周期

产品生命周期是指一种产品从试制、投放市场到最后淘汰、退出市场的过程。旅游产品也存在生命周期，所谓旅游产品生命周期，是指旅游产品从进入市场到最后被淘汰退出市场的过程。旅游产品生命周期可分为两类：一般生命周期类型和特殊生命周期类型。

一般生命周期类型的旅游产品都会经历投放期、成长期、成熟期和衰退期（如图 6－1 所示）。其各阶段特征为：

1. 投放期

某一旅游产品刚刚进入市场，产品的设计生产等都不完善，产品的知名度不高，质量不稳定。同时消费者对新产品不熟悉，对其潜在利益持怀疑态度，不会积极购买，只有大胆求新的旅游者会尝试购买。此时竞争者较少，销售额增长缓慢且不稳定，对外宣传、广告费用较高，旅游企业利润率较低，甚至处于一定程度的亏损局面。

2. 成长期

产品服务设计和生产不断完善，服务质量不断提高，由于早期产品使用者受到所得利益的鼓舞产生口碑效应及早期广告的投入，产品知名度大大提高，旅游企业利润大幅度上涨。受利润的驱使，其他可能竞争者进入市场。产品销售量增加及单位制造成本降低产生规模经济，加之竞争者为挤占市场份额而使用价格折扣，价格亦呈下降趋势。

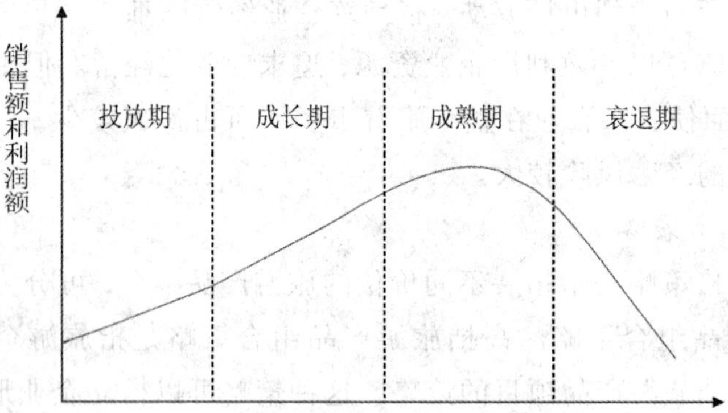

图6－1　产品生命周期

3. 饱和成熟期

市场饱和，销售保持平稳状态或下降。产品同质化严重，价格竞争异常激烈，旅游产品的销售量逐渐达到顶峰，旅游产品的成本降至最低点，旅游企业利润达到最高水平。

4. 衰退期

这一阶段最终销售量总会下降，旅游企业利润开始缩减，使产品进入衰退期。衰退期的到来可能是由于消费者需求变化导致产品过时；也可能是新的产品层出不穷，引导旅游者兴趣发生转移，转而购买其他类型的旅游产品。该阶段旅游产品的销售量大幅度下降，企业进入微利状态，产品逐渐被淘汰。

需要指出的是，不同的旅游产品生命周期的各个阶段所占比例，时间与销售额和利润额函数各不相同。有的时尚类或事件性质的旅游产品生命周期非常短暂，昙花一现，如世博会、节庆活动等，因此，该类型的旅游产品迅速进入热销并迅速退出市场。

特殊生命周期类型，是由旅游产品本身的独特型决定的。许多旅游产品是以独特的自然或人文资源垄断性为依托的，时间越久价值越大，因此，几乎不会进入衰退期退出市场。这类型的旅游产品投放期、成长期与一般生命周期旅游产品相似，只是由于其资源的垄断性产品同质化较弱，竞争者相对较少，旅游者有不断增加的趋势。待其发展到成熟阶段后，需求量依然会不断增加，但出于保护资源等因素的考虑旅游企业反而会控制销售量，使其在一个合理水平上实现旅游企业的可持续发展(如图 6－2 所示)。

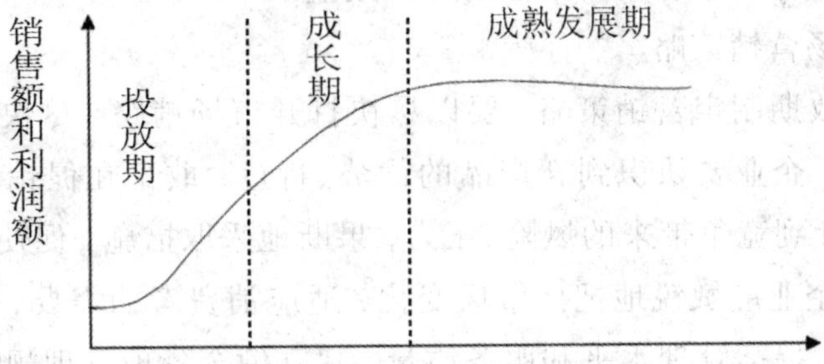

图 6－2　特殊产品生命周期

不同的旅游产品在各个阶段呈现不同的特点，其预期市场销量、市场占有率、竞争激烈程度和利润都有所不同，因此，旅游企业要在不同的阶段采取不同的营销和管理策略。旅游产品生命周期不同阶段的营销和管理策略见表 6－1 所示。

表 6－1

	投放期	成长期	成熟期	衰退期
特 征				
旅游者人数	少	高速增长	低速增长	负增长
经营部门利润	低	达到最高水平	保持	下降
资金流动	反向流动	中度流动	大量流动	流动减少
旅 游 者	开拓型/探险型	大众市场(开拓者)	大众市场(跟随者)	保守型
竞争对手	很少	增多	竞争者众多	竞争者减少
策 略				
中心战略	拓宽市场	进行市场渗透	保持市场份额	重新定位市场
营销费用	增长	达到最高	下降	保持一定水平
营销重点	树立形象/灌输	建立/偏好/通知	建立品牌忠诚	保持品牌忠诚
分销渠道	独立	通过旅游部门	通过旅游部门	通过旅游部门
价 格	高	渐低	低	最低
产 品	初级产品/非标准化	产品升级/标准化	产品多样化	开发新产品
促 销	无	人员推销/广告/公关	人员推销、广告、公关、促销	人员推/广告/公关/促销

二、旅游产品生命周期的营销策略

（一）旅游产品生命周期各个阶段的营销策略

旅游产品生命周期各阶段具备不同的特点。旅游企业只有针对不同阶段的特点，采取不同的市场营销策略，才能提高企业的经济效益。

1. 投放期的市场营销策略

旅游企业在投放期制定营销策略，要以尽快打开市场销路，尽快回收资金和取得效益为宗旨。一方面，企业要认识到新产品的优势、特色，敢于在促销、广告方面投入；另一方面，企业要估计到竞争带来的风险、压力，果断地采取措施，促使旅游产品较迅速地进入成长期。旅游企业应敏锐地把握市场变化，适应消费者的需要，抢先占领市场，同时要继续改进产品，提高管理水平和服务质量，建立健全各项管理规章制度。

旅游产品进入投放期后，定价和促销是非常重要的两个方面。从旅游产品定价和促销的角度来考虑，旅游企业在产品导入期采取的策略有四种，如图 6－3 所示。

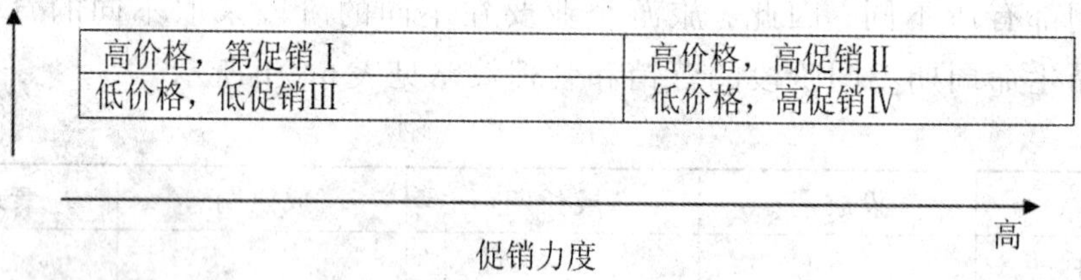

图 6－3　旅游产品定价和促销策略

（1）缓慢撇脂策略——高价低促销。以较高的价格树立产品的形象，以此来弥补在促销力度上的不够，从而把旅游产品投放到市场。高价格的目的在于获取更大的利润，而低促销是降低新产品的销售费用，旨在通过高价格来提高旅游产品的知名度。这种策略应用的条件是：①产品规格档次高，服务质量好，基础设施齐全；②旅游市场规模小；③旅游市场已基本了解这类产品；④潜在的竞争对手少，旅游产品具有很大的垄断性。

（2）迅速撇脂策略——高价高促销。以较高的价格树立旅游产品的市场形象，同时增加促销费用，加大促销力度，在市场上树立高质量的形象，弥补高价格的不足，从而扩大市场占有率。这种策略适用于以下类型的市场：①产品的知名度低；②人们消费水平较高，市场上有一批重质量而轻价格的成熟消费者；③旅游产品更具个性化、趣味性和健康性，与同类产品比较，具有明显的优势。

（3）缓慢渗透策略——低价低促销。企业以一种低姿态进入旅游市场，目的在于促使市场尽快接受这类产品，随着产品知名度的打开，慢慢提高产品的价格，以收回企业的投资。采取该策略应具备的条件有：①市场上对该产品的价格弹性较大；②市场有较大的开拓余地；③基础设施能稳步配套建设；④市场有一定的潜在竞争者。

（4）迅速渗透策略——低价高促销。以较低的价格加上较大的促销力度，全力推出某旅游产品。这种策略能使产品在最短的时间内进入市场，迅速提高产品的市场占有率。采取该策略的原因是：①市场规模较大；②旅游消费者大多对价格敏感；③存在潜在竞争的威胁；④因规模生产或引进的新技术可以使生产成本大大降低。

2. 成长期的市场营销策略

这一阶段市场营销策略的核心是：提高竞争优势，维持旅游产品的市场增长率，尽可能地延长产品的成长期，因为成长期是旅游产品盈利水平增长最快的阶段。在这一时期，旅游人数高速增长，经营部门利润达到最高水平，但竞争者也在逐渐增多。这一时期的中心战略是进行市场渗透，通过旅游部门分销旅游产品，并逐渐降低价格。成长期旅游产品的销售应包括两个方面：一方面，巩固已有销售成果；另一方面，进一步扩大市场占有率，尽快提高销售量。企业在成长期的销售策略具体如下：

(1)加强市场促销，提高产品的知名度、美誉度。这一举措包含：①开拓新的销售渠道，加强销售渠道的管理，搞好渠道成员之间的协调，以此扩大销售范围，采取多种销售形式，增加新的销售渠道；②借助于媒介，对外宣传重点由介绍旅游产品转为树立产品形象，宣传产品特色，提高产品的知名度，走名牌产品的销售策略。

(2)改进旅游产品，提高产品质量和服务质量，进一步完善基础设施的配套建设，提高旅游地的可进入性。加强各行各业之间的联系和协调，增强企业的接待能力。同时，根据旅游者的信息反馈，增加特色产品与服务，以吸引更多的潜在旅游消费者。

(3)开拓新市场。在分析市场价格发展趋势和竞争者价格策略的基础上，努力提高旅游产品的规模生产能力，降低单位产品成本，从而适当降低产品价格，以吸引对价格敏感的潜在购买者，以此积极主动地寻找新的市场并占领它。

3. 成熟期的市场营销策略

这一阶段市场营销的核心是：加大资金回收力度，在保持原有产品优势的基础上，调整旅游产品营销组合，延长这一阶段。在这一时期，旅游产品已基本定型，市场营销也日趋成熟，市场趋于饱和状态，产品销售量已基本稳定，而同类产品的旅游企业也不断增加，由此市场竞争异常激烈。这一时期的市场营销策略重点突出一个“占”字，即着力于提高市场占有率。旅游产品的成熟期可采取以下策略：

(1)继续提高产品质量和服务质量，力争创名牌、保名牌，使旅游接待服务标准化，稳定服务质量，并尽量设法提高旅游产品和旅游企业在旅游消费者心目中的形象。

(2)努力寻找和开拓新的目标市场，向市场需求的深度和广度发展。具体有两种方法：A. 刺激重复购买，提高购买频率；B. 设法开辟新市场，在深度和广度上争取更多的顾客。

(3)进行营销组合。对原有的营销组合因素进行调整、变革，改进和进一步开发分销渠道，扩大旅游产品的销路，刺激销售量的增加。

(4)用适当降价或改进服务来吸引顾客。

(5)改进广告宣传，适当修改广告内容，突出产品质量、特色和吸引力。

4.旅游产品衰退期营销策略

这一阶段的核心是：企业应进行认真的分析研究，以确定产品在什么时间，以什么方式退出市场，并应处理好善后事宜，使企业有秩序地转向新产品经营。旅游产品的衰退期可采取以下策略：

(1)逐步退出策略。旅游企业可以把资源集中利用于最有利的细分市场和最有效的销售渠道上，从最有利的市场赢得尽可能多的利润；也可以保持原有的细分市场，但尽可能地降低销售费用，直到该产品完全退出市场。这样销售量有可能迅速下降，但是可以从忠实于这种产品的消费者中获取更多的利润。

(2)立即放弃策略。旅游企业一旦发现产品进入这个阶段，就会当机立断，放弃经营，其所占用的资源逐步转向其他产品。

到了衰退期，旅游产品的生命即将走向完结，旅游产品的销售率已经出现了负增长，如果旅游企业勉强维持只会占用企业更多的有效资本，增加其机会成本，造成企业被动的局面。因此，要尽可能缩短旅游产品的衰退期，减少企业损失。

第四节　旅游新产品开发策略

菲利普·科特勒认为："营销计划工作面临的主要挑战之一是发展新产品的各种观念和成功地把他们付诸实施。"在竞争日趋激烈的旅游市场环境中，旅游者需求复杂多变，旅游产品更迭周期越来越短，旅游企业只有不断开发新的旅游产品，才能在市场中求得生存和发展。

一、旅游新产品的概念及类型

旅游新产品是指旅游生产者初次设计生产的全新产品，或者市场上已经出现的，但在内容、结构、服务方式、设备性能等上又作了重大改进的，与原有旅游产品存在显著差异的产品。旅游新产品是依据消费者新的需求所开发的，同时也可以影响旅游者的消费需求，引领消费潮流。主要类型有：

(一)完全创新型旅游产品

是指采用全新的方法设计、生产出来的具有新内容，新技术等特征以满足旅游者需求的旅游产品。完全创新型旅游产品在创意策划上难度较大，同时受旅游企业技术水平、资金等诸多因素的影响，研发时间一般较长。

(二)换代型旅游新产品

是指对现有旅游产品进行较大变革后，充分利用原有基础设施，局部采用新科技成果，扩点成线，扩线为面，设计生产出来的产品。如原来的观光旅游产品利用其地理优势进行开发，成为以观光为依托的探险等特种旅游产品，这些就属于换代新产品。

(三)改进型新产品

是指针对旅游市场的需求，对原有旅游产品进行局部改进，而不是进行重大变革的旅游产品。这种旅游新产品主要是对旅游产品的设施设备或旅游线路进行改造等，其实质上并没有太大的变化。

(四)仿制型旅游产品

是指旅游企业模仿旅游市场上已经存在的旅游产品而生产的旅游产品。该类型产品的基本原理和机构是仿制的，但是在生产的过程和内容上还是可能会有局部的创新和改进。仿制型新产品开发的风险较小，可以节省企业的研发资金投入，缩短研发周期，使新产品尽快进入市场获得较高的回报率。仿制型新产品在旅游市场上极为普遍，如仿造深圳的“锦绣中华”和“世界之窗”而产生的世界公园。

二、新产品开发的策略

在旅游新产品开发中，有多种相关因素将影响其开发策略的选择。如旅游企业所处的政治、经济、文化环境；新产品对消费者需求的适应能力和激励能力；本企业自己的技术能力；新产品与本企业的匹配性等。他们从产品与市场、开发目标、开发途径和控制协调等方面影响旅游新产品的开发，形成多种可供旅游企业选择的开发策略。企业应根据实际情况，谨慎分析各要素的影响，恰当选择旅游新产品的开发策略。

(一)长短结合策略

旅游企业在进行旅游产品开发时，应着眼于企业的长远利益，保持企业产品生产的连续性和发展性。采取这一策略，旅游企业应有四档产品：一是企业生产和销售的旅游产品；二是正在研制或研制成功，等待适当时机投放市场的产品；三是正在研究设计的产品；四是处于产品构思、创意阶段，开始市场开发、调研的旅游产品。

(二)主导产品策略

任何企业都应有自身的主导旅游产品，这样有利于树立旅游企业形象。主导旅游产品是以自身资源条件为基础，在客源市场上存在较大优势的产品。根据我国资源特征和市场竞争情况，我国主导产品应选择垄断性、高品位观光产品，如长城、兵马俑等，以及确已成熟又有特色的少量非观光产品，如保健、修学、文化、探险、烹饪等。通过主导产品树立东方旅游大国的独特形象。

(三)高档旅游产品与低档旅游产品相结合策略

为了满足客源市场上不同层次的旅游需求，销售更多的旅游产品，提高市场覆盖率和占有率，旅游企业经营的产品中既有高档旅游产品，也有低档旅游产品。但这种策略也可能导致旅游企业品牌泛化，因此要谨慎使用。

三、产品开发程序

旅游企业主要通过两种途径引入新产品：一是旅游企业自主进行新型旅游产品的开发；二是通过购买或特许经营的方式从外部获得。无论哪种开发途径都有风险，且新产品开发的失败率也相当高。导致新产品开发失败的原因，主要有产品构思上的失败、实际产品没有达到设计要求，市场定位错误、营销策略失误等。因此，同有形产品开发一样，开发旅游产品也要遵循科学的程序。旅游新产品的开发也需要经过创意形成、创意筛选、概念的形成与测试、商业分析、产品开发、市场试销和正式上市等七个步骤。

（一）创意形成

这指的是对未来旅游产品的基本轮廓架构的构想，是新产品开发的基础和起点。这些设想可以通过许多方式产生，既可能来自企业内部，也可能来自企业外部；既可能通过正规的市场调查获得，亦可以借助于非正式的渠道获得，还可以从旅游者的信息反馈中获得。从外部看，旅游者、竞争者、科研机构、高等院校和海外企业都是企业获得新产品创意的主要来源；而从内部看，企业科技人员和市场营销主管人员的想法是主要的创意来源，而一般职工的设想对新产品的开发也具有启示意义。

（二）创意筛选

创意形成阶段会涌现出大量创新性想法。对于所获得的创意，旅游企业必须根据自身的资源、技术和管理水平等进行筛选，通过筛选可以较早地放弃那些不切实际的创意，留下那些可以为企业带来利润的创意。当然，在筛选阶段，企业一定要避免“误舍”和“误用”两种错误。创意筛选应先建立比较各个不同创意的评分标准；然后确定评选标准中的不同要素的权数，再根据企业的情况对这些创意进行打分。可供企业参考的标准有：市场大小、市场增长状况、服务水平和竞争程度等。必须强调的是，没有任何一套标准能适合所有的旅游企业，各企业都应该根据其自身的资源情况，开发并制定出自己的一套标准。

（三）概念的形成与测试

经过筛选后的创意要转变成具体的产品概念，包括概念形成和概念测试两个步骤。新产品创意是企业针对市场提出的产品设想；产品概念是用消费者语言表达的精心阐述的创意。在概念形成阶段，主要是将旅游产品的创意设想转换成旅游产品概念，并从职能和目标的意义上来界定未来的旅游产品。然后，进入概念测试阶段。概念测试的目的是测试目标顾客对于产品概念的看法和反应。此外，在形成和测试过程中还要对产品概念进行定位，即将该产品的特征同竞争者的产品比较，了解其在旅游者心目中的位置。

（四）商业分析

商业分析即经济效益分析，目的在于了解这种产品概念在旅游市场的吸引力及其成功与失败的可能性。在这个阶段想要获得准确的预测和评估是不大可能的，旅游企业只能做大体的估计。一些常用的分析方法，如盈亏平衡分析法、投资回收期法、内部收益率法等，将非常有助于企业进行商业分析。在此阶段，开发性技术和市场研究，以及新产品推出上市的时机掌握和成本控制手段是很重要的。

(五)产品开发

产品创意经过概念形成和测试，又通过商业分析被确定为是可行的，就进入了具体旅游产品实际开发阶段。此阶段旅游企业要增加对该项目的投资，招聘和培训新的人员，购买各种设施，建立有效地沟通系统。此外，还要建立和测试构成旅游产品的有形要素。旅游产品开发阶段除了必须注意旅游产品的实体性要素之外，更需注意旅游产品的递送系统。

(六)市场试销

对于有形产品来说，当新产品研制出来之后，通常要经过市场试销。因为，消费者对设想的产品与对实际产品的评价会有某些偏差。现实中，很多产品试制出来之后即遭到被淘汰的命运。因为试销新型旅游产品的确存在着一些特定的困难。由于旅游产品具有无形性特征，旅游企业并无实体产品可供测试，因而对旅游产品进行描述就显得比较困难。

(七)正式上市

这一阶段意味着企业正式开始向市场推广新产品，新产品进入其市场生命周期的投入阶段。企业必须在新产品上市之前做出以下决策，即在适当的时间和适当的地点，采用适当的推广战略，向适当的顾客推销其新产品。

第五节　旅游产品品牌策略

品牌可被定义为一个名称、符号、标志或图案，或是这些东西的组合。品牌不仅可以用于企业与企业及其产品与产品之间的区分，而且能使顾客通过其提供的有效信息来识别特定企业及产品，从而吸引消费者购买或重复购买某产品。

一、旅游产品的品牌塑造

定位和品牌化概念起源于消费品的市场营销战略。随着服务产业的重要性的不断扩大，定位和品牌化的应用已扩展至对于服务产品也要认识到本产品不同于其他服务产品的独一无二的特质。所谓定位就是识别和确定某一产品或服务的重要品质，以便能够以有意义的方式向消费者展现其有别于竞争产品或服务的特色或内含利益。品牌化则使旅游产品在旅游消费者心目中建立起一个与众不同的形象，并留下良好回忆度。一旦与此形象相关的旅游产品的名称、标识或口号被呈现，消费者就能回忆其产品。

(一)旅游品牌及其构成要素

旅游品牌是指旅游营销主体向旅游者所展示的，用来帮助旅游者识别旅游产品的某一名词、符号、设计，或它们的组合。

一般来说，一个完整的旅游品牌应该由品牌名称和品牌标志组成。品牌名称是旅游品牌中可以用语言来表达的部分，是形成品牌概念的基础。例如“欢乐谷”乐园、“锦绣中华”乐园等。品牌标志是旅游品牌中的符号和图案，包括标志物和标志语，是品牌中不能用语言表达出来但可以被识别的部分，即品牌中的图形记号。例如“麦当劳”的“M”，“肯德基”的“山德士上校”。它是品牌的“视觉语言”，其独特性能使消费者马上识别，并在头脑中留下一个深刻，形象的印象，产生喜爱的感觉，并进而萌发情感联系。

(二)名牌与名牌效应

名牌指知名度高，美誉度高的品牌。它是一种知识产权和无形资产。能产生不可估量的效应。世界上凡是著名商标、驰名商标，都有其明确的价值和含金标码，且会随着企业及产业知名度、信誉度的提高而不断增长。例如“可口可乐”2008 年的品牌价值为582 亿美元，是 50 多年前的近 10 倍。由此可见，名牌本身就是一笔巨大的无形资产，它对消费者具有极大的吸引力，可以使商家拥有极高的市场占有率，最终获得巨额利润。名牌代表的是一个民族的形象，保护名牌事业需要全民族的参与和支持。

二、品牌策略选择与运用

旅游企业从事品牌运营，科学而合理地制定品牌策略是其核心内容。品牌策略主要有品牌归属、品牌统分、多品牌、合作品牌等。

(一)品牌归属策略

旅游企业在进行品牌营销时，会涉及如何选择品牌归属问题。可供选择的策略，一是使用自己的品牌，即企业品牌；二是将产品售给中间商，由中间商使用其品牌将产品出售，即中间商品牌；三是企业对部分产品使用自己品牌，而对另一部分产品使用中间商品牌。

旅游企业是选择生产者品牌还是中间商品牌，即品牌归属生产者还是中间商，要全面考虑各方面因素，综合分析得失，最关键的是要看生产者要中间商谁在旅游产品分销链上居主体地位，拥有更好的市场信誉和拓展市场的能力。一般来说，在生产者实力强、市场信誉好、产品市场占有率高的情况下，不宜采用中间商品牌，而应当以生产者品牌为主，或全部采用生产者品牌。当然，如果中间商在某目标市场拥有较高的品牌忠诚度，以及庞大而完善的销售网络，即使生产者有自营品牌的能力，也应该考虑使用中间商品牌。

(二)品牌统分策略

品牌无论归属生产者还是中间商，或者两者共同拥有品牌使用权，都必须考虑对产品的命名问题。是大部分产品或者全部产品使用一个品牌，还是各种产品分别使用不同的品牌，关系到品牌营销的成败。

第一，统一品牌，即所有的产品都统一使用一个品牌。旅游企业采用同一品牌策略能够降低新产品的宣传费用；可以在企业品牌已经赢得良好市场信誉的情况下实现顺利推出新产品的愿望；有助于显示旅游企业的实力，塑造企业形象。但是，一旦某种产品出现问题，可能会影响全部产品和整个企业的信誉；统一品牌策略还存在易令旅游者相互混淆，难以区分产品质量档次等缺点。

第二，个别品牌，指旅游企业对各种不同的产品分别使用不同的品牌。这种策略可以保证旅游企业的整体信誉受某种产品声誉的影响较小，便于旅游者识别不同质量、档次的旅游产品，也有利于企业新产品向多个目标市场渗透，但是促销费用相对较高。

第三，分类品牌，指旅游企业对全部产品进行分类并使用不同的品牌，是对前两种策略的折中。

（三）多品牌策略

在相同产品类别中引入多个品牌的策略称为多品牌策略。企业运用多品牌策略可在产品分销过程中占有更大的市场空间，而且多种不同品牌代表了不同的产品特色，可吸引多种不同需求的旅游者，有助于企业培植、覆盖市场，降低营销成本，限制竞争者。但是，运用多品牌策略时，要注意各品牌的市场份额大小及变化趋势，适时撤出市场占有率过低的产品，以免造成自身品牌的过度竞争。

三、旅游品牌营销

成功的营销不是建立庞大的营销网络，而是利用品牌，把无形的营销网络铺建到社会公众心里，把产品概念输入到消费者心里，使消费者选择时认可这个产品，这就是品牌营销。品牌营销即通过市场营销使客户形成对企业品牌和产品的认知过程。

旅游品牌营销策略的重点，一是品牌个性，包括品牌命名、包装设计、产品价格、品牌概念、品牌代言人、形象风格及品牌适用对象；二是品牌传播，包括广告风格、传播对象、媒体策略、广告活动、公共关系活动、口碑形象及终端展示；三是品牌销售，包括渠道策略、人员推销、店员促销、广告促销、事件行销及优惠酬宾；四是品牌管理，包括队伍建设、营销制度、品牌维护、终端建设、士气激励、渠道管理及经销商管理。

旅游品牌营销在运作上的关键：一是质量第一。任何产品其恒久、旺盛的生命力无不来自稳定、可靠的质量。二是诚信至上。人无信不立，品牌若失去了诚信也终将行之不远。三是定位准确。成功的品牌都有一个特征，就是以始终如一的形式，将品牌的功能与消费者的心理需要连接起来，并将品牌定位信息准确传达给消费者。四是个性鲜明。任何一个旅游产品，都不会是人人皆宜且人人满意的。对产品满足需求的诉求和目标取向，一定要在充分体现独特个性的基础上力求单一和准确：单一可以赢得目标群体较为稳定的忠诚度和专一偏爱;准确能提升诚信指数,成为品牌营销的着力支点。五是巧妙传播。在同质化的市场竞争中,唯有传播能够创造出差异化的品牌竞争优势。旅游产品的同质化现象较为突出,因此,在旅游品牌竞争优势传播上,独特的产品设计、优秀的广告创意、合理的表现形式、恰当的传播媒体、最佳的投入时机、完美的促销组合等都是极为重要的。

随着市场经济的不断深化和旅游市场的不断成熟,旅游业的品牌化需求也越来越显著,所有内因和外因都要求旅游企业在营销中强化品牌意识,开展品牌营销。同时,基于旅游业对宏观环境的依赖性和敏感性,旅游行政管理部门和地方政府在旅游品牌营销上亦给予必要的支持。

思考与练习:

1. 什么是旅游产品?旅游产品的基本特征是什么?
2. 旅游产品组合的概念及基本策略是什么?
3. 旅游产品生命周期的营销策略是什么?
4. 旅游新产品的概念及类型是什么?
5. 如何进行旅游产品的品牌塑造?

案例:

全套房酒店

全套房酒店就是以略高于一间客房的价格销售给客人两间客房并为其提供有限服务的一种酒店。在全套房酒店形成之初,它既不向客人提供传统的餐饮服务,也没有宽敞的公共活动空间及会议室,而是为客人提供一套包括客厅及带有卫生间的单独卧室的客房,客厅里配有冰箱,小厨房里为客人预备了微波炉、煮咖啡器。当时酒店所提供的餐饮服务仅是一种欧陆式早餐及每晚在大堂咖啡厅提供两小时夜点。

全套房酒店这一全新的概念诞生于20世纪80年代并获得了成功。全套房酒店无论是出租率还是客房平均销售价都高于传统型酒店。1989年,全套房酒店占全美国酒店客房总数的4%,2000年达到10%。商务游客是全套房酒店的主要客户。

1994年,美国出现了新一代全套房酒店——延住型酒店。它是面向入住超过(含)5天以上的游客及有明确理由使用这类酒店的客户的。延住型酒店为客人提供的客房及服务设施包括:一套带有工作间及一直至二间卧室的客房,或者是全部由工作间或全部由卧室组成的套房。套房的小厨房内设有炉灶、微波炉、煮咖啡器、冰箱、洗碗器、水池、刀叉餐具及盘碟,有时甚至还有烤面包机、标准的熨斗及熨衣板等。起居室中配有彩电及录像机。(厨房的)餐桌可以兼作工作台，客房中有直拨电话、留言服务等。酒店内部并没有餐厅，仅设一接待厅提供自助早餐及夜店服务。另外，酒店内还设有健身房、游泳池及户外健身场所。投币式自动洗衣服务解决了客人洗衣的问题。有些延住型酒店还设有出售小吃、百货的商店，高档酒店设有食品杂货商店。延住型酒店还提供传真及复印服务，有些还设有小型会议室。

【案例讨论题】

目前，旅游企业在产品促销中采取了哪些有特色的促销方法？

第七章 旅游产品价格策略

本章主要内容

- 旅游产品定价的影响因素
- 旅游产品的定价程序
- 旅游产品的定价方法
- 新旅游产品的定价策略

*

餐饮和饭店的新产品思路

机场饭店开发“飞行食品”。因为人们对飞机上提供的食品没有好印象，所以，许多饭店通过给乘飞机的客人提供外卖食品而从中获利。里茨——卡尔顿玛德饭店距离洛杉矶国际机场不到10分钟的路程，它为旅游者开发了“飞行食品”，这些食品由格兰诺拉麦片、新鲜水果、果仁巧克力和苏打水组成。其它的“飞行食品”还包括欧式早餐、清淡的午餐和晚餐。休斯顿的四季饭店还以每份14.50美元的价格提供名为“飞行美食家”的食品。亚特兰大、迈阿密和芝加哥等地的希尔顿机场饭店也针对这一市场提供有竞争力的产品。

解决外币兑换问题的技术。纽约的Milford Plaza饭店的外国客人决不少于国内客人，但饭店不愿开设外币兑换业务。开设这项业务意味着饭店必须培训员工，设置控制系统，在高峰期增加前台员工的工作难度，所以饭店每天都要送20~30个客人到外面兑换外币。饭店管理者选择了一种可以兑换10种货币的机器，汇率每天都相应的调整。饭店经理说，这个机器让他们的客人更方便。用这种自助服务机器，饭店能够在不增加前台员工负担的情况下给客人提供货币兑换业务。这一产品既满足了客户需要，又增加了饭店的收入。

资料来源：菲利普·科特勒，约翰·T.保文，詹姆斯·C.麦肯斯.谢彦君主译.旅游市场营销.大连：东北财经大学出版社，2006

第一节 旅游产品的定价目标及影响因素

旅游价格是旅游者为了满足其旅游活动需要所购买的旅游产品的价格，是旅游产品价值的货币表现形式。旅游价格对经营者来说，价格是其收回经营成本和 获取利润的手段；对消费者来说，价格是其想要使用或拥有的功能和属性的价值体现，其更关心的是支付价格后能得到什么。在实际营销活动中，旅游企业对价格的运用会对营销组合的其他变化产生很大影响，直接关系到旅游企业竞争力的强弱以及营销目标的实现。

一、旅游产品的定价目标

大多数旅游企业在制定定价目标时会像生产有形产品的企业一样将利润最大化作为价格策略的目标指向，然而旅游产品的特殊性使得其定价要比有形产品制造业更为复杂，其价格目标和定价哲学会偏离利润最大化而更趋多样化。从营销理论上讲，定价是为了实现市场目标服务的决策，它跟企业的经营战略密切相关。根据企业经营战略的不同，定价主要基于四种导向：

1. 销售导向定价目标

销售导向定价目标是指企业的定价以扩大销售量为主要目标，保持或扩大市场占有率是其主要出发点。选择这一定价目标，必须具备三个条件：第一，目标市场价格敏感度高，低价能产生吸引力；第二，旅游企业具备大量生产的物质条件，总成本的增长速度低于总产量的增长速度；第三，低价对现有和潜在的竞争者有抵抗能力。

2. 利润导向定价目标

利润导向定价目标就是追求利润最大化，这几乎是所有旅游企业都希望实现的目标。当旅游产品具有独特性和不可替代性，或处于供不应求的状态时，以利润为目标的经营者，通常都选择高价策略。选择利润导向定价策略重要因素：产品的差异性、独特性或优质化。

3. 竞争导向定价目标

竞争导向定价目标是指企业以竞争对手的价格为依据来制定本企业产品价格的定价方法，也称随行就市定价法。以竞争为导向的价格决策有两种：对等定价和持续降价。对等定价的“价格标杆”，一般是同业内的龙头企业，如某大型景区或某知名酒店集团。对等定价的优点是经营者更趋于将市场竞争注意力转移到非价格要素上，如提升服务质量、开发新产品等。

4. 形象导向定价目标

形象导向定价目标把价格作为向消费者传递信息的载体，以价格塑造产品或品牌的形象。产品的价格形象包括价格水平、价格形式的确定和变动，它综合反映了企业经营理念、定位目标、服务质量以及企业管理能力等，成为企业形象的重要组成部分。价格不仅是反映企业整体形象的组成部分，而且是传递产品和服务质量信息的主要载体，企业在确定价格目标的过程中，对价格传递给消费者的有关旅游产品和服务的“信息”（产品性质、质量等）的管理是关键。

上述四种定价方式孰优孰劣，不能一概而论，企业要根据自身的产品特性及其所处市场的营销环境进行选取。对于定价目标的效果衡量，旅游企业选用投资收益率来衡量企业经营绩效的主要方法。投资收益率（return on investment，ROI）即投入产出比，也就是企业所投入资金的回报程度，结果常用百分比表示，其计算公式为：

ROT = 总收入 ÷ 总投资 × 100%

其中，总收入 = 单位价格 × 总数量，所以，产品价格被认为是支撑企业在自身所处的经营模式下获取足够的收入以达成利润目标的关键要素。

二、旅游产品定价的影响因素

（一）定价目标

任何企业都必须按照企业的目标市场战略及市场定位战略的要求来进行定价。具体的、可实现的、可衡量的定价目标可使企业在激烈的市场竞争中求得生存，不同的定价目标要求企业依据不同的定价方法和策略进行有效定价，同时定价目标也需要定期监控，以检验企业实行的各项策略的有效性。

（二）市场需求

市场需求对旅游产品定价会产生很大的影响。首先，旅游消费者的需求具有波动性，这种波动性影响着旅游产品的定价。由于消费者的需求在一周或一个月或一年内会产生很大的波动，营销人员就要考虑多种价格，增添了定价的难度。再者，不同的目标市场，需求的价格弹性不一样。所谓需求的价格弹性就是指消费者对价格的敏感度。价格变化幅度很小，但引起的需求变化却很大，那么说明需求的价格弹性大。需求价格弹性大的目标市场，其客人对价格的敏感程度也强。因此，营销人员需要针对不同的目标市场制定不同的价格，同时，还应注意消费者对某产品越忠诚或越偏爱，那么该产品的定价目标自由支配权就越大。

（三）旅游者对旅游产品价值的理解

对任何旅游产品，消费者都会根据自身的价值观念和消费经验形成一个理解价值，如果产品的市场价格超过了这一理解价值决定的价格，消费者就会取消自己的购买行为。所以，理解价值对应的价格是旅游产品供给者所能出的最高价格限。例如，同样的星级饭店、同样的硬件设备设施、甚至服务也相同，但是否具有国际或国内著名品牌，旅游者对它们的产品理解价值会大相径庭，导致价格也出现差距。

在激烈的市场竞争中，企业的经营都是以旅游者为导向的，因此，旅游者对旅游产品价值的理解对产品价格的高低有重要影响。价格与旅游者的心理有密切关联，度假产品尤其如此，因为价格可能既是价值的象征，又是地位的象征。

（四）产品成本

企业有时不强调需求的作用或者将需求的重要性最小化，而大量或单纯地根据成本制定价格。严格基于成本的定价，对目标市场来说很可能过高，会因此减少销售或无法销售；基于成本的定价也可能过低，企业只能得到少于它本应得到的收入。如果把成本作为一个价格的低限，任何旅游产品的长期价格都不能低于这一低限，成本应该是任何产品价格决定的一个因素。产品成本是决定产品价格的重要因素，只有当产品价格超过产品成本时，企业才能盈利。旅游产品的成本包括生产成本、销售成本以及由开发产品可能造成的环境污染而引起的成本，这三者之和是旅游供给价格的最低限。所谓旅游供给价格是旅游产品供给商出售旅游产品所愿意接受的最低价格。旅游产品的销售价格除了包含产品成本以外，还包括企业的经营利润。所以，企业应努力降低经营成本，制定有竞争力的价格，巩固产品在市场上的地位。

（五）产品生命周期

随着产品所处的生命周期阶段的不同，对产品的需求和竞争条件会有变化，企业的营销策略和价格也将产生相应的变化。在投放期内，为了迅速收回开发成本，管理人员通常将价格定得较高，但在目标市场对价格相当敏感时，管理人员会按照市场水平或更低的水平定价；当产品进入成长期后，价格通常开始稳定；对这饱和成熟期的竞争加剧一级效率提高，价格会进一步降低，成本高的企业被迫退出市场；在产品生命周期的最后阶段，随着仅存的竞争者争夺最后的需求，产品会进一步降低，当市场中只剩下极少数企业的时候，价格将开始稳定。

（六）竞争者

旅游产品的最高价格取决于市场对该产品的需求，最低价格取决于产品的成本，在这二者之间产品价格制定的高低则取决于竞争者同类产品的价格水平。本企业产品的价格与竞争者同类产品价格的比较主要决定与产品质量的对比，当本企业产品质量与竞争者产品的质量大致相仿时，其价格也应基本一致；当本企业产品质量比竞争者产品的质量高或低时，其价格也可随之调高或降低。企业应及时掌握竞争者价格变动的有关信息，并做出明智的反应。

（七）分销策略

有效的分销网络可以与产品价格进行一些互补。例如，尽管消费者可能认为某产品价格略高于通常价格，但是如果销售位置便利，消费者还是会购买这种产品。企业为了鼓励分销商销售新产品，在制定对分销商销售的产品价格时，往往会给予其较大的折扣，以弥补分销商的促销成本。

（八）法律和法规性约束

在旅游行业，出于对公众健康和安全的考虑，政府经常对旅游产品的价格进行干预或影响价格决策。例如酒店业的设施是经政府注册和分类的，价格类型由政府确定，企业只能在一定幅度内改变价格。

（九）汇率变动

汇率变动是指两国货币之间的比价，就是用一国货币单位来表示另一国货币单位的价格。汇率变动对入境旅游和出境旅游影响较大。一般来说汇率变动的影响主要是通过旅游产品或服务的报价形式反映出来的。外国货币升值、汇率上升对海外旅游者有利，有利于促进入境旅游者人数的增加，增加其购买欲望，但影响本国旅游者出境；反之，若旅游目的地国家的货币升值、汇率上升，就有可能造成了入境旅游者人数的减少，尤其当旅游目的地的产品或服务的需求弹性较大时，入境旅游者就有可能转向其他目的地购买、消费同类的替代产品，同时，因本国货币升值、汇率上升导致海外旅游产品价格降低，本国旅游者出境增加。

（十）通货膨胀

通货膨胀是指在流通领域内的货币供应量超过了货币需求量而引发的货币贬值、物件上涨等现象。旅游目的地的通货膨胀会造成单位货币购买力下降，使旅游企业的产品生产、经营成本费用增加，从而迫使企业相应地提高旅游产品价格，并且往往价格提高的幅度大于通货膨胀上升的幅度，这样才能保证旅游企业不致亏损。但旅游产品价格的大幅度上升，客观上会在一定程度上破坏旅游目的地的形象、损害消费者的利益，导致旅游者人数减少、旅游收入下降。

第二节　旅游产品定价的程序及方法

在实际营销活动中，旅游企业对价格的运用会对营销组合的其他变化产生较大影响，直接关系到旅游企业竞争力的强弱以及营销目标的实现。因此，制定价格策略必须采取科学的、符合客观规律的步骤和措施。

一、旅游产品定价的程序

旅游产品定价和其他产品定价没有根本性的区别，主要是按照以下程序来制定。

（一）明确旅游产品定价目标

旅游企业在定价之前，必须首先确定旅游产品定价目标。旅游产品定价目标是旅游企业营销目标的基础，是企业选择定价方法和制定价格策略的依据。旅游企业市场营销目标的不同，定价目标也是多方面的。

1. 维持企业生存的定价目标。旅游企业的产品或服务不为旅游者所欢迎，在市场上处于滞销状态，企业定价目标是维持生存的需要。此时价格的制定是能维持日常开支，企业能生存下去，这是企业经营的最低目标，定价目标趋于保本点即企业处于不亏不盈的状态。

2. 获取最大利润的定价目标。旅游企业期望通过制定较高价格，以迅速获取最大利润为定价目标。采取这种定价目标的企业，其产品是处于绝对有利地位的，在价格制定方面采用的是高价策略。

3. 扩大市场份额的定价目标。旅游企业要扩大市场份额，有两种策略可供选择：一是价格不变，提高产品或服务质量；二是产品或服务质量不变，降低价格。一般来说，以扩大市场份额作为定价目标的企业，多数是希望扩大市场份额后能形成薄利多销的局面。

4. 争取产品服务质量领先的定价目标。采用这种定价目标的企业，一般都是有一定声誉的企业，为了维护和提高企业产品或服务的质量和信誉，其产品或服务必须制定比较高的价格。一方面高价格能带来高利润，使企业有足够的资金来保持产品或服务质量的领先地位；另一方面高价格本身就是产品或服务质量的一种表现。

5. 应对和防止竞争的定价目标。这是一种比较稳健的定价目标，其特点式企业综合考虑竞争者的有关情况来制定价格，即在成本的基础上再加上竞争者几乎差不多的利润率，作为自己企业产品或服务的价格。

(二)了解旅游市场需求

旅游市场需求与旅游价格有密切关系。旅游企业在制定价格时，首先应了解市场需求结构和不同价格水平上人们的购买数量；其次是分析需求的价格弹性，不同产品的价格弹性系数是不同的，一般来说有五种情况：完全无弹性、单位弹性、完全有弹性、缺乏弹性和富有弹性。前三种情况是理论上的假设，现实生活中很少见，常见的是缺乏弹性和富有弹性的情况，运用价格弹性概念决定价格升降，对企业制定价格策略很有意义。

(三)估计旅游产品成本

旅游市场营销活动中产品成本是产品定价的基本因素。产品成本是由产品的生产过程和流通过程所花费的物质消耗和支付的劳动报酬所形成的，是构成产品价格的主要组成部分。因此，旅游企业定价必须首先使总成本得到补偿，要求价格不得低于平均成本费用。

(四)分析竞争者产品价格

企业在价格雏形的基础上，为了进一步确保价格的科学合理性，既保证该价格有利于实现企业的最大目标，又保证该价格尽可能地提高企业的市场占有率，还需要考虑影响企业定价的其他因素，从而对价格雏形加以调整和完善，其中主要就是竞争对手的反应。生产经营相同或类似旅游产品的旅游企业之间的竞争，渗透在旅游产品开发、设计、生产直至市场营销全过程的每一个环节，涉及到旅游产品、价格、分销、促销等多个方面。对定价来说，市场竞争的影响，主要表现在竞争对手的产品状况与价格高低对本企业产品价格水平的约束上。旅游企业必须了解和研究竞争者的产品质量和价格，并拿来与自己的产品比较，从而作为制定产品价格的依据。

（五）选择定价方法

旅游企业的定价方法多种多样，从制定价格的不同依据出发，一般可把定价方法分为三大类：成本导向定价法、边际贡献定价法及需求导向定价法。其中成本导向定价法和边际贡献定价法是旅游企业常用的定价方法，也是后面章节重点讨论的内容。

（六）确定最终价格

运用所选定的定价方法可初步定出产品价格，但在确定最终价格时，旅游企业还必须考虑：一是所制定的价格是否违背政府的有关政策和法令；二是所制定的价格是否符合企业的定价政策，是否符合企业的“定价形象”（有些企业始终不愿定低价以免损害“定价形象”）和“价格折扣”的指导思想，是否符合企业对待竞争者价格的态度；三是所制定的价格是否考虑了消费者心理；四是所制定的价格是否考虑了企业内部有关人员、经销商和供货商的有关意见，是否注意到了竞争者的反应。

二、旅游产品的定价方法

旅游企业常用的定价方法有成本导向定价法和边际贡献定价法，另外需求导向定价法作为企业制定价格决策时重要考虑因素也是旅游产品主要定价方法。

（一）成本导向定价法

成本导向定价法是以旅游产品的成本为基础来制定产品价格的方法。它以旅游产品单位成本为基本依据，加上预期的利润额作为产品的销售价格，是旅游企业最常用的定价方法。售价与成本之间的差额即利润称作“加成”，计算公式如下：

单位产品的价格 = 成本 + 成本 × 加成率（成本利润率）= 成本 ×（1 + 加成率）

成本导向定价法又衍生为：成本加成定价法、目标收益定价法及盈亏平衡定价法等几种具体的定价方法。

1. 成本加成定价法

成本加成定价法把所有为生产某种产品而发生的耗费均计入成本的范围，以此计算单位产品的变动成本，合理分摊相应的固定成本，再按一定的目标利润率来决定价格。计算公式如下：

$$P = [(F_c/Q + V_c)(1 + R_p)]/(1 - T_s)$$

其中，P 代表旅游产品价格；Q 代表预计销售量；F_c 代表固定成本；Vc 代表单位变动成本；R_p 代表成本加成率（利润率）；T_s 代表营业税率。

例题 7－1

宏达宾馆客房有500间，全部客房年度固定成本总额为3 000万元，单位变动成本为60元/间·天，预计全年客房出租率为80%，成本利润率为20%，营业税率为5%，求客房的价格。

解：根据所给数据和公式，计算如下：

$P=[30\ 000\ 000\div(500\times365\times80\%)+60]\times(1+20\%)\div(1-5\%)$

$=318.6\div0.95=335.4$（元/间·天）

2. 目标收益定价法

目标收益定价法又称投资收益率定价法，是根据企业的投资总额和预期总销量，确定一个目标收益，作为定价的标准。其中，因为目标利润Pf是企业“必须拥有”的部分，所以是固定成本的一部分。计算公式如下：

$P=[(F_c+P_f)/Q+V_c]/(1-T)$

例题 7－2

悦来餐厅“扬州炒饭”的理想盈利率为30%，预期一个月卖出300份，总成本为2 000元，且每份“鱼香肉丝”的变动成本为3元，目前餐饮市场的营业税率是10%，若下月餐厅希望“扬州炒饭”能收益600元，求“扬州炒饭”的单位价格是多少？

解：根据所给数据和公式，计算如下：

$F_c=2\ 000-300\times3=1\ 100$（元）

$P=[(F_c+P_f)/Q+V_c]/(1-T)=[(1\ 100+600)\div300+3]\div(1-10\%)$

$=10$（元）

当“扬州炒饭”的单位价格达到10元时，悦来餐厅下个月才能实现600元的目标收益。

3. 盈亏平衡定价法

盈亏平衡定价法根据盈亏平衡点原理进行定价。盈亏平衡点又称保本点，是指一定价格水平下，企业的销售收入刚好与同期发生的费用额相等、收支相抵及不盈不亏的销售量，或在一定销售量前提下，使收支相抵的价格。计算公式如下：

$P=(F_C/Q+V_c)/(1-T_s)$

例题 7－3

某海洋公园年度固定成本总额为400万元，其接待每位游客的变动成本为15元，预计年平均游客数量达88 000人次，营业税率是5%，求公园保本时的价格是多少？

解：根据所给数据和公式，计算如下：

$P=(F_C/Q+V_c)/(1-T_s)=(4\ 000\ 000/88\ 000+15)\div(1-5\%)=63.6$（元/人）

根据盈亏平衡定价法确定的旅游价格，是旅游企业的保本价格。低于此价格旅游企业会亏损，高于此价格旅游企业则有盈利；实际售价高出保本价格越多，旅游企业盈利越大。因此，盈亏平衡定价法常用于对旅游企业各种定价方案进行比较和选择的依据。

4. 千分之一法

千分之一法是以整个酒店造价的千分之一作为酒店的房价，这也是某些酒店采用的定价方法。例如某酒店总造价 6 000 万元，有客房 300 间，因此每间客房价格是 200 元(60 000 000 ÷ 300 × 1/1 000)。

5. 赫伯特定价法

赫伯特定价法是以目标收益率为定价的出发点，在已确定计划期各项成本费用及酒店利润指标的前提下，通过计算客房部应承担的营业收入指标，进而确定房价的一种客房定价法。一般来说，新建酒店采用此种方法定价。

成本导向定价法的优点是价格能补偿并满足利润的要求，计算简便，有利于核算；其缺点是脱离实际的市场情况，市场适应性弱，灵活性较低，当出现价格竞争时，企业很可能陷入生存危机。

(二)边际贡献定价法

边际贡献(CM)是企业增加一个产品的销售所获得的收入与所增加的成本的差值，是指这个增加的产品对企业的“固定成本和利润”的贡献。边际贡献定价法又称变动成本定价法，是旅游企业根据单位产品的变动成本来制定产品价格的定价方法。其表现形式有两种:一种是单位边际贡献，公式为:单位产品边际贡献(CM)=单位产品价格(p)-单位产品变动成本(VC);另一种是边际贡献总额，公式为:总边际贡献(TCM)=总销售收入(S)-总变动成本(VC)=单位产品边际贡献(CM)×销售数量(Q)。边际贡献率(CMR)是指边际贡献总额占总销售收入的百分比，或单位边际贡献占销售单价的百分比，公式如下：

$$CMR = TCM/(P \times Q) \times 100\% = (P - VC)/P \times 100\%$$

从公式中可以得出:当 CM(TCM) > 0 时，增加的产品的边际贡献大于固定成本，不仅可补偿固定成本，而且其超过固定成本的部分即为企业的盈利；当 CM(TCM) = 0 时，利润等于零，R = F(R 代表营业收入，F 代表固定成本总额)，边际贡献正好全部补偿固定成本，盈亏平衡，这时的销售数量称为“盈亏平衡点”(BEP)销售额；当 CM(TCM) < 0 时，边际贡献不能全部补偿固定成本，企业亏损。在以下情况也是允许企业边际贡献小于零：

1. 企业主要产品分摊企业固定成本后的新增产品定价；

2. 企业达到保本点后的产品定价；

3. 企业开拓新地区市场的产品定价，即在现有市场的销售收入已能保本并有盈利的情况下，为拓展市场，可对新客户或新设网点的产品按变动成本定价；

4. 企业经营淡季时的定价。

(三)需求导向定价法

需求导向定价法是指企业的定价不以成本为基础，而是以市场需求状况和消费者对产品的感受价值为依据来定价的一种方法，又称顾客导向定价法或市场导向定价法。需求导向定价法可分为认知价值定价法、差异定价法和逆向定价法三种。

1. 认知价值定价法

认知价值定价法也称理解价值定价法，是指企业按照消费者主观上对该产品所理解的价值来定价，关注消费者对产品价值的感知。该方法认为，消费者对各种产品的价值都有心理定位，当他们选购某一产品时常会在多个同类产品间进行比较，权衡相对价值的高低而作出价格评判。产品的形象、性能、质量、服务、品牌、包装和价格等，都是影响消费者对产品的价值和价格认知的要素。只有当产品价格水平与消费者对产品价值的理解至少趋于一致时，消费者才会接受该价格并购买产品，反之，则不会购买。

2. 差别定价法

差别定价的核心是根据需求的不同采用变动的、灵活的定价模式，目的在于满足不同顾客需求的同时，使顾客识别出各种环境下购买旅游产品的价值所在，从而愿意以旅游企业提出的价格购买产品，最终实现企业收入最大化。主要包括以下几种类型：

(1)按购买主体定价。按购买主体定价是指旅游企业根据顾客类型的不同而采取不同的价格，以平衡供给和需求，提高企业收益。旅游企业的顾客可细分为团队顾客、公司客户和散客三个部分。团队顾客和公司客户往往购买量大且有持续性，旅游企业一般以低于散客价的团体优惠价出售产品；对散客市场则一般收取正常价格。

(2)按购买时间定价。按购买时间定价是指旅游企业根据顾客购买旅游产品时间的不同而采取不同的价格，以平衡供给和需求，提高企业收益。按购买时间定价的核心是平衡供给和需求，增加高峰期的收益，提高低谷期的销售，主要包括：

①根据预定时间的长短收取不同的价格，以鼓励消费者提前预定产品，保证销售；

②针对淡、旺季采取季节性差价，平衡供给和需求，提高淡季销售量；

③将一周分为工作日和休息日来制定不同的价格；

④将一天划分为高峰期、平淡期和低谷期等时段，各个时段采取不同的价格。

(3)按购买渠道定价。每家旅游企业都有多种销售渠道和销售方式，销售渠道不同，产品的价格也不同。如酒店的渠道差异化定价主要体现为：

①提前预定和临时购买的区别。一般来说，提前预定使得酒店有更充裕的时间调配客房，减少客房闲置的损失，所以价格相对低于临时购买。

②直接预定和代理预定的定价差别。酒店直接销售的价格无须支付代理费，因此价格要低于代理商销售的价格。酒店在收益管理理念主导下，采用差别定价引导顾客直接向酒店购买产品，实现收益最大化。

3. 逆向定价法

逆向定价法是企业依据消费者能够接受的最终销售价格，逆向推算出中间商的批发价和生产企业的出厂价的定价方法。其主要特点是：产品价格针对性强，反映市场需求情况，有利于加强与中间商的良好关系，保证中间商的正常利润，使产品迅速向市场渗透，并可根据市场供求情况及时调整，定价比较灵活。但是逆向定价法也面临造成产品的质量下降和客户不满，并导致客源减少的危机。

第三节 旅游产品的定价策略

一、新产品价格策略

在新开辟的旅游市场中选择何种价格策略，关系到该市场的进一步开发和发展问题。产品处于不同生命周期阶段其定价策略也是不同的，在产品的导入期，定价尤其具有挑战性。由于是新开辟的旅游市场，在经营项目与营销上具有一定的优势，但存在着投资大，营销成本高、旅游消费者了解甚少和认识价值不一的情况，因而在这种条件下，旅游企业为达到尽快收回投资成本、提高收益的目的，一般可选用声望定价、市场撇脂定价和市场渗透定价策略。

（一）声望定价策略

声望定价策略适用于那些经营时间长、在行业中居于领先地位且名声极好的企业。它是一种利用顾客的求名心理而采用的策略。由于企业在行业中具有极高的声望，旅游者会倾向于认定其产品质量可靠且具有独特之处，因此企业可以依据旅游消费者的信任而制定较高的价格。旅游者会产生“好货不便宜，便宜无好货”的感觉，对产品或零售商形成信任感和安全感，并从中得到荣誉感。

声望定价策略适用于产品质量不易鉴别、购买风险较大的旅游产品，但也只是限于行业中长期为公众认可的企业采用。

（二）撇脂定价策略

撇脂定价是指企业在定价时有目的地将价格定得较高，力求在尽可能短的时期内获取高额利润的一种定价策略。撇脂定价是一种更追求短期利润最大化的定价策略，会在短时间内带来相对较高的边际利润，但同时会吸引竞争者的不断加入，如果处置不当，则会影响企业的长期发展。当新产品具备以下条件时，才可选用撇脂定价法：

1. 市场上消费者的购买力很强、对价格不敏感且消费群数量足够大时，企业采取此方法有厚利可图。

2. 产品具有明显的差别化优势，可替代性产品少。

3. 品牌在市场上影响力已具有足够大的品牌效应。

4. 当有竞争对手加入时，企业有能力转换定价方法，通过提高性价比来提高竞争力。

采用该策略的优点在于：可以利用旅游者求新、求奇、求异的心理，在短期内迅速收回投资并获得丰厚的利润。这有利于企业在新开辟的旅游市场上树立高质量的形象，提高企业的知名度；也有利于企业在价格上掌握主动，一旦将来情况发生变化，降价回旋余地较大。但是也有一些消极后果：价格过高不利于吸引更多的旅游者，市场面较小，具有一定的市场风险，同时由于竞争者的参与，会使市场生命周期缩短。

(三)渗透定价策略

渗透定价策略是利用顾客的求廉心理，以较低价格出售产品，其目的是为了扩大企业产品的市场份额，也称为薄利多销策略。渗透定价法是以“高价”为核心的撇脂定价法相对应的定价方法，其价格并不意味着绝对的便宜，而是相对于价值来讲比较低。渗透定价策略不仅适用于产品导入阶段，也适用于产品生命周期的其他阶段，一般需要满足以下条件：

1. 市场需求呈现价格高度敏感、品牌偏好不明显，需求数量足够大；
2. 生产和分销能力大，销量的快速增加可以实现显著的经济效益；
3. 较低的导入价格能有效防护现存及潜在的竞争者，维持经验效应。

采用这种策略的优点有：低价可以在短时期内实现大批量销售并获得长期稳定的市场地位；微利阻止了竞争者的进入，增强了自身的市场竞争力。

二、心理定价策略

心理定价策略要求旅游经营者在制定产品价格时，不能只考虑消费者的理性分析，更应该关注旅游者的购买心理，利用旅游者的心理特征制定有利于提高利润的价格。心理定价策略主要有：尾数定价策略、整数定价策略、习惯定价策略、声望定价策略和产品线定价策略。

(一)尾数定价策略

尾数定价策略也称非整数定价策略，即给旅游产品制定一个零头数结尾的非整数价格。心理学家的研究表明，消费者习惯上和心理上总是乐于接受尾数为非整数的价格。因为整数价格容易使消费者认为是概括性价格，定价不准确。

(二)整数定价策略

整数定价策略是指旅游企业在定价时，采用合零凑数的方法，制定整数价格。整数定价法则认为消费者，尤其是高消费水平的旅游者往往将整数价格看作高质量的表现。一般来说，豪华旅游团报价和高星级饭店价格通常采用这种策略。

(三)习惯定价策略

某些产品可能在市场上已经形成了一个习惯价格，购买该产品的旅游者已经习惯这种价格，不愿意接受其他任何一种价格。如果产品价格高于这一价格，旅游者会认为不值；如果产品价格低于这一价格，旅游者又会认为生产商降低了产品的质量。对于这类产品的定价，一般应按习惯进行，不宜随便改动。

(四)产品线定价策略

产品线定价策略指由一系列功能相近但档次不同的产品构成产品线，根据产品的档次制定几个不同的价格水平，使价格水平的差异符合目标市场的认知。由于“价格线”会非常明确地向目标市场显示产品档次的差别，因此，制定价格线时应充分考虑几种价格水平之间的搭配，以不同的价格水平反映旅游者需要的差异和产品差异。但价格差别过大或过小都不利于产品的销售。

三、折扣定价策略

折扣是用适量的价格损失来换取两个目标的实现：一是促进产品的生产和消费，形成规模优势；二是鼓励提前付款、大量购买和淡季消费。折扣定价可以表现为六中方法：数量折扣、现金折扣、贸易折扣、季节折扣、促销折让及回扣。

(一)数量折扣

企业给大量购买某种产品的消费者的一种减价，以鼓励他们购买更多的产品；累计数量折扣：在一特定时期内对消费者累计购买总量提供的价格折扣，其目的是加强顾客忠诚；非累计数量折扣是对某一笔购买而非特定时期内总购买量提供的价格折扣，它的目的是鼓励大额购买。

(二)现金折扣

在允许延期付款的情况下，为了鼓励消费者、旅游中间商尽快付款而提供的价格减让。现金折扣可以使企业尽快回收货款，加速资金周转，使企业节省管理费用和财务费用，并且可以避免坏账。使用现金折扣时应考虑三个因素：折扣比例大小、给予折扣的时间限制和付清全部货款的期限。贸易折扣是旅游企业给予分销渠道中间商的一种价格补偿。以鼓励中间商帮助企业履行某项经营职能。这种补偿通常是按照基本价格的一定百分比计算的，折扣比例大小因分销渠道的不同而存在很大的差异，这主要取决于中间商对工作的完成情况。

(三)季节折扣

季节折扣是对在淡季购买旅游产品的消费者提供的价格减让，以调节旅游淡旺季消费的不平衡，使企业最大限度地利用闲置设备和资源，增加收入。促销折让是给予促销企业产品的经销商的报酬。它既是一种定价工具，也是一种促销手段。作为定价工具，促销折让类似于贸易折扣。例如，零售商如果愿意为旅游企业的产品做广告，企业可能支付一半的费用；若举办专门的展示会，企业将在零售商的下次购买中提供一定数量的免费产品。

(四)回扣

回扣是在特定时期内对产品购买提供的现金返还。与为了刺激需求的简单价格减让相比，回扣的优势在于它只是一种临时性的刺激措施，回扣可以随时取消而不改变基本价格结构。短期内使用简单价格折让的企业，在试图把价格恢复到原来的较高水平时可能会遇到阻力。

四、招徕定价策略

(一)特殊事件的促销定价

企业在某些季节和节日，或为配合企业在某一地区的促销活动，降低产品价格，吸引消费者。企业采取这种方法一般需有广告宣传和其他促销手段的运用，并把握好产品销售的市场时机。

(二)关系定价

关系定价是一种针对旅游企业与顾客之间有长期持续交换关系的定价策略。这种策略重视与顾客保持长期、稳定的良好关系，力求顾客永久消费自己企业的产品和服务。关系定价强调利益驱使的定价哲学，在分析一定时期中存在可观潜在利润的基础上，允许企业为了战略和战术目的，在合适的时间使用亏损引导、竞争性降价和边际成本定价等定价方式，以维护与消费者长期的购销关系，使顾客最终成为企业的忠实消费者，从而使企业获取长期利润。

五、区分需求价格策略

该策略是以不同市场或同一市场不同消费层次的具体情况实施不同的市场价格，以获得良好的经济效益。这种定价方法以不同时间、地点、消费形式和消费者需求强度等方面的差异作为定价的基本依据，针对各种差异来决定在基础价格上提升或者让利。按定价依据的不同，差异定价法主要有以下几种形式。

(一)地理差异定价

旅游产品的不可转移性决定了不同位置的产品所体现出的产品价值是不相同的，如饭店客房的朝向、方位等，营销人员可以利用价格对此进行调节，以平衡市场供求。同时，市场的各个不同时空区域所代表的消费者进入的便利程度也是不同的，便利性作为一种评价产品效用的因素得到消费者的承认。因此，以地理位置差异为基础的差异定价便在情理之中。例如，市中心娱乐城产品价格，要远高于城乡结合部娱乐城的产品价格。

(二)时间差异

旅游产品的易消失性使产品销售的淡、旺季需求非常明显。旅游企业为了进行客源量的平衡，对于不同季节、不同时期甚至不同钟点的产品分别制定不同的价格。这种对同样的产品制定不同的时间差价对旅游行业而言是很容易为消费者所接受的。例如饭店、景点、交通运输业的淡、旺季价格的制定。

(三)服务差异定价

那些带有明显优势、特色突出、效用显著的服务的产品，往往会产生比其他具有同样成本的产品更为旺盛的需求。例如，名厨料理、优秀导游讲解等，价格相应是提高的。

(四)消费者差异定价

由于消费者在职业、阶层、年龄等客观因素和对产品需求的主观紧迫程度方面普遍存在差异，所以企业可给予特定细分市场相应的优惠或提价。例如，公园对老年人的优惠门票。铁路部门对学生的优惠车票等，可使企业获得良好的促销和市场拓展效果。

第四节 旅游产品价格调整

旅游产品价格调整是指旅游企业在原来价格的基础上调低或调高。旅游企业在不断变化的市场经营环境中为求得生存和发展，有时须主动降价，有时须主动提价，有时又必须对竞争者的价格调整做出正确的反应。

一、价格变动的环境分析

产品价格的变动，必然会引起旅游者、竞争者和经营者不同程度的反应，使市场发生变化。

(一)旅游者的反应

旅游者改变他们原来购买旅游产品的种类和数量。一般情况下，当某种产品的价格发生变化时，由于旅游者受到各种主客观预计的限制，使他们很难正确理解旅游产品价格的调整变化。所以，当一些旅游产品调低价格后，本来应该刺激旅游者大量、重复购买，结果却有相当部分旅游者作出相反的反应，反而减少购买。这种心理反应主要包括:认为旅游产品降价是由于品质下降造成;旅游产品过时，将有新的替代产品出现;降价幅度仍然不够;旅游企业财务困难经营前景困难等。当一些旅游产品价格调高时，本来应该能够抑止一些旅游者的需求，减少购买，结果却发现一些旅游者反而积极购买。这种心理反应主要有:旅游产品畅销才提价，不抓紧时间买就买不到了;提价幅度还不够，尽早买以防将来付出更高代价;产品质量和功能提高才提价，早买肯定不吃亏。

(二)竞争者的反应

经营者在调低旅游产品价格时，竞争者的反应主要有以下几种选择:(1)价格不变，用非价格竞争进行回击，如改进旅游产品的质量、服务等;(2)降低价格，通过价格竞争的利器进行反击。因此，旅游企业在调整价格时，必须善于利用各种信息来源，力求掌握竞争者可能作出的反应，以便及时采取进一步的对策。

二、主动调价

在市场营销过程中，由于内部环境的变化而要求旅游企业调整其价格。这是旅游企业需要决策是否充当价格调整的发动者，即主动进行降价或提价。

降价的原因主要有以下几种：

(1)旅游企业需要扩大销售，而通过其他营销策略来扩大的余地很小。

(2)在强大的竞争压力下，旅游企业的市场份额下降;旅游企业的成本低于竞争者，存在降价的空间。

(3)由于技术进步原因而使企业市场成本大大降低;旅游产品的销售进入淡季。

(4)生产能力过剩，企业又无法通过其他的措施增加销售时，企业可以通过降低价格消化过剩的生产能力。

(5)本企业的成本费用比竞争对手低，通过降低产品的价格可以掌握市场或者提高市场占有率。

提价的原因主要有以下几种：

(1)宏观经济环境和政府政策变动。当出现通货膨胀时，导致物价上涨和旅游企业成本上升时，旅游企业趋于提高产品的价格。

(2)旅游产品的销售进入旺季。受旅游资源的季节性和旅游者旅行时间的季节性影响，旅游产品在一定时期内的价格会有所提高。

(3)特定的营销目的。

影响旅游企业调整价格的因素既有宏观的也有微观的，旅游企业只有在充分考虑并分析这些因素的基础上，才能做出符合实际并有科学依据的价格调整策略。

三、价格调整策略

旅游产品价格调整一方面要尽量反映内外条件的变化，另一方面还必须考虑旅游者对调价的反应，科学运用旅游产品调价策略。

(一)降价策略

旅游企业采取降价措施时，应注意降价的幅度、频率和降价时机的选择。

1. 降价幅度要适宜

降幅过小，不能引起旅游者的注意和兴趣，起不到降价的效果;降幅过大，则会引起旅游者对旅游产品质量的疑虑，同样达不到降价的目的。因此，旅游者对降价客观存在一个知觉“阈值”，旅游企业降价应在此阈值范围内。根据经验，旅游者对降价在10%~30%能够正常知觉和理解。

2. 降价不宜过于频繁

为避免对于旅游产品价格降幅把握不准而进行多次降价，必须保持降价后的相对稳定。否则，容易使旅游者产生不信任的心理效应。

3. 准确选择降价时机

当流行旅游产品流行高峰一过就要马上采取降价策略，否则，失去时机后即使降价也难于收到预期效果;当季节性旅游产品时间一过就应立即采取降价措施;对于一般性的旅游产品其降价的最佳时机是在进入成熟期后的高峰临近时，此时旅游者对旅游产品的评价尚高，降价有可能刺激需求，延长成熟期。

（二）提价策略

对于旅游者来说无论什么原因的提价总是不利的，因此必须注意旅游者的心理反应，采取合适的提价策略。

1. 对于因成本上升而造成的提价，要尽量降低提价幅度，同时，努力改善经营管理，减少费用开支。

2. 对于供不应求而造成的提价，要在充分考虑旅游者承受能力的前提下，适当提价，切忌哄抬价格招致旅游者抱怨。

3. 属于国家政策调整而提高旅游产品价格，要多做宣传解释，以消除旅游者不满，并积极开发替代产品以更好满足旅游者的需求。

4. 经营者为获取更多利益而提高旅游产品价格，要搞好旅游服务，改善旅游环境，增加服务项目，靠良好的声誉满足需求。

思考与练习：

1. 旅游产品定价的影响因素是什么？

2. 旅游企业产品定价是在哪三种导向下进行？

3. 新旅游产品应如何制定价格？

4. 旅游企业应如何进行价格变动的环境分析，采取的价格调整策略是什么？

5. 某酒店有客房1 000间，所有客房年成本为7 000万元，每间客房变动成本为60元/间·天。若酒店预计下一年的客房出租率为80%，营业税率为5%。

（1）客房价格至少达多少酒店才不会亏损？

（2）每间客房应该定价多少才能实现50%的年利润？

（3）若酒店预计下半年的年收益达6 000万元，房间应为多少？

案例：

声望的标志

香港的中艺公司是在香港经营中国旅游工艺品和服装的公司，因经营有方而发展迅速。其主要经验之一，就是采取声望定价策略。公司将少量商品定特高价格，以吸引世界各地来港的豪商巨富、名流显贵。他们曾将一块金表定价260万港元，在香港轰动一时。一些国家的总统、总理、国王、皇后也常常来店光顾，以至有“工艺精品，集中中艺”之说，使中艺公司得益甚多。

印度尼西亚也出现过类似的情况。在旅游纪念品市场上，印尼妇女制作的“巴厘克”久负盛名，颇受欢迎。一位印尼商人就把“巴厘克”带到日本推销，举办了一次轰动一时的“巴厘克”时装表演，许多贵妇人光临欣赏，对之大加赞赏，但竟无一人购买。后来，一位日本销售专家揭开谜底，原来是定价太低，上层人士认为购买后有失身份。不久，印尼商人提价到原来的4倍，使“巴厘克”被一抢而空。

资料来源：冯冬莲等. 旅游营销. 武汉：湖北人民出版社，2000

【案例讨论题】

1. 声望定价适用的是哪类消费者？

2. 企业在采取声望定价时应选用什么样的产品比较容易成功？

3. 目前，企业采取声望定价获得成功的产品有哪些？请例举2－3个事例。

第八章 旅游营销渠道策略

本章主要内容

- 旅游营销渠道的概念、类型和作用
- 中间商的类型、作用以及选择中间商的原则
- 旅游营销渠道的管理内容和发展趋势

*

“博爱之旅”和“和平之旅”

2005年，在连战、宋楚瑜大陆之行后，宝岛内掀起了新一轮的赴大陆旅游热，为此，南京市旅游部门专门推出了“连宋行——大陆之旅”的旅游线路。

“连宋行——大陆之旅”分为长短两条旅游线路，即“连宋行——博爱之旅”和“连宋行——和平之旅”。其中“博爱之旅”的线路为“连宋”在南京一地的行程，游客不仅能游览中山陵、夫子庙、明孝陵等景点，还能免费品尝秦淮小吃，费用较低。“和平之旅”的线路则包括上海、北京、西安、长沙和南京五个城市，价格较高。

第一节 旅游营销渠道概述

旅游产品的生产过程是旅游市场营销活动的基础和前提。旅游产品必须通过一定的市场营销渠道，经过营销分配，才能在适当的时间、适当的地点、以适当的方式提供给旅游目标市场，从而满足旅游者的需要，实现旅游企业的市场营销目标。

一、旅游产品分销渠道的概念

旅游市场营销渠道即分销和获取产品的途径，或指旅游供应商将旅游产品转移至最终消费者手中的途径。但是，物质产品可以运送到消费者手中，而绝大多数的旅游产品

则需要顾客前来消费。

旅游产品分销渠道是指某种旅游产品从旅游企业向旅游消费者转移过程中所经过的环节连接起来而形成的通道。分销渠道的起点是旅游产品供应商，终点是旅游产品消费者，中间环节主要有旅游经销商和旅游代理商、批发商、零售商、其他中介组织和个人等。

二、旅游产品分销渠道的类型

旅游产品分销渠道可以由渠道级数来描述，每个在将旅游产品向最终消费者转移的过程中承担一定工作的中间机构，就是一个渠道级，由于旅游企业和最终消费者都承担了一些工作，所以，他们都是渠道的组成部分。旅游市场、旅游企业、旅游中间商和旅游者等受多种因素的影响，旅游产品分销渠道形成了多种形态，即使同一种旅游产品，也可通过不同的分销渠道进行销售，旅游企业管理者必须了解分销渠道的各种类型，以便进行营销渠道的决策。

(一)直接分销渠道与间接分销渠道

按有无中间环节，旅游产品分销渠道可分为直接渠道和间接渠道。

1. 直接渠道

在旅游产品从旅游企业向旅游消费者转移的过程中，无任何中间商加入而由该产品的生产者或提供者向旅游消费者直接销售，就形成为直接渠道。比如，旅游景点、酒店、娱乐场所直接向前来的顾客出售其产品。

直接渠道的特点是:旅游产品的生产者同时为该产品的销售者，使产销合一。直接渠道的优点:一是旅游产品生产者与顾客直接接触，使生产者能及时、准确和全面地了解顾客意见和要求;二是旅游产品生产者可直接面向顾客进行宣传，加深顾客的感受和体验，有利于加强产品的口碑效应。

当然，直接渠道在市场范围的拓展上，还需要增加更多的投入，包括人员和设施等。

2. 间接渠道

在旅游产品从旅游企业向消费者转移的过程中，由中间商居间向旅游消费者销售，就形成为间接渠道。比如，通过旅行社出售旅游产品，便是最典型的一种间接渠道。

间接渠道的特点是:旅游产品的销售者，并非该产品的生产者，而是该产品生产者以外的其他中介者，即所谓的产销分离。间接渠道的优点:一是可以充分利用中间商所具有的集中、平衡和扩散功能，扩大旅游产品销售的市场覆盖边界;二是可以节省销售投入，包括人员、机构和费用;三是可以与中间商协同进行市场分析、产品研发和市场拓展，增强销售能力。

然而，旅游产品生产企业将有一定比例的利润要分割给完成该产品销售的旅游中间商，由此往往造成价格抬高或产品量减质降。

（二）渠道长度与宽度

在旅游营销渠道中，人们常常会听到“渠道长度”和“渠道宽度”等术语。旅游产品分销渠道的长与短，通常是指旅游产品从旅游供应向最终消费者转移过程中所经过中间环节的多少。所经中间环节或层次愈多，销售渠道就愈长。假定我国某旅游地饭店大部分住宿产品的销售都是经由国外旅游者→当地旅行社→我国旅行社→该饭店层层预定来实现的，那么这一多层的销售（或购买）过程便是较长的渠道。反之，如果在旅游企业销售（或顾客购买）其产品的过程所经的中间环节愈少，则销售渠道愈短。显然，最短的销售渠道是旅游企业不经任何中间环节直接向旅游者出售其产品，即所谓的直接销售，简称直销。

所谓营销渠道的宽度通常是指一个旅游企业其销售渠道及产品销售网点的数目和分布格局。其中,既涉及经销或代销其产品的中间商的数目，也涉及本企业和中间商面向市场所设销售网点的数目及其分布的合理程度。如果一个旅游企业的销售渠道系统中，经销和代销其产品的中间商很多，并且本企业和中间商根据方便顾客购买的原则在各自目标市场区域内设置了足够数量的销售点，则该旅游企业销售渠道的宽度就很大。反之，如果经销和代销其产品的中间商不多，并且在目标市场区域内所设的销售点也很少，那么该旅游企业销售渠道便属于较窄的渠道。

产品销售渠道长与短、宽与窄的适宜程度不能一概而论，需要视具体企业、具体产品和具体目标市场的情况而定。

（三）单渠道与多渠道

根据旅游产品生产者采用营销渠道的类型，旅游营销渠道又可分为单渠道和多渠道。单渠道是指旅游产品生产者采用的渠道类型比较单一，如所有产品全部由自己直接销售或全部交给批发商经销。有时候，旅游产品生产者根据不同层次或地区旅游者的不同情况采用不同的销售渠道。如在本地区采用直接渠道，对外地采用间接渠道，或同时采用长渠道和短渠道，这些都称为多渠道。一般情况下，作为旅游产品生产者的旅游企业如果规模较小或经营能力较强，可采用单渠道销售旅游产品；反之，则可采用多渠道，以便扩大旅游产品的销售覆盖面。

三、旅游营销渠道的功能

旅游营销系统具有两大功能：①拓展远离旅游产品生产者和传递地点以外的销售点的数量；②在旅游产品生产之前实现购买。具体来说，旅游营销渠道的各环节应具有以下主要功能。

（1）提供销售点和便利的顾客可达性。其中包括为临时购买或提前预定做准备。

（2）信息功能。一方面分发宣传册等产品信息以供顾客选择，另一方面搜集关于市场环境的市场调研和情报信息。

（3）促销功能。建立与顾客的交流，协助补充旅游产品提供者的促销活动。

(4)接触功能。搜寻预期购买者并与其沟通，为其提供建议和购买帮助，如提供产品知识。

(5)匹配功能。适当改变产品以使其符合购买者的需求，包括分类组装和组团等功能。

(6)协商功能。通过与顾客协商，在价格和产品买卖等其他方面达成共识，从而使产品所有权或使用权转移。

(7)财务功能。接受销售收入并将其转移给旅游产品经营主体。这一过程包括获取和利用资金弥补渠道工作成本。

(8)辅助性服务功能。有时需提供的保险、防疫建议和护照办理等辅助性服务。

(9)反馈功能。接收和协助处理顾客投诉等。

(10)风险职能。营销渠道成员尤其是旅游经销商承担开展营销活动的有关风险。

第二节　旅游中间商

一、旅游中间商的类型

旅游中间商是指介于旅游产品生产者与旅游者之间，从事经营旅游企业产品的、具有法人资格的经济组织或个人。由于旅游中间商在旅游市场营销中的作用不同，旅游生产企业与这些中介组织和个人的责权利关系不同，因而旅游中间商的类型也呈多样化。

(一)旅游经销商

旅游经销商是指主要从事旅游产品的转售——为旅游产品生产商经销产品，它可以分为旅游批发商和旅游零售商。

1. 旅游批发商

旅游批发商通常是指从事团体包价旅游批发业务的旅游公司和旅游社。或者说是从事旅游产品批发的旅游(集团)公司，它大批量的购买涉及旅游产品的构成要素，如交通、饭店客房、目的地旅游企业的旅游项目等，将之组合成各种各样的包价旅游线路或包价度假、会展产品，然后批发给代理商或零售商，自己并不直接向公众出售自己组合的旅游产品。旅游批发商没有自己的零售网点，往往规模较大，数量较少。

旅游批发商不同于一般的中间商，在营销渠道中，其力量更强，作用更大，资金投入更多，同时承担更大的风险。因此，成为旅游批发商要具备一定的条件，主要有:①有满足各种经营需要的充足的资金;②有自身直接控制或可以依赖的组织严密、范围广大的销售网络;③有丰富的专业经营或营销经验;④在所处的旅游市场上具有良好的形象和声誉。

2. 旅游零售商

旅游零售商是指直接面向广大公众从事旅游零售业务的中间商，它从旅游产品生产企业或旅游产品批发商处以批发价格购买旅游产品，再以零售价格出售给旅游者。旅游产品零售商是旅游产品分销渠道的最终环节，直接联系消费者，一般规模较小，数量多。旅游零售商在营销渠道中的主要作用，一是影响消费者的选择决策；二是传播旅游产品销售信息；三是便利旅游消费者。

3. 旅游代理商

旅游代理商是指接受旅游产品生产者或供应者的委托，在一定区域内代理销售其产品的旅游中间商。旅游代理商的主要职能是在允许的区域内代理旅游企业，向旅游者或旅游经销商销售旅游产品和提供有关信息等，如代理饭店接受预定、宣传饭店的产品、向旅游者提供饭店的信息。其主要收入来自于被代理企业支付的手续费或者佣金。当旅游企业需要在某一地区开拓市场或客源集中于某一地区而又无法直接进行营销活动时，可以借助于旅游代理商的营销资源优势寻求市场机会，通过向旅游代理商提供有关资料来扩大销售。

旅游代理商在旅游者选择某一项旅游产品和某一旅游目的地的决策中起到很大的作用，因而旅游产品的生产者要为旅游代理商提供相应的支持性服务。如邀请代理商参加熟悉业务旅行，通过各种旅游代理商杂志开展以旅游代理商为目标的促销活动，提供免费拨打的预定电话，快速处理佣金支付问题等。

（二）旅行社

旅行社是指有营利目的，从事旅游业务的企业。旅游业务包括：为旅游者代办出境、入境和签证手续，招徕、接待旅游者，为旅游者安排食宿等有偿服务的经营活动。

（三）特殊旅游中介

特殊旅游中介是指介于旅游产品供给者与需求者之间，对旅游产品销售的时间、地点、方式等具有影响作用的结构或个人。它包括工会、对外交流机构、会议组织者、宾馆销售代表、航空、铁路公司或旅游宾馆及各种协会和俱乐部。通常，这些特殊旅游中介的业务大多都与旅行社发生不同程度的联系。

（四）预定系统

游客因某种旅游消费需求在未进行实际旅游消费之前预先向旅游企业发出对特定旅游产品的具体购买要约，称为“预定”。预定的相关方包括游客、旅游零售商、旅游代理商和旅游产品生产商，具体涉及客商之间发出预定要约、报价、协议、确认、接收、订单、接待、结算等功能要素，并由此而组成相互联系、相互作用的具有特定营销功能的有机集合体。它需要依托一定的介质、技术和载体，这就构成预定系统，预定系统流程包括：

1. 取得优惠价格协议。旅游零售商或旅游代理商在某一地区与若干旅游产品生产商签订旅游产品批发价格协议，取得比较优惠的价格，并参照市价，制定本企业的价格优惠策略，向游客推销旅游产品。

2. 接受游客订购。当游客预定某种旅游产品时，旅游零售商或旅游代理商便向游客推荐符合游客需求的旅游产品；在得到游客的确认许可后，完成订单。

3. 向旅游产品生产商预定并确认。旅游零售商或旅游代理商根据游客的具体要求，向相关旅游产品生产商按照协议价格预定旅游产品；在旅游产品生产商确认该定单生效后，向客人转发预定生效信息。如旅游产品生产商拒绝接受预定，旅游零售商或旅游代理商则应回复客人第一次预定无效，并向客人推荐其他旅游产品。在得到客人确认需要另行预定后，再进行第二次预定。如此往复，直到客人满意办好预定。

4. 检查客人是否如期进行旅游消费，做好各种善后服务，并定期统计、核对和结算。

二、旅游中间商的作用

旅游中间商的存在是社会分工和市场经济发展的必然要求，它可以解决生产和消费在时间、空间、数量等方面的矛盾，并可以节约社会劳动、降低产品成本、提高劳动效率及经济效益，在旅游产品流通过程中有不可或缺的作用。

1. 减少交易次数、节省时间和人力，降低费用。

2. 组合旅游产品，满足旅游者的综合性需求。

3. 集中、平衡和扩散旅游产品的功能。

4. 联系供需双方，促进信息沟通。

第三节 旅游营销渠道的选择

一、选择营销渠道的基本原则

作为市场营销工作的重要组成部分，销售渠道的选择同市场营销的基本观念一样，也是实行消费者导向和经济效益导向同时并举的原则。

（一）消费者导向原则

消费者导向主要是指方便顾客购买。生产符合市场需求的旅游产品、制定能够并乐于为市场所接受的产品价格以及有效地开展旅游营销工作，无疑在营销工作中都是十分重要的。但是即使这些方面的营销工作都做的很好，而在销售渠道方面忽视了消费者的需求，那么这些营销工作的最终效果便会大打折扣。旅游业的经营实践表明，有些旅游企业乃至旅游目的地经营效果欠佳并非因其产品本身存在问题，也不是因其产品价格不具有竞争力或者对市场缺乏了解，而是因为消费者难以在方便的时间和方便的地点顺利地购买这些产品。我们知道，当今的旅游业是一个竞争激烈的行业，很多旅游企业乃至旅游目的地都在提供同类的产品，这些产品无疑成了彼此相互替代性很强的产品。在其他方面相同的情况下，如果在便利消费者购买方面落后于竞争者，则势将被竞争者的产品所取代。所以，能否便利消费者购买也就成了选择旅游产品的营销渠道时必须考虑和遵循的一项基本原则。

（二）经济效益导向原则

为旅游产品选择营销渠道时，除了要考虑上述有效性之外，还要考虑组建和维持使用这些渠道的成本效益。正如一些西方学者所指出的那样，一个旅游企业或某的地产品的“销售渠道并非是随便形成的，而是旅游产品生产者经过认真计划而开辟和组建的，并且需要以营销人员的巡访、提供文件资料和宣传品、建立计算机网以及其他方式经常性地加以维持”。这意味着销售渠道的开辟和维持需要支付一定的费用。

如果旅游企业自身的经济实力不足以支付开辟和维持某一营销渠道所需的费用，则这一渠道显然不具有选择意义。问题是面对众多可供选择的营销渠道应如何去遵循经济的原则进行选择。如果某一销售渠道所带来的销售收入不能补偿其维持费用，则这一渠道无疑是不经济的渠道。若某一销售渠道所带来的销售收入虽能补偿其维持费用，但扣除成本之后所剩无几，则这一渠道同样也是不值得选择的。只有那些不但能够带来一定的销售收入，而且在扣除其维持费用之后能够使本企业的经营利润得以增加的销售渠道，才是值得考虑选取的渠道。这便是选择营销渠道时应遵循的经济效益原则。

总之，方便顾客购买的原则和经济效益原则是市场营销导向在销售渠道选择工作中的具体体现。前者着重反映的是其在竞争条件下的必要性，后者主要反映的是选择渠道的可行性。实际上，这两个方面不仅是选择营销渠道的基本原则，而且可以进一步演化出衡量旅游产品营销渠道优劣的主要标准，即高效率和低费用。

二、影响旅游营销渠道选择的因素

旅游产品生产者或提供者在选择营销渠道时，必须对所面临的各种环境因素，包括外部环境因素和内部环境因素进行综合考虑。一般来说，影响旅游企业营销渠道选择的因素主要有以下几个方面。

（一）市场因素

旅游市场因素对旅游营销渠道选择的影响主要体现在市场容量和旅游者的购买量、购买频率、市场区域的范围、旅游者的集中程度和旅游者购买习惯等四个方面。

1. 市场容量和顾客的购买量、购买频率。对于市场容量大、购买量较少、购买频率较高的产品，应选择较宽、较长的渠道，以扩大销售面；而对于市场容量大、单次购买量也大、购买频率较低的产品，则可采取窄渠道、短渠道和直接销售渠道，以减少流通环节和流通费用，加快资金周转速度。

2. 市场区域的范围。产品销售的市场区域范围越大，则销售渠道就越长、越宽。这是因为当地旅游中间商对本地旅游者的需求和有关特征更为了解，便于推销工作的开展，推销效率较高。此外，实际营销费用和成本也可能明显低于直接销售。如果产品的市场范围很小或只在当地销售，那么最好选择直接销售。这是因为目标市场潜在旅游者对该项旅游产品并不生疏，直接前往购买也不感到困难。

3. 旅游者的集中程度。如果旅游者的集中度高，则销售效率相对较高，宜选择较短、较窄的渠道；若旅游者较为分散，则宜选择较长、较宽的营销渠道。

4. 旅游者的购买习惯。在选择营销渠道的过程中，不可忽视目标市场旅游者的购买习惯。如果他们喜欢直接购买，应以直接销售渠道为主；如果他们非常信赖当地的旅游零售商，那就应该充分发挥旅游零售商的作用。此外，旅游产品的季节性对销售渠道也有一定的影响。

通常情况下，旅游企业应与同类竞争者采用相同或相似的渠道。但如果竞争者已经控制了某些营销渠道，企业就应另僻蹊径，避开竞争对手进行营销。

（二）旅游企业自身因素

旅游企业的信誉与资金、规模、经营能力、服务能力和控制能力对旅游营销渠道的选择有重大影响。

1. 企业信誉与资金。通常企业的信誉越好，资金越雄厚，就越有条件自主选择各种销售渠道，甚至可以建立自己的营销网络体系，不需要借助中间商的力量；反之，一些知名度较低且资金紧张的中小企业，则必需依赖中间商提供各种销售服务。

2. 企业的规模。大型旅游企业组织接待能力强，赢利目标要求的销量也较大，为此，这些企业有必要寻找和建立较宽、较长的销售渠道，以尽可能多地招徕旅游者。中小型旅游企业则相反，赢利所需的客源量不大，潜在旅游者又相对集中，如采用长而宽的销售渠道，既增加销售成本，又无效率可言，故而应以直接销售为主。

3. 企业的经营能力。如果企业自身有足够的销售能力，或者有丰富的销售经验，就可以少用或不用中间商；反之，若企业的销售能力小，就要依靠批发商或零售商来帮助推销产品。

4. 企业的服务能力。若生产企业有较强的销售能力，能够为最终消费者或用户提供更多的服务，可以选择较短的销售渠道。

5. 企业的控制能力。企业要更有效地控制销售渠道，应选择较强的销售渠道。

（三）旅游产品因素

旅游产品因素在其性质与种类、档次与等级两个方面影响和制约着旅游营销渠道的选择。在旅游产品的性质与种类方面，一般来说，像餐厅、景点、旅游汽车公司等企业，主要采取直接销售渠道，像度假饭店、包机公司、游船等企业，尤其是经营跨国旅游业务的旅游企业，往往选择间接销售渠道来开展营销活动。在旅游产品的档次与等级方面，档次较低的大众旅游产品的购买者多，市场面广，特别是异地旅游产品大多是“第一次消费”和“一次性消费”，产品和旅游者联系比较松散，因此，大众化的旅游产品宜采用长而宽的销售渠道；高档次旅游产品购买者少，且其中回头客占有很大比例，产品与顾客联系较为紧密，因而，价格贵的豪华旅游产品或某些特种旅游产品选择短而窄的销售渠道，另外，处于生命周期不同阶段的旅游产品也应该采用不同的营销渠道，如处于投入期的新产品常采用短而窄的销售渠道。

（四）宏观环境因素

宏观环境因素主要包括人口状况、经济水平、政治状况、法律状况，自然条件、技术条件等，它们会影响旅游企业的营销情趣到决策，如果经济不景气时，市场需求不足，旅游企业为节约成本，往往减少渠道环节；经济环境良好时则可适当增加营销渠道，以扩大供给面。自然环境的影响主要表现为产品的地理区位及可进入性方面。若旅游企业或产品所处区位好，可进入性强，则可采用短渠道，反之则宜利用中间商销售。

（五）中间商因素

旅游产品生产者能否找到理想的旅游中间商，这是选择营销渠道时所要考虑的重要问题。理想的旅游中间商能为旅游购买者带来便捷，所承担的营销职能与生产者的需求相符，熟悉生产者所提供的旅游产品，在目标市场旅游者心目中形象较佳，合作意愿强，营销能力达到生产者的期望，费用适中。旅游产品的生产者如一时难以找到理想的中间商，则不得不采取直接营销渠道。

三、旅游产品营销渠道的选择策略

营销渠道的选择策略是指根据选择原则和有关影响因素进行营销渠道决策的考虑。旅游产品销售渠道的选择策略可归纳如下：

1. 直接销售渠道与间接销售渠道策略

对于直接销售渠道或间接销售渠道的选择，这一问题的回答取决于很多因素，如产品因素、市场因素，但关键还要看经济效果因素，这包括利用中间商的销售量或销售额、建立与维护渠道所支出的营销费用两个方面。企业要把间接销售的经济效果与直接销售的经济效果进行比较，再做出选择。但在实际工作中，由于旅游产品是组合配套产品，具有不可储存性和时效性，面对的目标市场范围较广，目标顾客数量众多且分散，因此，旅游企业通常会采用两种渠道策略并存的方式来销售旅游产品。

2. 长渠道与短渠道策略

旅游产品的供给在选择渠道策略时，要考虑产品、市场及供给者本身的因素，一般当旅游产品的供给者有较强的营销能力和经济实力，有控制渠道的强烈愿望，地理位置接近市场中心，营销实力较强，推销经验丰富，旅游产品季节性强，知名度高，或找不到适当的中间商时，有必要减少渠道环节，采用较短的渠道；反之，则选择较长的渠道。此外，还应从经济效益上对渠道的长短进行比较，看哪一种策略实施起来经济效益最好。

3. 渠道覆盖能力选择策略

营销渠道长度设定之后，旅游企业还应对每个环节中间商的数量，即渠道覆盖能力进行选择，这实际上是确定渠道的宽度，一般有密集型营销、选择型营销和独立营销三种策略。

(1)密集型营销。密集型营销广泛而不受任何限制地选择旅游中间商加入分销本企业旅游产品的行列。密集型营销的优点在于，市场覆盖面广，灵活性强，旅游者购买旅游产品较为方便，而且一般不会受到某一旅游中间商经营失利的严重影响，因此，广泛性分销比较适合大众化的产品。在主要目标市场采用密集型营销，效果往往更为明显。

但在实际工作中，要注意三个方面：①旅游产品生产企业与中间商的关系较为松散，与中间商的合作不固定，会不断变化；②中间商销售企业的产品不专一，不愿承担任何宣传促销费用；③渠道成员较为复杂，生产者不易控制渠道，个别渠道成员的服务质量下降可能会影响生产企业的形象。

(2)选择型营销。选择型营销是指旅游企业只选择那些素质高、营销能力强的中间商销售其产品。这种策略介于独家营销和密集营销之间，比较适合于价格较高，或数量有限的旅游产品，因为它要求中间商有较强的销售能力，并具备相应的专业知识，能给消费者提供针对性服务。

(3)独家营销。独家营销是指旅游企业在一定时间、一定市场区域内只选择一家中间商销售其产品，授予该中间商独家经营权。这种策略的优点是：生产企业和中间商关系密切，由于产品的销售情况直接关系中间商的利益，因此中间商对产品的销售尽心尽力。不足之处是：生产企业对中间商的依赖性较大，若中间商出现问题，会影响产品在中间商所在地区整个市场的销售，在一个地区仅设一家中间商，可能会失去很多潜在顾客。

第四节　旅游营销渠道的管理

旅游企业考察完可供选择的渠道策略并选定渠道策略后，企业还需完成一系列管理工作，包括对各类中间商的具体选择和激励各渠道成员、评估、以及根据情况变化调整渠道方案和协调渠道成员的关系。

一、渠道成员选择

从旅游产品生产者的角度来看，评估和选择旅游中间商的主要依据是：第一，经营能力。旅游企业的整体实力、资金和经营规模，人员整体素质要求及知名度。第二。营销意识：对自己经营状况的熟悉程度，对当地市场的熟悉程度，对市场推广的态度，对下游客户的服务程度。第三。市场能力评估，下设层次，稳定的服务能力所能覆盖的区域，现经营品牌的市场表现，与重点客户的交易情况。第四。管理能力：管理水平、资金管理、人员管理。第五。口碑如何。第六，合作意愿是否强烈。第七。能带来的实际利益。第八。维护该渠道所必须支付的费用。

旅游产品生产商在选择新的旅游中间商时，应充分考虑到的因素，一是旅游中间商的实力和资质，主要涉及经营规模、营销能力和财务调度能力；二是旅游经销商的目标市场或代理商所联系的旅游消费者，必须与旅游企业的目标市场相一致；三是所选取的对象必须具备与本旅游企业合作的诚意，特别是对为多家同类旅游产品供应者提供代理零售业务的中间商更是如此；四是选择经验丰富的旅游中间商，且其活动范围最好与旅游企业销售产品所针对的目标市场一致。

二、渠道成员激励

对渠道成员的激励是协调和管理旅游产品销售渠道并使之有效运作的重要环节。渠道成员的结合，是根据各自的利益和条件相互选择，并以合同的形式规定各自权利和义务的结果。一般来说，渠道成员都会为了各自的利益努力工作。但是由于旅游中间商是独立的经济实体，其与旅游产品生产者所处的地位不同，考虑问题的角度也不同，二者必然会产生矛盾。生产方要善于从对方的角度考虑问题，要明白中间商并非受雇于己，而是一个独立的经营体或经营者，有自己的经营目标、利益和策略。旅游中间商首先是顾客的采购代理，其次才是生产方的销售代理；只有顾客愿意购买的旅游产品，旅游中间商才有兴趣经营。因此，旅游产品生产企业应处理好与旅游中间商的关系，并制定一些考核和奖励办法，对中间商及时进行监督和激励。

1. 与旅游中间商的关系处理

旅游产品生产企业在处理与旅游中间商的关系时，通常采用三种方法：合作、合伙与经销规划。

（1）合作。大多数旅游产品生产者对中间商采用软硬兼施的手段。一方面运用积极的激励手段，如高利润、特殊优惠待遇、额外奖金、广告津贴等；另一方面采用制裁措施，对表现不佳或工作消极的中间商则降低其利润率或终止与其合作关系等。这种政策的缺点，是没有真正了解旅游中间商的长处和短处，不关心其需要和问题，仅仅依靠单方面的“刺激—反应”模式将众多的激励因素拼凑在一起，自然难以收到预期的效果。

（2）合伙。通过签定协议，谋求与中间商建立长期的合作关系。旅游产品生产者首先要仔细研究并明确应该为中间商做些什么。如产品开发、市场拓展、营业推广等。也要让中间商明确应履行的责任和义务，如市场覆盖面、市场潜量，以及应提供咨询服务和市场信息等，然后根据协议执行情况对中间商支付报酬并给予必要的奖励。

（3）经销规划。这是一种最先进的激励方式，主要是建立一个有计划的、实行专门化管理的垂直营销系统，把旅游产品生产者和旅游中间商的需求结合起来。生产者在其营销部门中设立一个销售关系规划室，专门负责与中间商的关系规划，其任务是了解中间商的需求，制定交易规划，帮助中间商实现最佳经营。具体做法是，由营销关系规划室与旅游中间商共同决定销售目标、销售培训计划、广告促销计划等，引导中间商认识到自己是垂直营销系统的重要组成部分，积极做好相应的工作，以获得更高的利润。

总之，旅游产品生产企业对旅游中间商应当按“利益均沾，风险共担”的法则，尽量缓和矛盾，密切协作，共同搞好营销工作。

2. 激励旅游中间商

激励旅游中间商的基本点是了解其需要，并据此采取有效的激励手段，通常，激励中间商的主要手段，一是提供较大的折扣或佣金、奖励金、各种津贴等；二是开展营销竞赛，对销售业绩突出的给予重奖；三是邀请旅游中间商考察旅游线路，即国外流行的熟悉旅游。

3. 旅游营销渠道冲突管理

旅游中间商与旅游产品生产者所处的位置不同，考虑问题的角度也不尽相同，二者必然会产生矛盾。渠道相互成员之间由于利益问题，也会发生冲突。这种冲突既包括横向冲突，又包括纵向冲突。为此，必须加强营销渠道成员之间的冲突管理，一是主动沟通；二是信任承诺；三是互惠互利。

三、渠道成员评估

需对旅游中间商的工作业绩进行定期或不定期评估。评估标准一般包括：销售指标完成情况、服务水平、产品市场覆盖程度、投诉处理情况、促销和培训的合作情况，信息的反馈程度等。

旅游中间商在一定时期内实现的销售额是一项重要的评估指标。旅游产品生产者可将各类中间商的销售业绩分别列表排名，目的是促使落后者奋起直追，领先者再接再厉。但是，由于中间商面临的环境有很大的差异，各自规模、实力和不同时期的重点不同，销售额列表排名评估往往不够客观。正确评估销售业绩，应在做横向比较的同时，辅之以另外两种比较。正确评估渠道成员的目的在于及时了解情况，发现问题，保证营销活动顺利而有效地进行。

四、营销渠道调整

旅游企业的销售渠道在经过一段时间的运作后，往往需要加以改进和调整。原因主要有旅游消费者购买方式的变化，市场扩大或缩小、新的营销渠道的出现、产品寿命周期的更替等。另外，现有渠道结构通常不可能总在既定的成本下带来最高效的产出，随着渠道成本的递增，也需要对渠道结构加以调整。渠道调整主要有三种方式：

1. 增/减渠道营销成员。

2. 增/减营销渠道。

3. 变动营销系统。

第五节 旅游营销渠道的发展趋势

随着经济水平的提高和全球经济一体趋势的发展，许多城市传统上具有的战略优势，如自然资源、规模经济、资金与技术等重大战略影响因素的差距正在缩小，旅游企业在产品、价格、分销及促销等营销操作层面上的竞争不断同质化。市场信息系统的不断完善，市场运作规范的不断建立，使各个国家，各个城市之间和企业之间相互模仿和学习的速度异常快捷，旅游业的发展和营销渠道的发展呈现如下趋势。

一、旅游营销从以产品为中心向以旅游消费者为中心的转变

消费者需求的细分变化，在旅游营销上则由以前“广而告之”方式变成了以“沟通”和“传播”为关键词的新消费时代。

二、由传统营销向网络营销转变

(一)全球分销系统

全球分销系统(Global Distribution System，GDS)是一种大型的计算机信息服务系统，它是伴随着旅游业的迅猛发展而从航空公司的航班控制系统(Inventory Control System，ICS)和计算机预订系统(Computer Reservation System，CRS)演变而来的全球范围内的旅游分销系统。如今，除了原有的航空运输业，饭店、租车、铁路公司、旅游批发商等也纷纷加入到GDS中来。通过GDS，旅游零售代理商可以及时地从这些旅游产品供应商获取大量的旅游产品信息，从而为顾客提供快捷、便利、可靠的服务，满足旅游者旅游过程中全方位的需求。

作为专业分销系统，GDS在过去的三十年多中极大地推动了国际旅游的快速发展。首先，GDS信息容量大、预订确认及时，它能够在全世界范围内，提供交通、住宿、餐饮、娱乐以及支付等“一站式”旅游分销服务；其次，GDS一方面能给旅游者提供专业性的建议，另一方面还能给旅游供应商提供信息管理咨询等增值服务；再次，信息技术的飞速发展也提高了GDS所提供的信息的质量，同时使系统响应更为迅速；最后，GDS可以通过多种方式如电话、互联网、自助终端、电子商务等为客户提供服务。

GDS的设立和维护成本高昂并需要足够的专业技术条件，因而往往是由专门的全球分销系统公司开发并运营，而几乎所有的旅游企业都是在缴纳使用费的前提下加盟和使用某一全球分销系统。在这个意义上，这类全球分销系统对于旅游供应企业来说，实际上扮演着零售代理商的角色。目前，北美的Sabre和Worldspan以及欧洲的Amadeus和

Cendant - Galileo 是世界上 GDS 四巨头，它们连结着约 16 万家旅行代理商和旅游服务供应商，占据了 90% 以上的预订市场份额。除此之外，还有一些服务于特定国家或地区的中小 GDS，如我国的 Travelsky（中航信）、东南亚的 Abacus、韩国的 Topas、日本的 Axess 和 Infini。

20 世纪 20 年代后期互联网技术的发展，使其能够作为一种新兴的分销形式对 GDS 提出了巨大挑战。为了应对这种情况，目前世界上所有主要的 GDS 都已经与主要的互联网旅游企业如 Travelocity 和 Expedia 建立起了联系。

（二）互联网

互联网技术的飞速发展与普及改变了旅游者的购买行为，也改变了旅游商业运行模式。作为一种不断发展的信息沟通与预订工具，互联网正在发挥着其巨大的潜能。

对旅游消费者来说，互联网为其提供了获取信息、自己计划旅程和预订旅游产品的途径和能力。借助互联网技术的发展，消费者可以坐在自己家里或办公室中，在任何自己方便的时间，通过各专业旅游网站和旅游供应商网站轻松地获取自己感兴趣的各种旅游信息，并可据此安排自己的旅游行程，轻松地实现并确认预订。如今，越来越多的旅游者在利用互联网计划和预订旅游产品。以美国为例，有调查表明，2004 年分别为 69% 和 51% 的商务旅游者利用互联网来安排出行事务和预订旅游服务；在消遣型旅游者中，通过互联网安排度假事务和在线预订旅游服务的比例分别达到 63% 和 45%。网上旅游预订的比例持续增高。

对旅游供应商来说，互联网为其提供了一种低成本的直销工具。互联网将市场从传统上的“地域”概念转化为“网络”概念，使旅游供应商的营销触角得以无限延伸。同时，通过网上直销，旅游供应商既可以降低其分销成本，又可以增强对顾客信息的直接控制。20 世纪 90 年代中期，低成本航空运营商美国西南航空公司率先在互联网上向顾客提供有关行程和票价的信息，标志着曾经几乎只能依靠计算机预订系统的航空业开始向着电子化分销迈出了重要的一步。1996 年，航空公司及其他类旅游服务供应商纷纷建立起自己功能强大的网站，或与专业旅游网站展开密切合作，向旅游消费者提供直接的双向信息沟通和在线预订服务。结果是，传统旅行代理商的零售代理业务受到了相当大的冲击，旅游供应商网站和专业网上旅行代理商正在不断抢夺传统旅行代理商的销售量。

虽然互联网在旅游产品分销领域有着种种优势，但也存在着一定的局限性。在很多情况下，互联网所带来的信息量远远超过了消费者所能消化吸收的数量，消费者往往需要花费很长时间才能搜索到或从巨量的信息中遴选出对自己有用的信息，甚至可能毫无所获。网上的安全问题，如使用信用卡的安全性，也是消费者关心的主要问题。对于信息发布者来说，如何吸引用户的注意力或者说获得“点击”将是一个挑战。

(三)旅游零售商的未来

面对着互联网技术的发展以及由此引发的旅游营销传播手段和旅游产品销售渠道的变革，旅游零售商的未来生存和发展问题得到了人们前所未有的关注。

从逻辑上讲，当产品供应商和消费者之产可以以一种有效的方式直接沟通和售购产品时，中间商就成为一种多余的存在。互联网的广泛应用严重冲击了以旅行代理商为代表旅游零售商的传统业务，在相当大的程度上压缩了其生存空间。正因为如此，从20世纪90年代开始就不断有人预测，旅行代理商最终会在市场上消失。

以美国为例，1995年航空公司给销售国内往返机票的旅行代理商佣金设置了50美元的上限；1997年将沿用了几十年的10%的标准佣金率下调为8%；到了1999年更将基本佣金减少到5%；2001年，国内往返机票的佣金上限从50美元降至20美元；直到2002年，最终取消了国内机票销售的佣金。同时，互联网也影响了旅游者的购买行为，越来越多的旅游者青睐于网上直接预订。有调查表明，公众普遍认为网上订购的飞机票价最低。

所有这些因素，都对旅行代理商造成了很大打击，致使近几年旅行代理商的数量确有减少。但是，旅行代理商并没有消失，而且仍然是最主要的旅游分销渠道。同样在美国，2003年旅行代理商完成了25%的饭店预订、95%的游船旅游预订、40%的租车预订和90%的包价旅游产品预订。YPB&R调查公司(2003)指出："虽然旅行代理商的数目比1999年减少了约8 000家，但是现在大约23000家旅行代理商实现的预订量要比他们四年前多出140%……在过去一年里，大约每3名消遣旅游者中就有1名要借助旅行代理商的服务。"

以目前发展态势来看，旅行代理商仍将存在下去。其原因主要有以下几方面：

首先，旅行代理商能够为顾客提供个性化服务，并能提供大量可供选择的建议。正如约翰·奈斯比特(John Naisbitt)在其畅销书《大趋势》(Megatrends)中指出的那样，"高科技需要高接触"。互联网是高科技，但却无法实现高接触的顾客服务。而专业知识丰富又有高科技手段作为支持的旅行代理商能够为顾客提供高技术和高接触的服务。旅行代理商清楚如何运用不同的选择以找到顾客需要的信息，他们还可以同时在互联网上和GDS系统中搜索更加高效。一旦顾客进行了预订，旅行代理商还会一直对顾客的旅行进行管理，充当预警系统和问题解决者。旅行代理商不仅能够为顾客节省时间、节约成本，还能为其增加快乐，而这些都是无法通过网络实现的。这也是当今仍然有很多消费者倾向于选择旅游零售商提供服务的重要原因所在。

其次，规模较大的旅行代理商会不断增强其实力。在佣金减少或取消以及互联网的冲击下，规模较小的旅行代理商最易受到致命打击，而这正是那些规模较大的旅行代理商通过并购来扩大自己规模和实力的机会。美国目前的情况已表明，如果旅行代理商的机票预订量很人，则有实力与航空公司就隐性佣金进行谈判。

最后，互联网作为新的销售渠道的出现并不意味着注定会取代原有的销售渠道。正如前所述，互联网虽然有很多优势，但也有自身的局限性；而旅行代理商提供的专业性、个性化的顾客服务又是互联网等高技术无法替代的，互联网反过来还能够支持旅行代理商更加高效地完成分销功能。因此，旅行代理商的数量虽然今后可能还会有所减少，但却会与互联网共存，共同构成重要的旅游分销渠道。

上述情况绝非意味着任何一家旅行代理商都会理所当然地继续生存下去。面对新的环境因素的变化，旅行代理商必须不断提升自己的适应能力，根据实际情况适时调整业务，发挥自身优势，同时将新技术为己所用，使自己同样成为互联网技术发展的受益者。当前国际上已有不少的学者和旅行代理商在这些方面进行了有益的尝试和探索，提出和总结了在新形势下旅行代理商谋求生存和发展的一些对策。比如，将代理业务重点由商务旅行产品转向消遣性旅游产品，特别是对旅游消费者来说较为“复杂”的包价旅游和游船旅游等产品；将业务重点由代理预订转向提供咨询服务，充当顾客的利益代表和咨询顾问；提升自身对新技术的掌握和运用能力，为顾客提供“高接触”和高技术完美结合的服务，等等。总之，只要旅行代理商能继续提供有价值的服务，它们在未来的旅游销售渠道中将会继续扮演重要角色。

思考与练习：

1. 简要说明旅游产品销售渠道的类型和基本模式。
2. 旅游生产商在选择销售渠道时应遵循哪些基本原则？
3. 旅游批发商和旅游零售商各种的职能和作用是什么？
4. 旅游营销渠道有哪些？
5. 影响旅游营销者选择销售渠道模式的主要因素有哪些？
6. 讨论题

随着信息技术的发展，有人曾预言旅行代理商将会走向消亡。你对此有何看法？

案例：

甩掉携程

“国内酒店管理集团只有金陵一家敢跟携程脱离关系。”金陵饭店股份公司首席信息官朱明生说，“因为携程的佣金太高了。”金陵饭店与携程的合作在2007年初宣告结束，当时引得国内酒店业一片哗然。

金陵如此“牛气”的原因来自旗下各酒店客源结构的改变。与国内一些酒店高达30%的客源来自携程或艺龙等渠道商不同，金陵饭店通过IT平台整合了多种订房渠道，“冲淡”了一家独大的渠道格局。“等明年我们针对中小订房渠道的电子商务网站发展起来，金陵的渠道结构会更健康，任何一家渠道商的退出都不会对我们的业务赞成影响。”朱明生说。

2006年，金陵饭店本部的纯利润居南京市五星级饭店的第一，远远超过排名第二的酒店。2007年7月，全球酒店业的权威杂志HOTELS发布了2007年度全球酒店业300强的排行榜，金陵连锁酒店以1 0318间客房、43家酒店名列第73位，跻身全球酒店业100强。

“目前，多渠道合作和管理是我们提高收益的一个主要措施。”说这话的人不是金陵饭店的CEO，而是其CIO朱明生。他是学计算机软件的，在技术应用上处处讲求“IT要为经营服务”。

近几年，国内酒店行业存在的最大的问题就是主流渠道垄断了酒店客源，一些酒店30%以上的客源都由携程、艺龙等电子商务网站提供。因此，如果携程想做活动或提高佣金，成员酒店基本上要无备件答应。朱明生认为，这种状态会使酒店受制于渠道，并不健康。他希望，金陵的成员酒店可以拥有大中小型的种渠道，其中任一渠道退出或不合作都不会影响酒店的生意。在互联网时代，达成他这种愿望的条件已然具备，那就是发展电子分销。

2004年，当朱明生想为金陵打造全球分销系统时，系统中最核心的中央预订系统在国内尚无成功应用的先例，国外软件公司的系统过于昂贵，金陵负担不起。最终，朱明生决定采取合作研发的模式构建分销平台，就这样做出了国内第一套拥有著作权的中央预订系统，并于2005年成功上线，由最初的连接四家酒店，到2005年底覆盖了当时金陵旗下的所有酒店。

之后，围绕中央预订系统，金陵又搭建了自己的电子商务网站，在网上开通了真正意义上的订房系统——客户可以直接从网上查到金陵任何一家酒店的房间状态和实时房价。在2005年，国内同类订房网站大多采用的是预留房模式

——酒店预留给网站的客房一旦销售完，就会显示客房已满，但实际上，酒店可能还有空房。而金陵的这个网上订房系统是真正打通上下游的无缝平台。此外，金陵还建设了呼叫中心，为金陵旗下所有连锁酒店提供预订服务。包括中央预订系统、会员系统、网站、呼叫中心在内的整个IT体系，组成了金陵的全球分销平台。2006年，其搭建完成后，朱明生的工作重心转移到对平台的上下游进行更广泛的连接：向下，把更多的酒店连接进来，形成所有酒店跟集团系统的无缝对接，客人预订能实时传递到各成员酒店；向上，则将系统跟更多的渠道对接，形成真正的全球电子分销网络。

接下来，朱明生的重头戏是与美国Pegasus公司创立的世界最大的Switch技术平台

进行无缝对接，从而间接与 GDS（Global Distribution System，全球分销系统）连接。GDS 系统在全球酒店业与旅游业中享有盛名，其四大预订系统被全球 45 个国家使用，全球 50 万家旅行社是该公司的会员，可向 5.3 万家旅馆进行预定。每年，通过 GDS 系统成交的旅游订单额超过 750 亿美元，约占全世界酒店预定总额的 40%。加入 GDS，就等于与全球 50 万家旅行社签订了订房合作协议。如今，金陵饭店已成为国内酒店业第一家跟 GDS 作无缝对接的酒店集团。

金陵在国内的渠道扩张也是通过 IT 展开的。如今，朱明生已与国内知名的几家旅游分销网络，如 ChinaOnline（畅联）、德比、12580 等实现了系统对接。

目前,金陵旗下的成员酒店仅几家年平均入住率超过 75%，其余酒店仍有很多空置客房。朱明生下一步的想法是将酒店销售人员无暇维护的数十万家中小订房渠道也纳入麾下。他下在构思一个电子商务平台，让这些每月只能提供很少客源的中小痁疾商可以在网上自助订房、自动结算，在不增加金陵销售部编制的情况下，容纳更多的渠道进来。“将来中小渠道贡献的客源应为 80%。我希望通过对他们的整合，可以使每家酒店的平均入住率达到 80% 以上。”朱明生认为，这样可进一步降低核心渠道对金陵的影响，使企业的整个渠道结构更健康。

“目前，多渠道合作与管理是提高收益的一个主要措施，但在将来，我们的酒店平均入住率达到 80% 以上时，客房资源会发生争抢，那时我准备开发一个收益管理系统，看怎样才能获得更高的收益。IT 对于业务的支撑是不断升级的。”

资料来源：周应. 甩掉携程. IT 经理世界. 2007(22)

【案例讨论题】

以金陵饭店的经营为例，讨论旅游企业应建立怎样的管理销售渠道?

第九章 旅游促销

本章主要内容

- 旅游产品促销的概念、促销组合策略及影响因素
- 旅游广告的含义、类型、作用及旅游广告决策
- 旅游营业推广的含义、类型、作用及旅游营业推广策略
- 旅游公共关系与旅游人员推销的含义、作用及决策
- 旅游促销组合策略及应用

*

世界各地的旅游广告

泰国——您不曾见过的泰国。印度——探索“圣雄”甘地的生平。土耳其——不是欧罗巴，胜似欧罗巴。韩国——开心胜地，好客邻邦。新加坡——尽情享受，难以忘怀。英格兰——潮流、典礼、历史之乡。苏格兰——花格子呢和威士忌之乡。西班牙——阳光普照西班牙！葡萄牙——古今交会的异国他乡！瑞士——上月球之前先来瑞士一游。德国——别在沙滩垒古堡玩，请到德国来看真的吧！瑞典——是奇妙的，即使是冬季！澳大利亚——最真的一面，在澳大利亚。新西兰——百分百纯正新西兰。加拿大——越往北，越使你感到温暖。美国——友好的美国人民赢得美国的朋友。夏威夷——太平洋的十字路口。南非——非洲的拉斯维加斯。突尼斯——空气，阳光，海水浴。埃及——历史的金库。

资料来源：http://travel.cnnb.com.cn/system/2005/09/21/005021805.shtml

第一节 旅游促销概述

一、旅游促销的概念

促销，即促进销售，是指企业通过人员或非人员的推销的方式，向目标顾客传递商品或劳务的存在及其性能、特征等信息，帮助消费者认识商品或劳务所带给购买者的利益，从而引起消费者的兴趣，激发消费者购买欲望及购买行为的活动。促销的本质是：信息沟通。

旅游促销是指旅游企业将有关自身及产品的信息，以各种方式传递给消费者，促使其了解、信赖并购买旅游产品的活动。

二、旅游促销的作用

1. 提供旅游产品信息

这是旅游促销的基本功能。旅游企业在何时、何地和何种条件下,向消费者提供何种旅游产品，是旅游徂销活动所要传递的基本信息。消费者通过对这些信息的了解、熟悉旅游地或旅游企业的何种旅游产品能满足其需求，以及在何种条件下才能满足其需求。

2. 突出产品特色，塑造与众不同的形象

相互竞争的同类产品往往差别不甚明显，尤其是作为无形服务的同类旅游产品的差别更不易被消费者所分清。旅游促销作用就是要为旅游产品创造一个具有特色和个性的形象，使产品从竞争者脱颖而出，促使消费者购买其产品。

3. 刺激旅游需求，引导旅游消费

旅游产品作为高层次的非一般生活必需品，其消费需求弹性大、波动性强，具有一定的潜在性和朦胧性。通过生动形象、活泼多样的旅游促销手段，可以强化旅游消费需求，甚至创造和引导特定旅游产品的消费需求。

三、旅游促销实施内容

1. 明确目标受众

信息沟通必须在一开始就有明确的目标受众。明确信息的接受者是谁？是哪个群体？这个群体的影响者是谁？就哪些方面沟通，打算如何沟通，什么时候沟通，在什么地方沟通，由谁来沟通，等等。

2. 选择信息沟通目标

旅游企业作为旅游信息的分布者，希望达成的最大目标是受众在受到旅游信息刺激后产生购买行为。但我们知道，消费者作出购买决策是需要时间的，旅游企业应该允许消费者有一个从接受到购买的过程。根据心理反应层次模式，消费者在购买旅游产品之前，通常要经过知晓、认识、喜爱、确信和购买等阶段，而且在每一个阶段，消费者选择接受信息的侧重点是不同的，旅游企业要根据处于不同阶段的消费者的特点，确定该阶段期望消费者作出的反应。

3. 信息设计

在明确信息沟通所要达到的效果之后，就要考虑如何设计信息来达到既定目标的问题。一个有效的信息涉及四个方面：信息内容、信息形式、信息结构和信息源。信息内容通常是旅游产品内容。信息形式指信息表达所采用的符号和编排形式（如文字和图画）。信息结构是信息内容叙述和表达的逻辑结构。信息形式和结构支持着信息内容的有效性和吸引力。信息源是信息的发布者，它对信息的可靠性有着重要影响。信息的发布者信誉越好，就越有说服力，这也是名人代言广告的原因之一。

4. 选择信息沟通渠道

信息传递可通过广告、营业推广、人员推销和公共关系等多种手段进行，其中又有很多媒介可供选择，各种手段及媒介有各自的优缺点及适应条件，企业应根据旅游产品及服务的特点选择使用。

5. 信息反馈

信息反馈是了解和掌握促销效果的重要手段，并据此确定下一步的信息沟通方案。衡量促销效果主要是调查目标受众对信息传播者所发信息的反应。重点集中在：①识别和记住这一信息的人数百分比；②对信息的感觉；③对该旅游企业和产品过去和现在的态度；④受众反应的行为数据。

6. 编制促销预算

旅游促销需要一定的投入，要实现一定的目标必须投入一定的促销费用，为了使有限的费用更有效地发挥作用，编制科学的促销预算是十分必要的。编制预算的常用方法有四种：①量入为出法；②销售百分比法；③竞争对策法；④目标任务法。

7. 促销组合策略

在确定促销费用后，旅游企业还要把费用合理分配于广告、营业推广、人员推销和公共关系等具体促销方式中，各种促销方式作用不同，而且又有一定的互补性、替代性。旅游企业在促销预算费用的分配方面一般不能平均分配，而要根据不同旅游产品、不同时期、不同目标受众而有所侧重。

四、旅游促销组合

（一）旅游促销组合类型

促销方式多种多样，主要有人员推销、广告、营业推广和公共关系等。这些促销方式各有其优缺点。旅游企业为了达到促销目标，获得最佳营销效益，综合运用各种促销方式，取长补短，优化搭配形成一体，便是旅游促销组合。旅游促销组合策略可分为推式策略和拉式策略。

1. 推式策略

推式策略是指利用推销人员与中间商促销将旅游产品推入分销渠道，也就是说生产者将产品积极推到批发商手中，批发商又积极地将产品推给零售商，零售商再将产品推向消费者。推式策略着眼于积极地把本企业的旅游产品直接推向目标市场，表现为在销售渠道中，每一个环节都对下一个环节主动出击，强化顾客的购买动机，说服顾客迅速采取购买行动。这种策略以人员推销为主，辅之以营业推广、公共关系活动等。

2. 拉式策略

拉式策略立足于直接激发最终购买者对购买本企业旅游产品的兴趣和热情，促使其主动向旅行社或其他中间环节寻求指名服务，最终达到把旅游消费者逆向拉到本旅游地或旅游企业身边来的目的。这种策略是以广告宣传和营业推广为主，辅之以公共关系活动。

总体上，从长期来看，旅游促销组合应以拉式策略为主，但是在局部市场或某一阶段，推式策略亦有很强的适应性。旅游营销人员应根据具体市场情况，做出偏向“推式策略”或“拉式策略”的促销组合决策。

（二）影响促销组合策略的因素

旅游企业在决定促销组合策略时，一般要考虑到受以下因素的影响和制约。

1. 旅游产品的性质和特点

不同性质、不同特点的旅游产品，其购买者和购买需求各不相同，采取的促销方式也应有所差异。对于顾客众多、分布面广、购买频率高、而每次购买量又较少的产品，使用人员推销费用高、效率低，比较适合于广告促销；对于大众性的、单位价值较低的旅游产品，可采用以广告宣传为主，其他促销方式为辅的促销组合；而对于那些比较特殊、单位价值较高的旅游产品，由于市场面比较窄，可以采用以人员推销为主，其他促销方式为辅的促销组合。

2. 旅游产品生命周期

旅游产品在不同的生命周期阶段，需要采用不同的促销组合，如表 9－1 所示。

表9－1　产品生命周期与促销组合

投入期	旅游中间商、旅游者了解产品	以广告宣传为主，其余手段为辅
成长期	提高市场占有率，使旅游者信任	以广告人员推销为主
成熟期	稳定客源，吸引潜在顾客，提高市场占有率	更新广告，以广告宣传和人员推销为主
衰退期	提高产品信誉，促使旅游者购买	以营业推广为主
产品生命周期	促销目标	促销组合

3. 市场特征

不同的旅游市场，由于其规模、类型、消费者数量分布情况各不相同，因此应采取不同的促销组合。一般规模大，消费者分布分散、地域广阔的市场，应采取以广告宣传为主 的促销组合；规模小、消费者分布集中、地域狭窄的市场则应以人员推销为主。此外，市场上潜在消费者较多时，应采用广告宣传，以利于广泛开发市场；市场上潜在消费者较少时，则应采取人员推销，以利于深入接触消费者，促成交易。

4. 消费者购买准备阶段

消费者的购买过程一般包括认知、了解、喜欢、信赖和购买阶段，在不同阶段各种促销手段的作用不同。在认知阶段，广告和公共关系的作用很大；在了解和喜欢阶段，广告的作用很大，人员推销的作用次之；在信赖阶段，人员推销的作用很大，广告的作用小于人员推销，在购买阶段，主要是人员推销在发挥作用。

5. 促销费用

各种促销手段所花费用不等。一般来说，人员推销费用最昂贵；广告因媒体不同，费用也不尽相同，但总体来说比较昂贵；营业推广一次性开支较大；公共关系费用也属于长期性开支。企业制定促销策略时应根据自己的促销目标、财力、各种促销手段的费用及效果等，进行综合考虑、全面衡量，以求用尽可能少的促销费用取得尽可能大的促销效果，提高促销效率。

除了上述因素外，企业声誉、知名度、促销预算、竞争状况和市场营销组合状况等会影响企业的促销组合策略制定。因此，企业在促销前，必须对以上所有因素综合考虑，对各种促销方式灵活选择和组合，方能收到理想的促销效果。

第二节　旅游广告

广告（Advertising），从字面上理解就是“广而告之”有“大声喊叫”、“注意”、“诱导”之意。美国广告协会对广告的定义是：广告是由明确的广告主，以付费的形式通过媒体做公开宣传，达到影响消费者行为、促进相关产品销售的目的的非人员促销方式。

一、旅游广告概述

（一）旅游广告的含义

旅游广告是指旅游营销者通过出资购买社会媒体的版面或演播时段，面向目标受众开展的营销传播活动。旅游广告的目的在于传递信息，促进销售或树立旅游目的地和旅游企业的形象。

（二）旅游广告的类型

1. 按广告内容分，可分为经济广告和非经济广告。

2. 按广告所使用的媒体分，可分为报刊广告、电波广告、户外广告、自办宣传广告及其他形式的广告。

（三）旅游广告的作用

现代社会，广告无孔不入，甚至已成为人们生活的一部分。旅游广告作为广告的一个组成部分，不仅日益为人们所熟悉，而且在促销旅游产品销售方面有着独特的优势。

第一，传递信息。借助报纸、杂志等大众媒体，旅游广告能大范围地传播旅游企业和旅游目的地的相关信息。有些新的旅游产品，由于不为消费者所知晓，很难打开市场，而一旦进行了广告宣传，消费者就会有所认识并进行购买。

第二，激发需求。消费者对某一产品的需求，往往是一种潜在的需求。广告造成的视觉、感觉印象以及诱导往往会勾起消费者的现实购买欲望，促进购买行为的产生。

第三，有助于竞争。广告的反复渲染、反复刺激，会扩大产品的知名度，甚至会获得一定的信任感并进而引起购买量的增加。

第四，指导消费。通过广告可以全面介绍旅游产品的相关知识，影响顾客的旅游行程选择。

二、旅游广告决策

旅游企业在实施广告策略时，则要依照科学的程序来进行，制作旅游广告需经过广告目标决策、广告预算决策、设计广告信息决策、广告媒体决策、广告效果评价等几个过程。

(一)广告目标决策

制定旅游广告决策首先要确定目标，所谓广告目标指在一个特定时期对特定观众要完成的传播任务。广告目标应以目标市场、市场定位和营销组合的有关信息为依据来确定。广告目标可分为告知型、劝导型、和提醒型三种。

1. 告知型广告

以告知为目的的广告即为告知广告，主要用于开拓市场的初始阶段，其主要内容包括介绍新的旅游产品和旅游服务项目，宣传旅游目的地国家、地区或旅游企业形象。有利于激发潜在消费者的初步需求和树立良好的市场形象。

2. 劝导型广告

这主要用于与同类旅游产品展开竞争的阶段，一是进攻型，突出本旅游产品的优势特征和利益，激发旅游消费者的选择性需求，鼓励其偏向本旅游产品的购买；二是防守型，努力改变旅游消费者对本旅游产品(服务)的不利印象，抵消或削弱竞争者的广告影响。

3. 提醒型广告

这主要用于旅游产品的成熟期，随时提醒旅游消费者保持对本旅游地或旅游企业及其(服务)的记忆，以使本企业获得尽可能高的知名度。适时提醒旅游消费者记住购买的时机和购买的地点，以促使意欲购买者完成购买行为，并刺激老顾客再次消费的欲望。

(二)广告预算决策

旅游广告预算是旅游企业投放广告活动的费用计划，它规定了广告投入期的经费总额和使用范围，其测算方法包括比例法、量力而行法和竞争比较法。影响广告预算的因素包括以下四点。

1. 产品所处生命周期阶段

新产品通常需要花费大量的广告预算来唤起消费者的注意并促成最终购买；而处于成熟期的产品的广告通常只占促销预算的很小比例。

2. 竞争与干扰

在一个竞争者众多的市场上，旅游企业及其产品若想脱颖而出，就必须加大广告预算，增加广告的数量及播出频率，扩大影响。

3. 市场份额

市场份额多的品牌，其广告支出通常要比市场份额少的品牌的广告支出多。新进入一个市场或从竞争对手那里夺取市场份额，要比保持现在市场份额支出更多的广告费。

4. 市场范围

通常产品销售范围较大的企业要支出较多的广告费。除此之外，广告播出频率、产品差异情况、企业利润率、国家政策法规等，都对企业的广告预算有较大的影响。

（三）广告信息决策

广告信息决策就是设计所要发送给消费者的广告信息。它是整个广告活动成败的关键之一，也是最富有创造力的部分。

一个成功的广告信息应该是内容和形式两方面的有机结合。它应具有独创性和吸引力，能迅速得到目标受众和注意和接受。在信息量趋于无限的今天，注意力成为一种稀缺资源。要想争取或保持受众的注意力，广告信息必须要有更好的设计、更妙的想象力、更强的娱乐性，并且对顾客更有益。所以创意在广告中发挥着重要作用，它的作用从销售效果上表现出来。

广告信息决策通过产生广告信息、选择广告信息、表达广告信息三个步骤来完成。

1.广告信息的产生

饭店、游船公司、度假地都会面临一种与顾客进行有效沟通的障碍，其主要原因就在于旅游产品的无形性。由于旅游产品只有在购买时或购买之后才能被顾客体验到，因此广告信息的创意对这些旅游经营者来说是一大挑战。

任何产品都有许多侧面可供宣传。但一个广告只能有一个主题，这就需要制作几种不同的广告信息，然后进行选择。广告信息最重要的来源是消费者的看法和反应，此外，广告创意设计人员还可以从中间商、专家、竞争者那里得到好主意或有益的启示。

2.广告信息的选择

就如何在几个备选的广告信息之间进行选择的问题，营销学家科威塔建议，根据吸引力、独特性、可信性这三个方面进行评估和选择。广告信息只有对顾客了解产品信息有用，才有吸引力；有独到之处，才能吸引顾客的注意；广告信息还必须是可信的或可以证实的，企业才有信誉。就广告住信息这三个方面打分，然后根据总分进行取舍。

3.广告信息的表达

信息的影响不仅依赖于它的内容，还取决于表达的方式。如果说创意是广告信息的灵魂，那么表达形式就是广告信息的骨架和血肉。广告信息的表达形式，是指用词、语气、结构、风格、版式等方面的总和。例如，可以用生活片断、生活方式、引人入胜的幻境、气氛或意象、音乐效果、运用证词式语言等来表达信息。

广告措辞必须便于记忆并能引起人们的注意。如上海春秋旅行社的广告词“要旅游，找春秋”，读起来朗朗上口，令人过目难忘。

（四）广告媒体决策

旅游广告媒体决策是指旅游企业管理人员选择适当的媒体，以最少的广告费用投入获得最大的广告效益，具体包括三个方面的内容。

1.广告覆盖面、投放频率及投放影响度决策

旅游广告覆盖面是指在一定时间内有多少受众接触的旅游广告。旅游广告投放频率是指在一定时间内平均每个受众接触旅游广告的次数。投放影响度是指某一特定媒体投放质量和投放价值，反映了特定媒体与特定目标市场的密切程度。

2. 旅游广告媒体选择决策

旅游企业通过选择最佳广告媒体，把旅游广告信息有效传递给目标受众。广告媒体很多，各有其适应性和局限性，要正确选择广告媒体，首先要清楚各种广告媒体的特点，如表9-2所示。

表9-2 各广告媒体优缺点比较

广告媒体	优点	缺点
电视	覆盖面广，传递信息及时，地域选择性强，表现力强，能激发兴趣	成本高针对性不强，驻留时间短，制作有难度，不便查询
广播	覆盖面广，传播最及时，灵活，费用低，地域、人口可选择性强	缺乏视觉冲击，表现力差，传播时间短，不便查询
杂志	受众的人口类别选择性、针对性强，图文并茂，表现力强，有利于长期保存	广告周期长，时效性差，传播范围窄，相对费用较高
户外广告	醒目，保存时间长，地点选择性强，成本较低	信息内容少，传播信息有限，宣传范围窄
直邮广告	直接邮寄，针对性强，有一定灵活性，不受时空限制	费用高，宣传范围窄，费时费力，使用不当会使收件人反感
报纸	可信度高，选择性强，本地市场覆盖面广，费用低，易查询	表现力差，感染力较弱，注意率较低
POP广告	创造现场氛围，陈列展示力较强，集中提供信息	受场地限制，展示面窄

在明确各类媒体优缺点后，旅游营销管理人员在选择广告媒体时还要考虑如下因素。

(1)目标市场的消费者的爱好。不同的消费者对广告媒体的喜好程度不同，接触程度也不同。如对知识水平较高的青年，网络广告的效果可能更好；对本地市民，要选择在本地电视台或晚报投放广告，效果可能更好。

(2)产品特点和广告内容。旅游产品特点不同，选择的媒体也应有所不同。如旅游景点、旅游接待地的介绍宜选择电视广告；旅游信息的发布则较适合广播广告；而时效性较强的旅游广告，宜选择广播、报纸为广告媒体。

(3)媒体传播范围和影响力。不同媒体的传播范围和影响力不同，在选择时既要考虑其传播信息的广度，又要考虑其影响的深度，要使企业的目标市场与广告的传播范围和影响力所达到的程度一致。

(4)广告费用高低。一般来说，电视广告费用最高，广播最低。不过广告费用应与广告效果结合考虑，不仅要看广告费用，更要看其所带来的直接和间接效益。

3. 旅游广告时机决策

旅游广告时机决策是指在一段时间内如何安排广告密度与强度，实际上是解决选择最佳时机做广告以达到最佳效果的问题。从总体上看，很多旅游产品的需求或销售在一年中都有胆、平、旺季之分。这样，有的旅游目的地和企业就根据季节的变化来安排广告时间和支出，也有的是全年平均使用广告费用，但绝大多数旅游经营者都会做一部分季节广告。

研究表明，广告作用持续的时间和顾客习惯性的购买行为是影响广告时间与广告支出安排的主要因素。在存在这两个因素的影响下，最好使广告强度的变化领先于销售曲线的变化，即广告支出的高峰应在销售高峰到来之前出现；反之，如不存在这两个因素的影响，最佳广告支出时间应与预期销售季节变化相一致。

(五)广告效果评价

旅游广告效果是旅游广告经过广告媒体传播后对受众所产生的直接或间接影响程度的总和，可从三个方面进行效果测试，即影响受众注意的能力、受众对旅游广告的心理反应、广告受众购买某旅游产品的意愿。旅游广告发布后，旅游企业需了解实际沟通的效果。

1. 传播效果测定

通常通过接收率测定传播效果。接收率指接收旅游广告信息的人数占媒体受众的百分比，比例越高说明传播效果越好。

2. 销售效果测定

把旅游广告发布前后的旅游产品销售量增长、利润增长等情况进行对比，以此来判断旅游广告效果。通常用旅游广告效果比率来测定旅游广告效果。其公式为：

$$E = Y/C$$

式中，E——销售或利润效果比率；

Y——旅游广告费用增加率；

C——销售或利润增长率。

第三节 旅游营业推广

一、旅游营业推广概述

(一)旅游营业推广的概念

营业推广，也称为销售促进，是指能迅速刺激需求、鼓励购买的各种短期的促销形式。

旅游营业推广是指旅游企业在某一特定的时期与空间范围内，通过刺激和鼓励交易双方，并促使旅游者尽快购买或大量购买旅游产品和服务而采取的一系列促销措施和手段。目的在于诱发其购买或努力销售某一特定产品。销售促进是临时的或短期的、带有馈赠性质或奖励性质的促销方法。虽然从长期来看，销售促进并不一定能使销售有很大改观，但在较短一段时间内，它往往比广告更能有效地促进销售的增长。

（二）旅游营业推广的类型

旅游营销中营业推广的对象，主要包括旅游者、旅游中间商、旅游产品的推广人员。与之相对应，营业推广活动也分为三类：

1. 针对消费者的营业推广

为鼓励老顾客继续消费，促进新顾客加入消费，动员顾客购买新产品，引导顾客改变购买习惯，或培养顾客对本企业的偏爱行动等，旅游企业可采用以下方式进行营业推广。

（1）赠送。向消费者赠送某些服务，如“买二赠一”。

（2）优惠券。持有该优惠券的消费者在购买某种旅游产品时可以免付一定费用。

（3）廉价包装。旅游企业将某些旅游产品组合在一起，以较低的价格出售，并说明比购买同类旅游产品优惠了多少，以吸引消费者。

（4）奖励。消费者可以凭奖励券低价购买一种商品，甚至凭券免费。

（5）组织展销。旅游企业将一些能显示企业优势和特征的产品集中陈列，边展边销。

2. 针对中间商的营业推广

对中间商的销售促进活动的目的在于扩大和增加旅游产品对旅游消费者的销售渠道，激励旅游中间商卖力销售本企业或目的的旅游产品。旅游企业可以采用以下方式进行营业推广。

（1）批发折扣。旅游企业为争取批发商或零售商多购进自己的产品，在某一时期内给予购买一定数量本企业产品的批发商一定的折扣。

（2）推广津贴。旅游中间商在为旅游企业赢得一批顾客后，除佣金之外还能得到一定比例的补贴。以鼓励中间商更好地推广新产品。

（3）销售竞赛。根据各个中间商销售本企业产品的业绩进行排名，分别给优胜者以不同的奖励。如现金、实物、免费旅游和度假奖等。

（4）联合促销。旅游企业分担一定的市场营销费用，如广告费用、摊位费用，以便与中间商建立稳定的购销关系。

3. 针对旅游营销人员的营业推广

对营销人员的销售促进也是旅游企业加强促销工作最常用的方法之一，其目的在于调动推销人员的销售积极性。常用的方法有销售竞赛、有奖销售、比例分成、奖励旅游和免费提供人员技术培训等。

（三）旅游营业推广的作用

旅游营业推广的作用表现在以下方面。

1. 有利于加速旅游产品进入市场的进程

在旅游产品的投入期，市场缺乏对其了解，通过旅游营业推广可加速潜在购买者的知晓、认知和了解过程，有利于旅游产品在短期内在旅游市场上占有一定的份额。

2. 有利于诱导重复购买

通过一定物质刺激，有利于争取回头客，使现实型旅游者转为常客型旅游者。不少旅游企业通过再购买优惠形式吸引回头客。

3. 有利于增加旅游产品销售

通过营业推广可使现有顾客增加购买量，能吸引潜在顾客加入购买，还有利于吸引回头客，从而增加旅游产品销售量。

4. 有利于更好地应对竞争

旅游市场竞争是全方位的竞争，旅游企业可扬长避短地与对手进行营业推广竞争，有时会把原本用广告竞争的一部分预算转用于营业推广，通过给购买者更多的实惠刺激其购买。

5. 有利于带动相关旅游产品的销售

旅游营业推广不仅会吸引购买者增加某品牌的购买，而且还会带动相关产品的销售。

旅游企业使用营业推广来产生更强烈的刺激，引起消费者对产品的关注，扭转销售量下降的趋势，但营业推广的作用是有限度的、短期的。它通常并不能建立顾客对本企业产品的信任和忠诚，也不能改变一个市场定位不当的产品的命运，更不能拯救一个即将被市场淘汰的产品。因此，要适当评价营业推广的作用并灵活运用。

（四）旅游营业推广的特点

1. 广告意在传播一项销售信息，而营业推广则是在特定时间内向消费者提供某种激励。

2. 广告的设计与策划通常要考虑长期效果，而营业推广则是为寻求销售额的立即反应而设计的，并且常常在限定时间内进行。

3. 广告通常用于为某产品创造一种形象，把消费者置于一种情调、气氛之中，使之对产品产生认同感，而营业推广则是行动导向，其目标是在使用销售促进手段后，能立即实现销售。

4. 广告使产品通过某种比较去竞争，而营业推广则企图使本产品在特定时间和地点与其他产品有显著差别。

5. 广告通常会使品牌增加认知上的价值，而营业推广意在扩大销售，增加实质价值。

从以上五个方面的比较中，我们可以看出营业推广与广告促销有着不同的目的，由于目的不同决定了手段不同。营业推广所采用促销工具与广告也是不同的。但如能在实际工作中将二者协同使用，则比单独运用某种工具的累加效果会好得多。

二、旅游营业推广决策

营业推广是一种短期的宣传行为，目的是激发消费者购买的积极性，其决策程序如图 9－1 所示：

图9－1　营业推广决策程序

（一）确定营业推广目标

营业推广目标是旅游企业根据目标市场的购买者和企业的营销目的而确定的。在不同目标市场中，营业推广的目标也有所不同。对不同的推广对象，营业推广目标也应不同。无论针对哪个目标市场，哪种推广对象，营业推广目标的确立都必须考虑两个问题：①营业推广的目标必须与旅游企业总体营销目标相一致；②每一次营业推广的目标都应以实现当前营销目标为基础来制定。

（二）制定营业推广方案

旅游企业必须确定具体的营业推广计划，以便能更好地达到预期的促销效果。其方案内容主要包括营业推广媒体的选择、营业推广时间的长短、营业推广时机的确定以及营业推广预算等。

（三）方案试验

为确定所制定的营销方案是否科学合理，可先进行预实施。如邀请消费者对将要采取的优惠办法作出评价和分析，或在有限的地区进行试用性测试。

（四）营业推广方案的实施和控制

对每一次营业推广都必须制订实施计划。实施控制计划包括方案的运行、紧急情况的处理和前置时间、延续时间的控制等内容。

（五）评估营业推广方案

评估营业推广方案很重要。评估效果既包括短期效果，也包括长期效果，但在很多情况下，长期效果的衡量只能采用定性或定量预测的方法来判断估计，而且结果也不准确。推广效果的评估方法很多，最普遍采用的一种方法是把推广之前、推广期间、推广之后的销售情况进行比较，因为短期销售量的变化幅度是衡量旅游营业推广效果的最好依据。

第四节　旅游公共关系与旅游人员推销

一、旅游人员推销概述

（一）旅游人员推销的含义

人员推销是一种最古老的推销方式，它是销售人员与潜在顾客之间直接进行沟通，目的是劝说他们购买企业的产品。人员推销具有针对性强、激动灵活、反馈及时双向沟通等特点。与广告、公共关系和营业推广相比，人员推销是一种人性化的促销方式、是一种成本较高的促销工具。

旅游人员推销就是旅游企业从业人员或兼职人员直接与顾客或潜在顾客接触、介绍、宣传和洽谈，而促进旅游产品销售的方式或活动。在这一过程中，销售人员要去了解购买者的需求，并通过自己的努力去吸引并尽量满足购买者的各种需求，使双方都能从公平交易中获取各自的利益。

(二)旅游人员推销的一般流程

在实际的推销过程中，旅游人员推销活动的一般流程如下：

1. 寻找潜在顾客

旅游推销人员在开展推销活动之前，首先应做一些社会调查和筛选工作，将推销的重点放在那些最有可能购买该产品的消费者身上；应尽量避免那种漫无目的，没有针对性的随处推销。旅游企业可以通过现有顾客的介绍，供应商、行业协会的介绍，有关的报纸、杂志，各种社会活动和关系网络等多种渠道去获取有价值的信息，然后对这些信息进行筛选，找出潜在的消费者。当然，在旅游企业刚刚成立或者企业目标市场发生重大变化的情况下，通过奔走游说，逐户走访来筛选潜在顾客的方式也是经常被采用的。

2. 事前准备

旅游推销人员在和潜在顾客进行沟通之前，都应进行周密的计划和准备。一方面，旅游推销人员要对旅游企业和旅游产品的相关信息了如指掌，以便向潜在顾客介绍和解答他们的疑问。另一方面，应尽可能地多熟悉潜在顾客的情况，更好地在推销时与顾客迅速建立起相互了解和信任的关系。

3. 接洽

旅游推销人员在与潜在顾客进行接触时，就应注意给他们留下良好的第一印象，并努力引起他们对旅游产品的兴趣；特别是要通过对旅游产品的介绍和一些展示手段，向潜在顾客强调旅游产品可以满足他们的需要或解决他们的问题。由于旅游产品具有无形性，推销人员对其进行展示往往受到诸多限制。视听材料、测试性材料和现场考察在一定程度上可以弥补这方面的不足。在介绍和展示的过程中，推销人员一方面要以简洁的语言配以展示手段清晰地描述产品；另一方面，要仔细聆听潜在顾客所提出的问题和意见。

4. 处理异议

旅游推销人员在和顾客就旅游产品宣传展示后，一些潜在的顾客一般会提出一些疑问，他们表达疑问的方式多种多样，疑问的内容归纳起来不外乎以下几个方面：

(1)需求异议：旅游推销人员推销的旅游产品不是很能满足他们的需求；

(2)财力异议：无钱购买该旅游产品，或想大幅度的优惠；

(3)产品异议:不应购买推销的旅游产品;

(4)权力异议:自己无权决定是否购买该旅游产品。

有经验的推销人员一般都能在事先预料到潜在顾客的者些异议和问题，并对此加以解释;对于一些确实存在的并且确实能影响到潜在顾客购买行为的问题，也必须进行适当的处理，而不是一味地回避和忽略。

5. 成交

一旦问题得到妥善解决，潜在顾客表现出购买的意图时，就意味着推销进入了达成交易的实质性阶段。推销人员可以通过观察顾客的表情、动作、姿态和语言等来判断顾客是否有达成协议的意愿。

6. 后续工作

买卖完成并不意味着整个推销工作的结束，而是代表一个新的推销过程的开始。推销人员在旅游产品售出后还必须继续以下工作:①保证产品能按承诺的质量如期交付;②关注顾客消费，一旦顾客有投诉，应及时妥善处理;③与顾客保持联系，特别是与重点顾客保持密切联系。

(三)旅游人员推销的作用

1. 传递产品信息

旅游人员在推销产品的同时要向顾客介绍企业及产品的真实信息，包括推销的一般信息，如旅游产品的特征、功能、质量、价格、规格等;旅游产品的发展信息，如旅游产品的发展趋势，引导消费者接受旅游产品或改变消费习惯，达到推销的目的;旅游产品的市场信息，如旅游产品的供求信息、经营方式和服务方式等

2. 销售旅游产品

销售旅游产品是旅游推销的核心作用。销售是企业实现经营目标的唯一手段，也是旅游产品实现其价值的唯一形式,旅游推销人员的基本职能就是销售，只有把产品销售出去，旅游推销人员的目的才能达到，才能为企业创造利润。

3. 为顾客提供多种服务

旅游企业同其他企业一样有为顾客服务的义务，其提供的服务包括售前服务、售中服务和售后服务。服务的形式应多样，质量必须有保障，因为服务质量与产品质量一样关系到推销工作的成败。旅游推销人员在与顾客接触时，应尽可能地了解顾客的真实需求，满足顾客的潜在需求，为顾客提供所需的各种服务，以赢得顾客对企业的信赖。

4. 市场信息反馈

旅游推销人员是企业通过市场的桥梁和纽带，是旅游企业获取市场情报的重要渠道。他们直接与市场接触，能及时、准确地收集市场信息，从而帮助企业作出正确的营销决策。

二、旅游推销管理

旅游营销与其他产品的促销手段相比，人员推销的因素更加重要，推销人员的素质

直接决定着人员推销的效果。

（一）推销人员的招聘和选择

优秀的销售人员应具备一定的销售能力和技巧以及一些独特的个人特征，包括：良好的心理素质；较好的口头表达能力；敏锐的洞察力和较强的推理能力；较强的独立工作能力；团队精神；善于学习，能不断完善自己。

（二）对推销人员的培训

通过程序化学习、角色扮演、敏感性训练等方式使推销人员了解企业、产品目标顾客以及竞争对手的特点，同时要接受推销术方面的训练。例如，很多饭店集团都有推销方面的专家，配合先进的设施和较为成熟的培训方法，对每个成员饭店的推销进行培训。

（三）对推销人员的指导

对销售人员的指导应集中在制定客户目标和访问标准以及有效支配时间两个方面。前者包括制订对实现的和潜在的客户访问的目标和访问标准。一般的做法是将客户分成几个等级，最高级别的客户需要访问的次数也最多。在支配时间方面主要是协助制定年度访问计划。

（四）对推销人员的激励

推销定额管理、提供良好的组织环境和及时、积极的鼓励是激励推销人员的几种主要方法。推销定额管理是推销人员的报酬随工作绩效上下浮动；良好的组织环境是指重视推销人员的工作，并提供给他们晋升的机会；及时的奖励可以满足他们对成就感的需要。

（五）对推销人员的考评

对推销人员的考评主要集中在业绩的评价和品质的评价两个方面。业绩评价是以推销人员对净利润所作的贡献为依据的综合评价，它包括每天平均的访问次数、每次访问的平均费用、每百次访问增加的销售量、单位推销费用所获得的销售量、本期个人推销量同前期相比的变化、顾客的投诉、失去老顾客和开发新顾客的情况，以及对企业、产品、客户、竞争对手、经营地区和自身职责的了解。对推销人员品质上的评价主要集中在风度、仪表、言谈、气质等方面。

此外，作为一门历史悠久的推销艺术，人员推销已经形成了一些特殊的原则和方法。了解和掌握这些原则和方法对销售人员来说是非常重要的。但必须认识到，没有在任何情形下都有效的推销方法。销售人员只有在基本原则和方法指导下，根据访问对象、所推销产品的特点等不同的具体情况，依靠自身的知识、能力、推销技巧和经验灵活应变，才能取得良好的销售效果。

三、旅游公共关系

旅游公共关系是一种“柔性化”的沟通与促销。其目的主要不是为了销售产品，而是通过与社会和企业内部的“对话”来提升形象，为企业发展赢得良好的内外部环境，它也是旅游企业促销的行之有效的策略之一。

（一）旅游公共关系的含义与特点

旅游公共关系是指旅游企业所进行的与公众建立和协调相互间合作关系的方式或活动。其活动主体是旅游企业，作用对象是旅游行业相关的公众，信息的传播方式包括企业新闻事件报道、演讲、展示、公益活动、广告等。

旅游公共关系与其他促销方式有所不同，主要特点体现在以下方面：

（1）从公共关系的目标来考察，其特征是塑造组织机构形象，注重长期效应。

（2）从公共关系的对象来看，公共关系注重双向沟通。

（3）从公共关系的手段来看，公共关系注重间接促销。

（二）旅游公共关系的促销作用

1. 树立旅游企业形象

在信息大量充斥的社会里，要想使企业为公众所注意、所欣赏，给他们留下美好、沉刻的印象，就必须有意识地通过各种手段去传播本企业的特定形象。对企业来说，树立形象是全方位的。首先是企业内部的努力，如企业的经营理念、经营宗旨、企业的产品质量、服务质量等是否符合消费者的要求；其次，也取决于企业向外传播和树立形象的努力，如广告宣传、人员推广、公共关系等。在这些信息传播工具中，公共关系对于树立企业特定形象有着独特的、不可替代的作用。因为广告和人员推广的主要作用在于促进产品的销售，其形式主要是自我宣传。所以，其在树立形象方面所发挥的作用是有限的。而公共关系的作用是为整个企业服务的，不仅仅只是为某个方面的职能服务；且其采取的形式是多样化的，既有企业的自我宣传，又有公众的口头传播，还有新闻媒体、社会人士所进行的客观宣传。所以，其发挥的作用是广泛的。

2. 协调企业社会关系

旅游企业在经营活动中，必然要与各方发生关系，利用公共关系活动，一是可以将企业各方面的动态信息传达给社会公众，增加他们对对企业的好感；二是可以增进本企业销售网络中各经销商同企业的感情，使他们产生好感；三是可以将企业信息通报给企业的股东、投资者、相关金融机构、政府部门和社会公众，使他们理解和支持本企业的活动。总之，通过公共关系活动，可以强化企业同各方面公众的关系，使企业的工作能够得到公众的知晓和理解，从而使企业与公众的关系更为紧密和牢固。

3. 化解企业面临的危机

企业处于千变万化的环境之中，随时可能面临危机。这些危机，有些是企业自身的失误造成的，有些是公众误解造成的，有些是竞争者采用不正当竞争造成的，有些是不怀好意造谣侮蔑造成的。但是，如果这些危机不能及时化解和处理，就会给企业带来很大的损失。企业应利用公共关系，对危机产生的原因进行分析并采取办法化解危机。

4. 增强企业内部凝聚力

旅游企业内部应实现“上情下达，下情上达”，消除可能产生的误解和隔膜，增强企业员工的自豪感和认同感，使企业上下同心同德地为企业经营目标的实现而努力。这样的企业才会在竞争中充满活动力，即使面临暂时的困境，也会很快以强大的凝聚力和高涨的士气重整旗鼓、摆脱困境。

5. 有利企业促进销售

由于市场竞争的加剧和生产技术的普遍提升，各类产品的质量差距和价格差距已越来越小，因而消费者对产品的选择更着重于生产产品的企业本身的形象。公共关系可通过信息传播，树立企业良好形象，使消费者在潜移默化中对企业及其产品产生好感而采取购买行动。这种作用是广告、营业推广等促销方式所不具备的。

四、旅游公共关系的促销方式

(一)发现和创造新闻

发现和创造新闻即新闻公关。新闻公关是指利用或策划有吸引力的新闻事件，吸引媒体报道，以扩大企业影响。由于新闻界是站在旅游企业和旅游者之外的第三者立场上，能客观地提供信息，因此新闻报道的可信度高。旅游企业应积极主动地、经常性地与新闻界保持联系，了解新闻报道的重点及新闻动向，并经常及时地向新闻界提供具有新闻价值的本企业信息，以吸引新闻界和公众的注意，增加新闻界正面报道的频率，从而扩大企业及其产品的影响，提高知名度。

(二)介绍情况、回答问题和发表演讲

旅游企业营销人员要利用各种场合、各种机会，灵活地运用公共关系的语言艺术，介绍企业及其产品的情况，回答公众关心的问题，发表有关的宣传演讲，这也是提高企业知名度的另一种有效的手段。

(三)参与社会活动

旅游企业积极参与当地社会活动，支持公益事业，能够树立企业关心社会公益事业，乐于承担一定社会责任和社会义务的良好形象，有利于增强企业的影响力，也有利于企业取得社会公众的好感和信任。

(四)策划专门性公关活动

旅游企业可以根据营销活动的需要，安排一些特殊事件来吸引公众对企业的注意，如召开新闻发布会和展览会，举行某种庆典活动等。

(五)导入 CIS

CIS 是企业形象识别系统的简称。导入 CIS，就是综合运用现代化设计和企业管理的理论和方法，将旅游企业的经营理念、行为方式和个性特征等信息加以系统化、规范化和视觉化，以塑造具体的、可感受的旅游企业形象。旅游企业可通过媒体来传播这种视觉化的形象。导入 CIS 可以更具体、详细、直观地表达企业形象，使企业形象更容易被公众接受，公众也能通过 CIS 对企业形成一个比较完整、系统的印象。

（六）散发宣传材料

旅游企业可以制作各种宣传旅游企业、旅游产品、旅游景点的材料广泛散发和传播，向公众传递有关信息。宣传材料可以是印刷材料，或音像资料等。

第五节　旅游促销组合策略

一、旅游促销组合在营销中的应用

（一）促销组合的概念

所谓促销组合，是一种组织促销的整体思路。它主张旅游企业应把宣传广告、旅游公共关系、营销推广、人员推销等几种基本促销方式组合为一个策略系统，使旅游企业的全部促销活动互相配合，相辅相成，协调一致，最大限度地发挥营销的整体效果，从而顺利实现促销目标。

促销的几个子系统都包含了许多的具体促销手段或工具，某个工具的选择变化，也就意味着产生一个新的促销组合，从而影响到整体的效果。所以，促销组合是一个整体概念，是整体营销的重要体现。

促销组合作为组织促销的指导思想，不能单纯地依赖某一种方式，借助于某一特定的工具，旅游企业要在充分了解各种方式手段的性质、特点、优缺点的基础上，结合旅游企业的促销目标，环境条件，制定出最佳的促销工具组合。整体、统一的思想将是促销策划形成的指导思想，它贯穿于销售策划的整个过程。

（二）选择促销工具及组合

在明确了促销目标和基本促销方式之后，接下去要做的工作就是选择促销工具。促销工具有各种各样，各有其特点和适用范围，在选择工具时需要考虑以下几个因素：

1. 必须与促销目标相一致

制定促销目标往往为促销工具的选择提供了较为明确的依据和范围，根据 1976 年斯特朗的研究结果，不同的促销工具适应于不同的促销目标。

2. 市场的类型

不同的商品需要不同的促销工具，促销工具必须适应旅游企业所处的市场类型的特点和相应的需求。

3. 竞争条件和环境

竞争条件和环境，包括旅游企业自身的状态、资金、人力、优势，以及外部竞争者的数量、实力、竞争策略等；还要考虑客观环境方面的制约因素，如社会政治、经济发展水平、民族风情、人们的文化程度与消费习惯，以及政府的法律、法规等。

4. 促销预算

任何旅游企业用于促销方面的资金总是有限的，并且有了初步的预算值。为了达到旅游企业促销目的，使有限资金发挥最大效益，就需要充分考虑各种促销工具的费用水平，这往往对工具的选择有很大的制约力。

5. 促销工具的选择

从旅游企业的本身状态出发，选择出既能达到限期的促销目标，又能节约企业的财力、物力、人力的促销过程就是促销工具的选择。在一次促销活动中，往往采用的不只是一种促销工具。把各种促销工具组合在一起，形成了互补，往往会达到“1 + 1 > 2”的效用，这就是促销组合在实际中广泛应用的道理。

在进行促销工具的选择组合时，管理者要对旅游企业的目标和环境了如指掌更要分析各种工具的优缺点，找到它们中可以互补的地方，尽量发挥效用的最大化和成本的最低化。

促销需要进行整体的规划，有计划、有节奏地实施，尽量目标明确，并保证促销的计划性、系统性、可操作性。促销的最高境界就是实现零距离促销。要根据旅游企业的自身情况，因时因地进行分析，把这些基本的要素进行整合，把握促销策略，成功的可能更大些。

二、影响促销组合策略选择的因素

（一）旅游促销目标

不同的促销目标，需要采用不同的促销组合来实现。

（二）旅游产品生命周期

一般来说，在旅游产品生命周期的不同阶段上，不同的促销方法产生的效果也不同。

（三）旅游产品和市场特征

不同的促销方法在不同的产品、不同的市场中的重要程度不同。

（四）旅游企业特征

旅游企业由于其经营规模、资金实力、市场覆盖率不同，决定了其旅游促销组合也有差别。

思考与练习：

1. 旅游广告的特点和作用是什么？

2. 旅游营业推广的作用、方法和实施过程是什么？

3. 常用的公共关系工具有哪些？

4. 人员推销的步骤有哪些？

5. 选择一个你熟悉的旅游产品或品牌，分析它的促销方式与竞争者相比有何特点？

案例：

大堡礁——最成功的营销

2009 年 5 月 6 日，34 岁的英国人本·萨特霍尔击败了全球近 3.5 万名竞争者，赢得了“世界上最好的工作”——澳大利亚大堡礁汉密尔顿海岛的看护人。

未来半年内，萨特霍尔每日与白沙碧水为伴，通过每周的博客、照片、视频及接受媒体访问等方式，向全世界报告他在堡礁的探奇历程，并享受半年 15 万澳元(约合人民币 66 万元)的高薪。

“世界上最好的工作不仅是一段令人赞叹的旅程，也是史上最成功的旅游营销战略”。6 日，昆士兰州州长安娜·布莱在公布萨特霍尔成为最终获胜者时说。

昆士兰州旅游部门估计，此项招募“世界上最好工作”的活动开支为 170 万美元，但在全球产生的广告效益将达到 1.1 亿美元。

澳大利亚市场分析师巴罗斯说：“这是一次典型的小投入、大收获的旅游营销活动，证明了人际传播的力量，很大程度上通过免费的 Youtube 等网络方式。所以说，如果你有一个足够好的点子，想要吸引人们的眼球，成为人们的谈资，不一定要投入巨额的广告费。”

资料来源：中国旅游营销网，http://www.aatrip.com

【案例讨论题】

1. 分析澳大利亚士兰大堡礁成功营销的原因有哪些？

2. 从本案例中，你受到了什么启发？

第十章 旅游市场营销组织管理

本章主要内容

- 旅游市场营销组织的概念及持征
- 旅游市场营销组织的构成要素
- 影响旅游市场营销组织设置的因素
- 旅游市场营销组织结构的演变
- 现代旅游市场营销的组织构架
- 旅游企业营销经理的素质
- 营销组织实施控制的过程
- 营销控制的主要类型及方法

*

兰迪逊饭店团体业务评测表

评测内容		优	良	一般	差	评语
宴会	食品质量					
	饮料质量					
	食品服务					
	饮料服务					
会议室	外 观					
	设 备					
	灯 光					
	卫 生					
	空 调					

续表

评测内容		优	良	一般	差	评语
餐厅与休息室	食品质量					
	饮料质量					
	食品服务					
	饮料服务					
员工态度	会议服务人员					
	宴会员工					
	销售人员					
	餐厅员工					
	客房管理员					
	电话接线员					
	客房男服务员					
	客房女服务员					
	经 理					
前台	预定办理					
	饭店登记					
	会议登记					
	结 账					
反映	代 表					
	负责人					
	代言人					

案例讨论：根据此表能从哪些方面评估出该饭店的营销状况？

营销组织理论是现代营销管理理论的重要组成部分。企业在制定了市场营销战略后还必须建立市场营销组织，以完成战略和规划的具体实施。营销组织的建立必须科学合理、精简高效，并且要与企业自身的特点和环境相适应。旅游企业作为服务性企业，其营销组织形式与普通工业企业有所不同，但任务都是通过组织市场营销资源，执行市场营销战略和计划来确保企业营销目标的实现。

第一节 旅游市场营销组织管理的基本内容

组织的概念可以从两方面来理解:一方面,从过程来看,它是一种工作,即将分散的人或事物融合为一个有机的整体,以形成某种集合效应;另一方面,从主体来看,它是一种机构,该机构是为了实现一定的目标,并按照一定的原则建立起来的,具有明显的系统性。工作通过机构来实施,两者共同形成组织。

一、旅游市场营销组织的概念及特征

旅游市场营销组织指旅游企业是为了有效实施营销战略,并最终达到企业的经营目标而进行的对内部各组织层次的设计。这种设计并不是一成不变的,它随市场环境的改变和企业自身的发展而变化。旅游市场营销组织主要具有以下两个特征:

(一)灵活性

近年来,随着旅游业的迅猛发展,旅游市场此起彼伏,表现出较强的不稳定性。旅游市场营销组织必须具有针对营销环境变化,迅速调整内部结构,以作出正确反映的能力。为此,旅游企业应按如下顺序灵活地建立营销组织机构和相应管理制度,如图10－1所示。

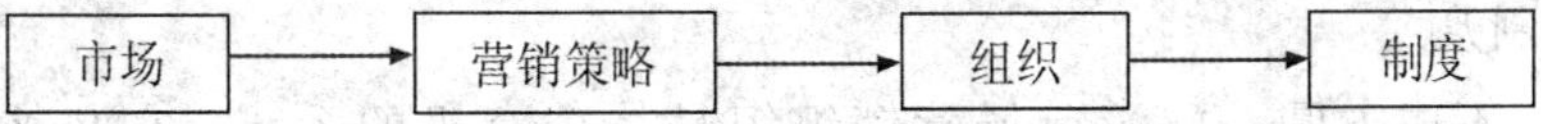

图10－1　营销组织管理图

但目前,许多旅游企业在开展市场营销活动时并不是这样。而对变化的市场环境,企业虽然已经觉察到新的市场机会,但却受到原有组织机构和制度的束缚,无法及时调整自己的策略,从而丧失市场机遇。

(二)系统性

从广义上讲,市场营销组织不单纯地体现为企业的市场营销部,它是由企业各部门全力配合所形成的一个整体。换句话说,市场营销部是实现企业营销目标的具体执行部门,它必须在产品开发、生产、财务、人事等其它部门的配合下,才能完成企业规定的销售任务。同样,旅游企业的每个部门分工不同,但都以企业的整体营销目标为核心,从而构成一个有机的体系。因此,旅游市场营销组织是一个系统性的组织。

二、旅游市场营销组织的构成要素

(一)专业人员

市场营销活动所涉及的很多部门都需要相应的专业人员,他们是构成市场营销组织的主体。人员专业化、技术现代化的趋势在大中型旅游企业的市场营销组织中表现得越来越突出。专业化程度越高，组织工作越高效，但同时也带来部门间难以协调等问题。

为提高专业化水平，并加强部门间的协调与沟通，在人员安排上旅游企业营销组织应采取交叉式的专业化管理，即不单以职能、地区、产品、市场等为依据进行简单地组织，而是全面综合地实施专业化。比如，面对多个目标客源市场，某酒店企业可以设立一个市场部经理，并授权他合理调配专业职能人员，具体负责各子市场的产品开发与销售工作，从而达到最优组合。

（二）决策体制

根据自身的特点和需要，不同的企业在设立市场营销组织时，可以选择不同的决策体制。在一般情况下，旅游企业常采用集权和分权两种营销决策体制，前者指由市场营销部门的最高领导者来制定大多数重要的营销决策，这种决策体制有利于统一领导，部门协调，顾全整体；后者则以下属员工为主体，自下而上地制定营销策略。由于一般销售人员更了解顾客需要，且对市场变化敏感，所以这种营销决策体制有利于及时发现市场机会，并对销售人员有较大的激励作用。

（三）控制幅度

控制幅度，又称管理幅度，指主管人员领导的下属人员的数量，它是企业的任何管理组织必备的要素。下属人员尤其是控制幅度安排是否合理，将直接影响旅游企业市场营销组织管理效率的高低。

（四）管理制度

没有规矩，不成方圆。旅游市场营销组织是一个有机的系统，它必须有明确、科学的管理制度作支撑，以保证自身的高效、有序运行。对于旅游营销组织而言，管理制度主要围绕责权利来展开，具体应包括决策制定、工作权限、任务分配、奖惩规定等内容。

三、影响旅游市场营销组织设置的因素

与一般企业类似，决定旅游企业营销组织模式的因素主要有以下五个方面：

（一）企业规模

一般来说，企业规模越大，涉及的专职部门越多，管理层次、幅度相应越大，市场营销组织的规模也越大。在这种情况下，旅游营销组织模式就比较复杂。

（二）市场

企业市场营销人员的分工和负责区域主要依据产品市场组合来划分，一般而言，每个细分市场需要设立一个营销管理职位。细分市场的数量直接影响旅游企业市场营销组织的规模跨度。

（三）产品特点

若产品类型单一，那么企业只需针对该类型产品的购买群体设置相应的组织机构，营销组织相对简单；若产品丰富多样，企业则需要考虑设置产品经理，分管各大类产品

的营销。但不论是经营单一产品还是多样化产品，旅游企业都要根据产品购买群体的特点来确定营销组织中的重点部门。例如，产品主要面向生产企业，则需要推销人员直接推销；主要面向消费者市场，则往往有庞大的广告宣传网络，推销部门相对简单。

（四）企业类型

不同行业的企业，其市场营销的重点不同，组织构成也存在差异。所有旅游企业同属服务性行业，它们具有相同的市场营销重点。其一是市场调查，另两个方面分别为管理目标和服务技术的体现。

1. 市场调查

面临不断变化的市场环境，任何企业都需要进行科学的市场调查，以及时获取市场信息，并灵活调整企业的营销组织形式。旅游业市场竞争激烈，且竞争对手很容易从营销第一线打入自己的市场，这更需要旅游企业设立相应的营销部门，以便收集市场信息，改进营销工作。在经营职能占支配地位的企业里，建立强有力的营销组织，可以强化整个企业的营销导向，防止管理人员只重视经营效率，忽视营销效果的倾向。

2. 管理目标的体现

在旅游企业的管理目标中，发展目标是一个基本的目标，它要求企业不断扩大经营规模，降低成本费用，增强竞争实力。在一般情况下，为提高企业的规模经济效果，采取集权式组织结构更加有效。

一方面，在营销活动中，创建服务品牌是旅游企业提高规模经济效果的一项重要措施。例如，旅游饭店推行规模化、集团化经营往往能获得成功，其根本原因在于一个强有力的品牌是高品质产品及服务的象征。只有采取集权式的组织结构，饭店集团才能统一所有下属企业的服务标准，为顾客提供非凡的产品和优质的服务。在分权式的组织结构中，下属管理人员对服务标准的决策不可能完全统一。另一方面，集权制企业对基层管理人员的要求不高，他们只需根据已确定的操作程序和规章制度，做好经营管理工作，这更加符合服务性企业的管理特点。

3. 服务技术的体现

根据服务定制化程度和服务人员与顾客接触程度，可以将服务划分为四种类型，如图 10 – 2 所示。这四种类型的服务在旅游业中都有所涉及，营销部门在不同服务类型的旅游企业里发挥着不同的作用。

服务人员与顾客接触程度

定制化程度	低	高	
低	快餐馆大众服（服务工厂）	民航客舱服（大众服务）	经营效率降低
高	自助餐厅（服务车间）	律师事务所（专业服务）	

经营效率降低

图 10－2　**受定制化程度、与顾客接触程度影响的四种服务类型**

在服务定制化程度低、与顾客接触程度低的旅游企业里，在公司总部设立营销部比较有利。这样营销部可以通过统一的服务操作程序、统一的品牌，控制和影响下属企业的经营活动，提高规模经济效果。在服务定制化程度高、与顾客接触程度高的旅游企业里，专业服务人员直接为顾客服务。除了简单、重复、常规的服务工作之外，这类企业很难提高经营效率；服务营销工作主要由专业服务人员来完成，如旅行社的导游员。此时，在公司总部设立营销部，并不能完成整个企业的所有营销工作任务。

因此，旅游企业还应根据自身的服务技术类型来决定营销组织的设立。

（五）企业经营状况

建立市场营销组织要花费企业的人力、物力和财力。如果企业的市场营销管理人员能力强，管理的幅度大，组织层次就可能少，组织形式就会相对简单；另一方面，如果企业经营状况好，财力大，可投入资金多，营销组织就会复杂一些。一般来说，市场营销组织与企业经营状况是相适应的。

第二节　旅游市场营销的组织构架

旅游市场营销组织是旅游企业中负责管理和执行本单位市场营销工作的组织机构，其结构随企业经营思想的发展和企业自身的成长而变化，至今已形成了健全、高效的现代旅游市场营销组织结构。

一、旅游市场营销组织结构的演变

旅游市场营销组织结构的演变与旅游企业营销观念的发展不可分，它大致经历了五个阶段：

（一）简单的销售部门

在这个阶段，旅游企业以生产观念为主导，并用以指导自己的销售活动。销售部门的职能仅仅是推销生产出的产品，而对产品的种类、数量、规格等问题几乎没有发言权。此外，由销售负责人直接管理产品推销以及市场调研、广告宣传等营销活动。如图 10－3 所示。

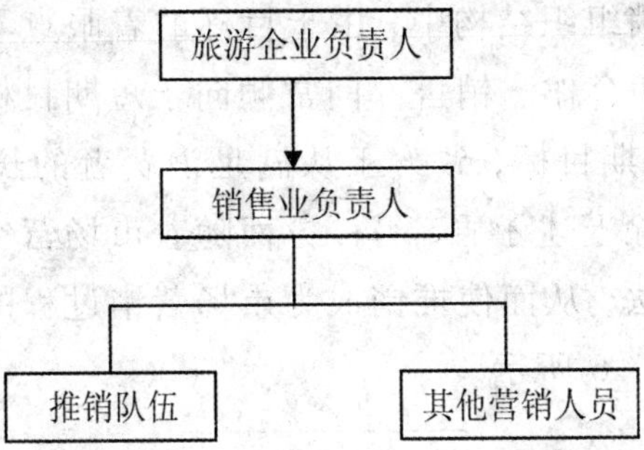

图 10－3 简单的旅游企业销售部门

（二）兼有其他营销职能的销售部门

随着旅游企业规模的扩大和市场营销观念的进步，经常、连续、专业化的市场调研、广告宣传及顾客服务显得更为重要，旅游企业需要有一批专业人员来帮助执行这些功能。因此，在这个阶段，销售负责人除了继续售理推销队伍外，还要针对其他营销职能，设立主管级负责人，专门负责规划和管理那些销售以外的事务。如图 10－4 所示。

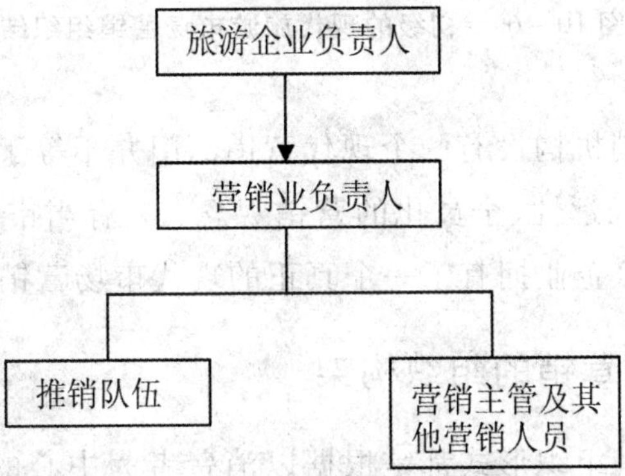

图 10－4 销售主导的旅游市场营销组织结构

（三）独立的营销部门

随着旅游企业经营范围的不断扩大，营销调研、新产品开发、广告促销等市场营销的其他职能作用明显增强，营销部门独立存在的必要性日益表现出来。最终，销售和营销成为众多旅游企业组织结构小相互独立的两个职能部门（见图 10－5）。

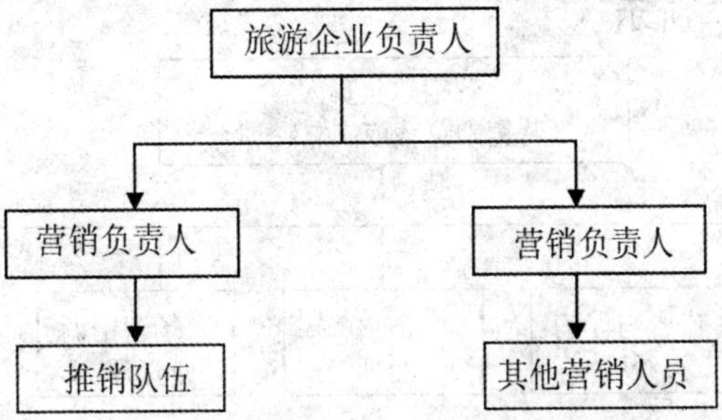

图 10－5 部分分离的旅游市场营销组织结构

（四）现代营销部门

在第三种旅游市场营销组织结构中，由于目标的着眼点不同，销售部门与营销部门存在很大的分歧，无法密切合作。销售部门常倾向于短期目标，致力于完成眼前的销售任务；营销部门更加注重长期目标，致力于从满足消费者的长远需求出发来制定产品和营销策略。一方面为了解除上述矛盾，另一方面随着市场营销观念的进一步发展，旅游企业采取了合二为一的方法，从而使推销成为市场营销过程的一部分，形成了现代市场营销部门的雏形。如图 10－6 所示。

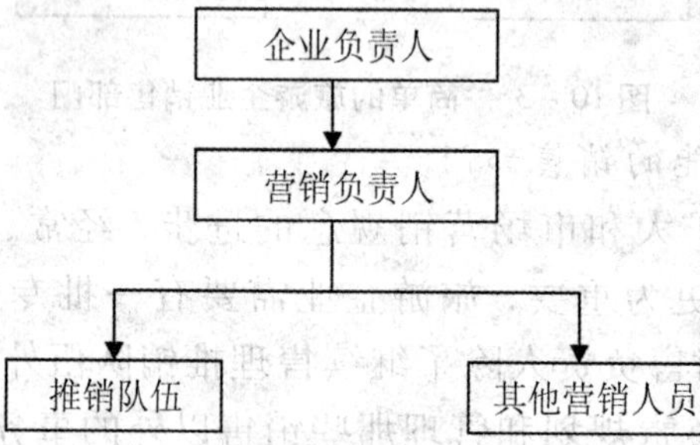

图 10－6　初级的现代旅游市场营销组织结构

（五）现代营销组织

旅游企业的市场营销机构设有一个现代营销部门并不等于已发展成了一个现代营销组织。组织要求企业有长远性、全员化的营销观念，只有当市场营销成为整个企业的经营指导思想时，才能说该企业拥有了一个真正的现代市场营销组织。

二、现代旅游市场茸销的组织构架

现代企业的市场营销组织形式都是根据以消费者为中心的营销指导思想而设计的。与一般企业类似，常见的旅游市场营销组织构架有以下几种：

（一）功能型组织构架

这是最常用的旅游市场营销组织形式，即旅游企业按不同的营销活动功能建立相应的职能部门，并由各类专业人员管理，在市场营销总负责人的统一领导下，协调各部门的营销活动。如图 10－7 所示。

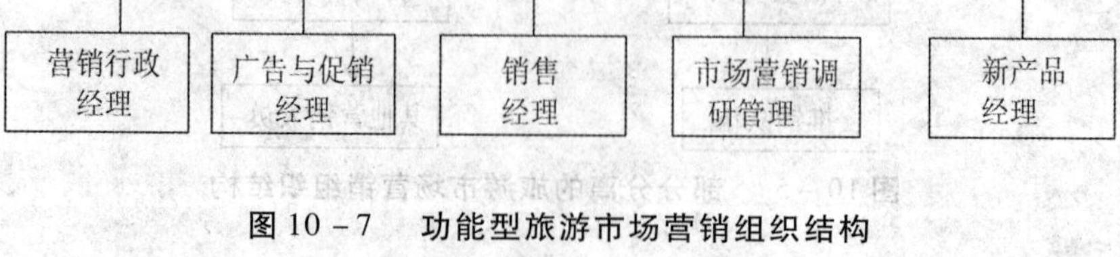

图 10－7　功能型旅游市场营销组织结构

功能型营销组织构架简单易行，且便于管理，但随着旅游企业产品类型的增多和市场的扩大，这种组织形式会暴露一些弊端，致使有效性减弱。首先，没有具体的人对某项产品或某个市场担负完全的责任，这将导致某些特定产品或市场的营销计划制定工作不完善，有些产品或市场甚至会因为没受到各职能专家的重视而被搁置一旁；其次，各职能部门往往强调自身的重要性，或者获得更多的预算和更高的地位而相互竞争，这使得营销副总裁或副总经理经常面临调解部门纠纷的难题。

（二）地区型组织构架

旅游企业的市场营销范围通常是跨地区的，因而需要按照地理区域分别安排营销队伍。地区型组织构架即从较大区域到较小区域依次设置全国销售经理、区域销售经理、地区销售经理、地方销售经理和推销人员，管理幅度也逐渐增大。如图 10－8 所示。

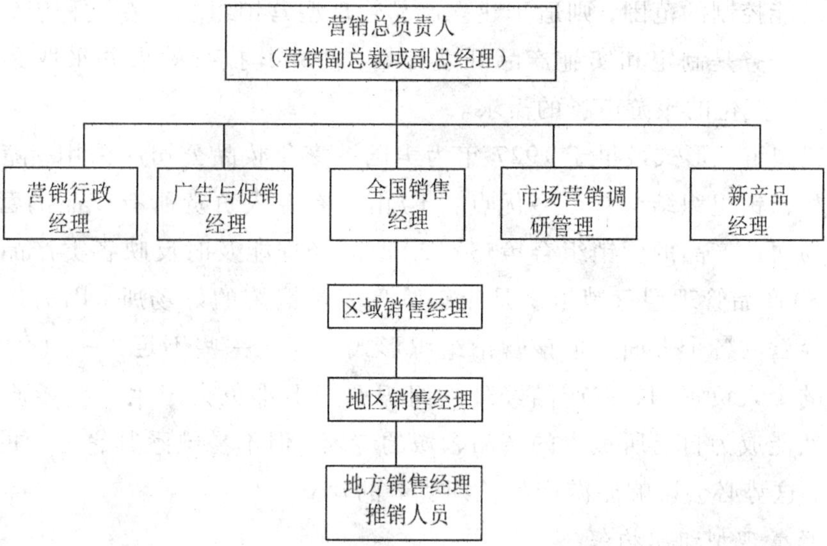

图 10－8　地区型旅游市场营销组织

地区型营销组织结构有利于各区域经理在了解本地营销环境的基础上，有针对性地开展营销活动，开辟区城市场，扩大产品销售。如果企业的销售范围较大，推销工作比较复杂，推销人员报酬很高，并且对企业的影响较大，这种营销组织形成的优越性就更加明显。

（三）产品管理型组织构架

生产多种产品或多个品牌产品的旅游企业，往往按产品或品牌设立市场营销组织，即由一名产品主管经理领导若干个产品大类经理，产品大类经理下面再设一定数量的具体产品经理。这种营销组织构架称为产品管理型组织形式，如图 10－9 所示。

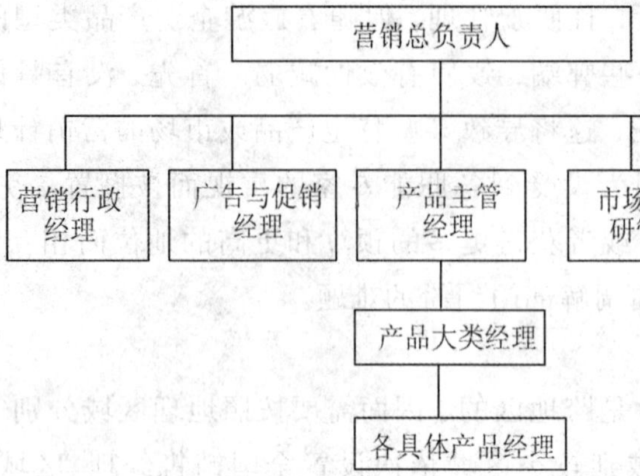

图 10－9　产品管理型旅游市场营销组织

如果一个旅游企业推出的各类产品之间差别很大，并且产品的绝对量又较多，超过了职能组织所能控制的范围，则适于建立产品管理型营销组织。在这种组织形式中，产品经理的主要任务是制定和实施产品开发计划，测评其执行效果并采取必要的改进措施，以适应不断变化的旅游市场的需求。

产品管理型组织形式最早于 1927 年为美国一家化妆品公司所采用，随后得到了广泛传播。这种营销组织结构有很多优点：(1)由于有专人负责所有产品的营销计划，营销负责人容易协调产品的营销组合策略；(2)产品经理能及时反映各类产品在市场上的销售状况；(3)产品管理型营销组织是年轻管理人员锻炼的好场所，因为产品经理几乎要涉及企业经营的各个方面。但该营销组织形式也存在一些不足：一方面，由于过分强调产品销售的个人负责制，在产品经理的组织调置上难免会产生一些矛盾；另一方面，产品经理虽然能成为自己所负责的产品领域的专家，但不易熟悉其它方面的业务，任期通常也很短，这势必会影响旅游产品长期优势的建立。

(四)市场管理型组织构架

旅游企业还可按照不同的市场划分来建立旅游市场营销组织，即由一名市场主管经理管辖若干细分的市场，各市场经理负责自己所辖市场的年度销售利润计划和长期销售利润计划。这种营销组织形式称为市场管理型营销组织构架(见图 10－10)。

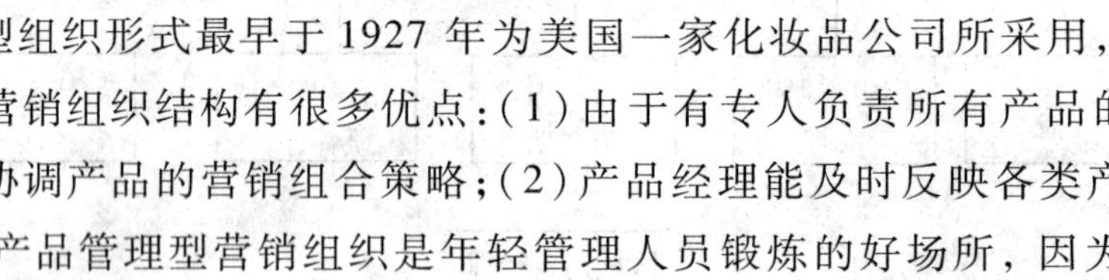

图 10－10　市场管理型旅游市场营销组织

市场管理型营销组织与产品管理型组织形式类似，市场经理就如同产品经理，其主要职责是分析主管市场的动向，并负责制定主管市场的长期计划和年度计划。这种营销组织结构的主要优点是旅游企业可围绕特定客户的需要开展一体化的营销活动，而不是把重点集中在彼此隔裂开的产品销售地区和产品本身。

不少营销专家认为，越来越多的旅游企业正在以主要目标市场为中心来安排他们的营销机构，这与旅游企业作为服务性企业的特点是相一致的。一方面，服务营销有别于传统的营销活动，它不仅强调市场占有率，同时也非常重视顾客的忠诚度，建立以市场为导向的营销组织结构，可以保证“以顾客为中心”，有利于培养顾客忠诚；另一方面，旅游企业在各地的基层单位都是利润中心，各细分市场经理负责自己所辖市场的各项利润计划，职责十分明确。这有利于其根据本市场的服务体系和服务过程中应使用的人力、物力，合理配置资源，为顾客提供优质服务。

（五）产品—市场管理型组织构架

针对不同客源市场开发多种产品的旅游企业，常常面临如何设置营销结构的难题——是采用产品管理型还是采用市场管理型？为了解决这个问题，旅游企业可以建立一种产品—市场管理型的矩阵式组织结构。如图 10－11 所示。

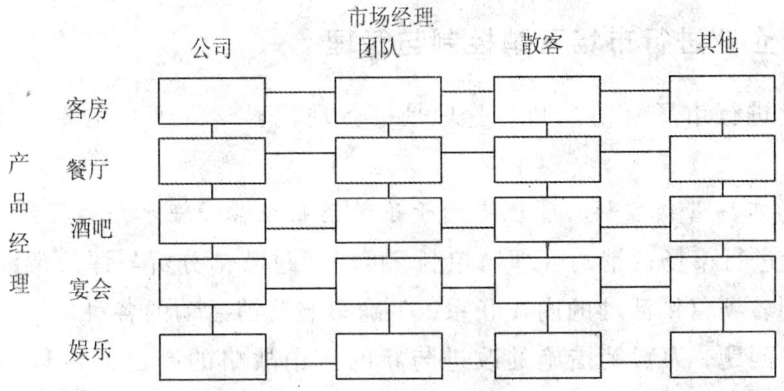

图 10－11　产品—市场管理型市场营销组织

从图 10－11 可以看出，旅游企业建立这种营销组织结构，需要花费大量的费用，而且权限的交叉在决策时极易产生内部冲突。因此，虽然产品——市场管理型营销组织构架对多产品、多市场的旅游企业来说是实用的，但绝大多数营销管理者认为，只有对那些相当重要的产品和市场才适宜同时设置产品经理和市场经理。

除上述几种旅游市场营销组织构架之外，有些多产品的旅游企业随着经营规模的扩大，常把各大产品部门升格为独立的事业部，各事业部下再设立自己的职能部门和服务部门，这种结构称为企业—事业部型组织构架。

三、旅游企业营销经理的素质

旅游企业在开展市场营销活动时，除了必须有组织机构作保证外，还需要相应的市场营销队伍提供支持。在这支队伍中，负责组织策划、协调和控制营销活动的市场营销经理尤其重要。他充当着创新构思者、营销推动者和形象管理者等重要角色，是使整个企业形成并保持营销意识的关键。

旅游企业的营销经理应具备一定的政治素质、相当的业务素质和良好的身体素质，其中，业务素质主要包括知识结构、决策能力和组织指挥才能，此外，还需要熟悉服务营销。因为服务营销和产品营销有很大的区别，前者的重点是关系营销和网络营销，旅游企业的营销经理必须把握这一点。

第三节　旅游市场营销活动的控制与管理

旅游企业作为旅游业可持续发展的重要实施者，它对市场营销微观层面上的控制与管理将使旅游市场营销活动朝着有利的方向发展，从面确保旅游企业营销战略目标的实现。

一、旅游企业进行市场营销控制与管理

旅游企业进行市场营销控制与管理是推行现代科学管理的重要一环，其作用主要在于：

（一）旅游市场营销控制与管理有利于旅游企业经营管理水平的提高

旅游企业进行市场营销的管理与控制，可以通过营销分析与评价帮助营销管理人员正确地认识到各项营销活动的内在联系，明确影响营销活动的各种原因，找出营销活动中存在的关键问题，为营销措施的改进与新的营销战略的制定提供科学依据。另一方面，旅游企业还可以监督、检查营销战略的实施情况及其有效性。

（二）旅游市场营销控制与管理有利于目标管理的推行和目标利润的实现

旅游企业确定营销战略目标、推行目标管理，需要经常检查营销计划目标的完成情况和分析影响营销计划完成的积极因素与消极因素。通过进行市场营销的管理与控制，可以为制定改进措施和调整目标计划提供依据，可以衡量旅游企业营销活动取得的经济效益水平与存在的差距，找出实现资源利用最佳组合的方法，实现预期利润和取得良好的经济效益。

二、旅游市场营销活动的控制与管理过程

旅游企业营销活动的控制与管理，要有组织、有秩序地进行。为此，应遵循一定的程序，具体说来一般有以下几个步骤。

（一）分析旅游市场营销机会

随着当今社会经济的不断发展，人们的旅游需求也日益强烈与丰富。旅游消费需求

的广延性与旅游产品供应的狭隘性并存，必然导致旅游市场营销机会的存在。而随着市场经济的不断成熟与完善，旅游市场的竞争性愈加突出，旅游企业必须及时发现与捕捉市场营销机会，结合自身的资源条件并争取有利于企业发展的良好市场空间，以期取得较好的经济效益。营销机会分析是营销控制与管理活动的起点，进行营销机会分析主要包括营销环境分析、购买者行为分析、市场竞争者分析和营销调研等方面的工作。

（二）确定控制对象

即明确应对哪些市场营销活动进行控制。旅游市场营销控制的主要对象是销售收入、销售成本和销售利润；同时，对市场调查、推销人员工作、新产品开发、广告宣传等营销活动也应加以评价和控制。另外，控制活动本身会引起费用支出，因而在确定营销控制的内容和范围时，旅游营销管理者应注意使控制成本小于控制活动所带来的效益。

（三）确立控制目标

营销控制目标的确立是将控制与计划结合起来的主要环节。对于计划中已经设立了的量化的营销目标，可以直接作为营销控制的目标。

（四）建立检测标准

旅游市场营销活动的效果要通过各种指标来测定，因而必须事先建立营销控制标推。在多数情况下，旅游企业的营销目标就决定了其控制标准，如销售收入、利润额、市场占有率和销售增长率等。但对于另外一些控制内容，如销售人员的工作效率、广告宣传效果等,应首先确定评价其效果的衡量尺度。如旅游企业经常用"一年内新增加的客户数目"来衡量销售人员的工作效率。其次，对衡量尺度加以置化，如计划每个推销人员全年应增加 50 个客户等等。

此外，由于不同的旅游企业或同一旅游企业在不同的时期有不同的管理目标，营销控制的标准通常也会有多种，为使标准具有激励作用，可采用两种标准：一是按现在可接受的水平设；二是按营销活动可能达到的最高水平来设立。

（五）比较实绩与标准

即将营销计划的执行结果与控制标准进行比较。若经比较的结果是实绩与控制标准一致，则控制过程可以到此结束，否则转入控制的下一步。在比较实际结果与控制标准时，需要确定比较的频率，即多长时间进行一次比较，它取决于控制对象是否经常变动。

（六）分析偏差原因

产生偏差一般有两种情况：一是在实施过程中由于主观不努力而造成的，这种偏差比较容易判断；二是计划本身的问题，导致这种偏差的主要原因是对客观情况估计不足，分析此类偏差通常易出差错。然而，这两种情况往往交织在一起，致使分析偏差的工作成为营销控制过程中的一个难点。因此，分析偏差原因时要全面、仔细，避免因缺乏对背景知识的了解或未加适当分析而使结果偏颇。

(七)制定改进措施

如果是实施过程中的问题，应针对导致偏差的不同原因，采取相应的对策；如果是计划本身的问题，就应根据实际情况，适当调整某些营销活动甚至营销目标，以适应变化了的市场形势。

三、营销控制的主要类型及方法

按照不同的内容，可将对旅游市场营销活动的控制分为四种类型：年度计划控制、盈利水平控制、效率控制和战略控制。以上四种营销控制类型基本构成了营销控制的整体，其中，前三种都属于战术控制。

1. 年度计划控制

年度计划控制最高主管部门经理检查规定的计划目标是否实现销售额分析、市场占有率分析、销售费用率分析、顾客态度跟踪。

2. 盈利水平控制

营销控制主管人员检查旅游业的盈利与损亏状况各产品、地区、细分市场、销售渠道、销售数量等方面的盈利水平分析。

3. 效率控制

部门经理、营销控制主管人员检查分项费用开支的效率与效益人员、广告、销售促进和分销的准备率分析。

4. 战略控制

最高主管营销审计人员检查旅游企业是否在最大限度地利用它的市场机会营销效果评价、营销审计。

表 10－1　旅游营销控制的分类

控制类别	责任人	控制目的	主要方法
年度计划控制	最高主管部门经理	检查规定的计划目标是否实现	销售额分析、市场卡有率分析、销售费用率分析、顾客态度跟踪
盈利水平控制	营销控制主管人员	检查旅游业的盈利与损亏状况	各产品、地区、细分市场、销售渠道、销售数量等方面的盈利水平分析
效率控制	部门经理、营销控制主管人员	检查分项费用开支的效率与效益	人员、广告、销售促进和分销的准备率分析
战略控制	最高主管营销审计人员	检查旅游企业是否在最大限度地利用它的市场机会	营销效果评价、营销审计

注：引自冯丽云．现代市场营销学·北京：经济管理出版社，1999 年版。

（一）年度计划控制

年度计划控制的中心是目标管理，其目的在于确保年度营销计划规定的销售额、利润及其他指标的实现。因此，旅游企业必须在年度计划中建立月或季度作为水准基点，通过跟踪和监视市场上营销活动的实施情况，对出现的偏差行为做出判断分析和采取改进措施。

1. 销售额分析

销售额分析是将实际销售额与计划销售额进行对比评价，衡量在销售目标执行中形成缺口的原因。例如，某酒店第二季度预计额销售要达到 20 万元，但实际只完成了 16 万元。经过分析，其中由于酒店客房降价减少销售收入 1 万元，由于销售量下降减少销售收入 3 万元。客房出租率低，销售量下降是主要原因。因此，应仔细调查没有达到预期销售目标的原因。

2. 市场占有率分析

市场占有率也称为市场份额。市场占有率是反映旅游企业市场竞争能力和地位的一项重要指标，它具体反映了企业产品的生命力、竞争力和信誉的高低。市场占有率越高，说明旅游企业市场竞争力越强，反之则说明竞争实力处于劣势。因此，旅游营销管理部门应密切注视市场占有率的动态。市场占有率分为绝对市场占有率和相对市场占有率，其计算公式如下：

绝对市场占有率 = 本旅游企业某种旅游产品的销售额 ÷ 同种旅游产品的市场销售总额 × 100%

相对市场占有率 = 本旅游企业旅游产品的市场占有率 ÷ 旅游行业中最大竞争对手的市场占有率 × 100%

3. 销售费用率

进行年度计划控制需要对销售费用率进行分析，要在完成销售目标的情况下努力不使营销费用超支。营销部门可使用费用率控制图对营销费用比率进行监控，如图 10 - 12 所示。图 10 - 12 表明，某连锁酒实店的营销费用与销售额的比率一般在 9% ~12% 般之间波动，但若比率超过了控制上限，就应对其进行分析并采取相应的措施。

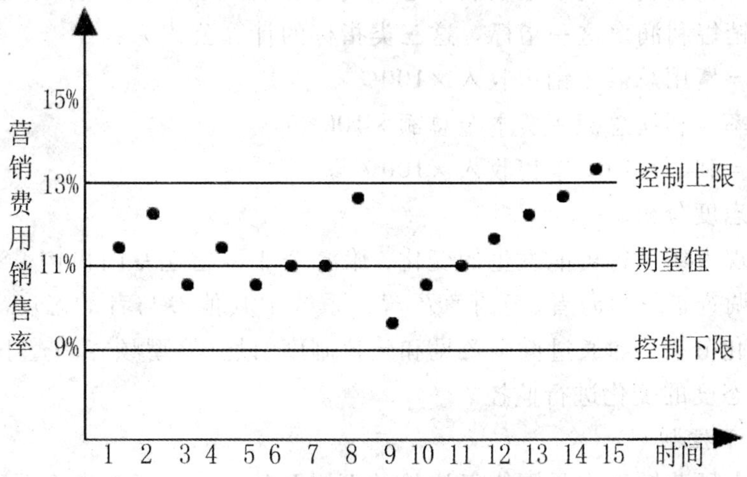

图 10 - 12　费用比率控制图

同地区或不同旅游产品的营销费用开支与销售完成情况的比较，也可以用费用、销售额偏差图进行分析。如图 10－13 所示，某连锁酒店在 C 地区完成的销售额接近期望的费用水平，在 A 地区超额完成了销售额，费用开支地相应等比例增加。B 地区与 D 地区营销费用与销售额存在较大问题，尤其是 D 地区完成销售额只有 75%，而费用却达到 120%。由此需要进一步研究造成偏差的原因。

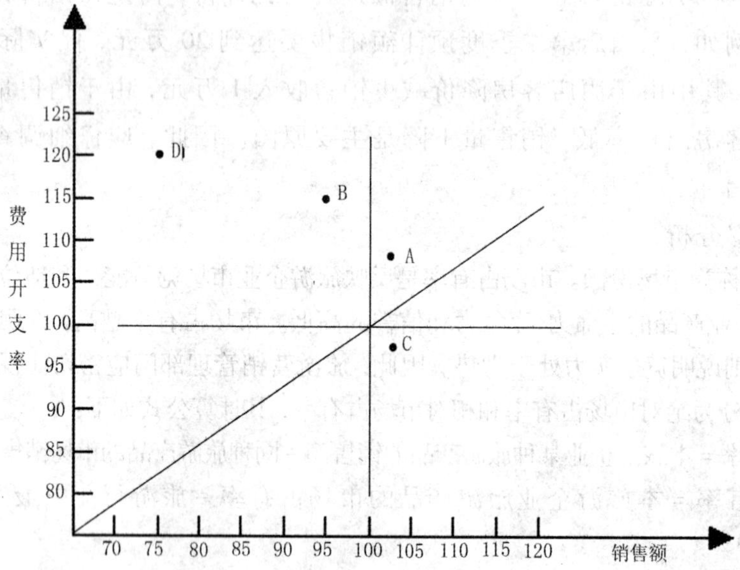

图 10－13　地区费用/销售额偏差图

4. 财务分析

营销管理者为了利用财务分析来寻找提高利润的战略，经常用到以下几个指标：分析销售额与费用总额的关系时，一般利用销售费用率这一财务指标；衡量投资者投入资本金的获利能力，一般利用资本金利润率这一财务指标；衡量旅游企业销售收入的盈利水平，一般利用销售利润率这一指标。这三类指标的计算公式为：

销售费用率＝费用总额÷销售收入×100%

资本金利润率＝利润总额÷资本金总额×100%

销售利润率＝利润总额÷销售收入×100%

5. 顾客购买态度分析

为了及早发现市场销售可能发生的变化，旅游企业可建立专门机构，实行顾客态度跟踪制度，可以调查了解旅游者、经销商及营销系统中其他参与者的态度。顾客跟踪制度一般采取非量化分析，如通过健全意见和建议制度、设立典型顾客调查小组、进行顾客调查等对旅游者态度的变化进行监控。

（二）盈利水平控制

旅游企业的市场营销工作是围绕经济效益而展开的。为保证旅游企业营销计划与目标的实现，需要通过对旅游产品和服务在不同地区、不同市场、不同渠道营销盈利能力的控制，实现旅游企业对旅游产品的生产规模、市场的选择提供决策和参考。例如，某酒店的餐饮部、客房部、康乐部的获利能力如表10－2所示。

表10－2　某酒店的餐饮部、客房部、康乐部获利能力情况表　单位：万元

项目＼部门	餐饮部门	客房部门	康乐部门
销售收入	580	600	100
销售成本	280	400	90
销售费用	40	100	20
净利润	260	100	－10

由该表可以看出，该酒店餐饮部门与客房部门的获利能力较强，但康乐部门却出现了亏损。经了解，由于康乐部设施陈旧老化，对酒店客人缺乏吸引力，因而有必要尽快更新设施加强营销。以尽快扭转亏损局面。

（三）效率控制

盈利性控制分析揭示了旅游企业产品、地区或者市场方面的盈利状况，效率控制则是指营销部门如何采取更有效的方法来管理这些营销实体的营销人员、广告、促销活动。营销部门应当掌握一些关键性指标的统计资料。见表10－3，来研究分析营销计划实施的效率状况，以及找到一些改进措施。

表10－3　营销效率控制统计指标

项目	统计内容
推销效率	（1）每个推销员每天推销访问的次数及所需时间 （2）每次推销访问的平均成本与收益 （3）每一百次推销访问所获订单百分比 （4）每一期新增顾客数与减少顾客数 （5）销售人员费用占总销售额的百分比
广告效率	（1）广告媒体所触及每千位目标顾客的广告成本 （2）顾客对于广告内容和效果的意见 （3）受广告刺激询问的次数 （4）对广告前后顾客态度的测量
促销效率	（1）优惠出售的销售额百分比 （2）赠券的回收率 （3）展览会的陈列成本与陈列效果 （4）因某种营业推广而引起的询问次数

（四）战略控制

战略控制营销部门对整体营销效果进行审查，以确保企业的目标、政策、战略和措施与市场营销环境适应。旅游企业应定期对其进入市场的总体方式进行重新评价，通常运用营销效果等级评价与营销审计两种方式进行评价。

1. 营销效果等级评价

营销部门进行营销效果等级评价，一般从顾客宗旨、营销组织、营销信息、战略导向、工作效率这几个方面来衡量。通常根据以上五项内容编制营销效果等级评定表，由各营销经理及其他经理进行打分评定，然后综合测评。这样通过比较发现问题，各营销部门可以纠正主要的营销缺陷和错误。

2. 营销审计

营销审计（Marketing Audit）是指对营销环境、目标、战略、组织和活动诸方面进行系统的、综合的定期审查，从而找出营销工作中存在的问题。旅游企业应在进行审计工作时拟定一个包括审计目标、范围、资料来源、报告形式及其限制等方面的详细计划。旅游企业的营销审计的主要内容一般包括旅游营销环境、旅游营销战略、旅游营销组织、旅游营销系统、旅游营销效益、旅游营销职能等几个部分，见表 10－4。旅游企业通过对覆盖整个营销活动的所有方面的审查，发现营销中存在的不足，提出改进意见和努力方向，以提高整体营销业绩。

表 10－4　　旅游企业营销审计主要内容

项目	具体审计评价内容
旅游营销环境	旅游市场、顾客、竞争对手、经销商、供应商、社会公众等
旅游营销战略	旅游企业营销目标，旅游营销战略与现行的及预期的营销环境相适应的程度
旅游营销组织	旅游营销组织在预期营销环境中实施营销战略所具备的能力
旅游营销系统	旅游企业分析、规划、控制系统的质量
旅游营销效益	不同营销实体的盈利水平和不同营销活动的成本效益
旅游营销职能	评估营销组合中旅游产品、旅游价格、旅游渠道、旅游广告及促销等因素

思考与练习：

1. 为什么要分析旅游市场营销机会？
2. 如何制定旅游市场营销策略？
3. 对旅游市场营销计划的基本控制有哪几种？其控制要点是什么？
4. 旅游市场营销计划由哪些组成部分？
6. 旅游企业怎样设置合理的市场营销组织？
7. 常见的现代旅游企业的市场营销组织形式有哪些？
8. 营销组织如何对营销活动实施控制？

案例：

“M”标记走向世界

一、案例介绍

如果你访问日本，你可走进麦当劳快餐店，来上一个大大的“麦当劳”汉堡包，喝上一杯牛奶冰淇淋饮料。你也可以在墨西哥、瑞士和泰国订上一份麦当劳。如果谈判成功的话，你甚至可在匈牙利和南斯拉夫品尝到麦当劳的特色。总之，麦当劳现已成为一种全球商品，几乎无处不在。截止到1985年，麦氏公司已在美国领土以外开了220家餐馆，几乎占了所有麦当劳新餐馆的40%。现在，麦氏公司在42个国家中有其经营点，国外销售额占每年总销售额110亿美元中的1/5。

麦氏公司之所以选择向国外扩展这条道路，主要原因是它将其看作是公司向未来发展的重要环节之一。国内快餐市场已经饱和，每年月能以1%的比例增加，而伯格·金、温迪和其他连锁店又激烈争夺着美国的快餐生意。鉴于这些原因，麦当劳公司便只得将新的重点放在了未经开发的、具有极大潜力的国际市场上。

当然，麦当劳公司要将其快餐食品销往整个世界，甚至销往几乎没有人品尝过汉堡包的国家，有着诸多的困难。另外，赴海外做生意所需的花费无疑会大大高于在美国本土上经营，从而会减少利润。例如，虽然1985年的国际经营为公司创造72%的收效，但却只有18%的营业收入，而净利润的百分比则还需更低些。

麦当劳全球经营所面临的另一个困难来自当地强有力的竞争对手。公司即便是在尚未被温迪或伯格·金等所渗透的某一外国开店设馆，仍必须与食品和该国文化紧密联系的地方餐馆展开激烈的竞争。例如在新加坡，街上的露天小摊每年大约出售掉10亿美元的面条、干辣椒、磅蟹和中国蔬菜。这些摊点的老主顾不大可能来放弃这些地方风味而转而食用大汉堡包或油炸食品。

麦当劳公司为了适应国际市场中的不同文化和特点，对某些产品作了相应的调整，以符合特定的市场。在巴西的麦当劳快餐店，你能买到一种亚马逊浆果所成的软饮料；在东南亚地区的麦氏快餐中，你也能买到榴莲果制成的牛奶冰淇淋混合饮料。与此同时，大多数国际市场上的麦当劳出售点仍坚持主要销售曾使麦氏公司闻名于世的食品。麦氏公司还懂得尽力避免制作无法与当地产品媲美的某些食品，譬如在香港就不能制作鲨鱼翅食品，因为香港人制作的鲨鱼翅比他们更精美，班门弄斧，销路必然会不堪设想。

本地化一直是麦当劳公司全球扩展计划的关键方面。公司在加拿大德国和澳大利亚等国家都设有完全的子公司，然而却更经常地依赖于合资企业伙伴约协助，帮它打入新市场。这些合作伙伴通常是当地的商界人士，他们能经常地产生出新概念，具有更大的稳定性。公司与这些合作伙伴对新商业市场的分成一般各为50%。由于他们的投资较大，因此他们更有闯劲、更富有革新精神。这种安排实现了麦当劳快餐店创始人雷·克罗克当初所提出的与专卖伙伴建立互惠关系的宿愿，确保了公司长期的成功经营。

公司不仅专卖其著名的汉堡包等产品，还出售其标准化的生产过程。麦氏快餐销售店的经营规章在其操作手册上有大段详细的说明，从管理经营到具体产品的选料、加工等，甚至包括有多长时间必须清洗一次厕所、煎土豆的油料应有多热等细节，可谓应有尽有。麦氏公司还为其国际市场的供应商规定了同样严格的细节。这些规定使公司的产品长期经久不衰，成为该公司持续成功发展的关键。

虽然麦氏公司要求其国际经销店坚持这些严格的标准，但公司经营者仍允许这些经销店有一定的变化余地，让他们有可能利用自己的商业技巧来形成最适合于地方文化特色的营销方法。例如，麦当劳快餐店通常雇用一位地方公司成员，原因之一便是试图来改进与该国公共官员和商业企业家们的关系，使之能以地方公司而不是以“美国狗大麦克”的形象出现于公众之中。

麦当劳快餐店在全球经营所获得的成功表明，美国快餐食品在国外确实有着极大的市场。只要经营有术，成功是无疑的。

二、分析提示

对麦当劳公司来说，其国内快餐业存在的激烈竞争和国内市场的饱和促使其改变营销策略，积极投身于国外市场的开发。但是，因各国文化背最、饮食习惯等等的不同，麦当劳公司不可能使用整齐划一的营销策略来应对来自各国餐饮业的竞争。因此，必须首先对市场进行细分和进行正确的市场定位。据此，公司在各国选择了既能显示公司特色又尽力避免同当地的优势产品针锋相对的市场作为自己的主打市场。在经营策略和管理制度上，虽具一般性，又不失灵活性。结果是，这种同当地结合的多样化经营促使各国的“麦当劳”都可以保持勃勃生机而历久不衰。

三、实务训练

当今的旅游市场同其他产品市场一样，都存在着激烈的竞争。在这种背景下，正确的市场定位和选择正确的目标市场对企业来说是非常重要的，要把握选择目标市场的差别性、无差别性及集中性，综合考虑影响旅游市场营销的因素组合，正确制定营销计划，这才是关键。

【案例讨论题】

1. 请根据案例中介绍的情况，为麦氏公司打入中国市场制定一个市场营销计划。
2. 你认为麦氏公司在中国的营销活动采取怎样的组织形式较好，为什么？

第十一章 旅游市场营销创新

本章主要内容

- 旅游市场营销创新概述
- 旅游市场营销创新源
- 旅游市场营销组合创新

*

东京迪斯尼海洋游乐园——高科技的结晶

日本的又一大型游乐园——东京迪斯尼海洋游乐园近日落成并投入运转。这座游乐团建在千叶县舞滨地区的东京湾畔，距东京市中心10公里。走进国内可以领略到：面积为9.2公顷的水面上，多桅杆的古船来往频繁；7度历经沧桑的港口城镇呈现世界各地风情；倚海修建的万吨客轮几可乱真，鸣笛表示即将启程远航；巨大的活火山伴随着隆隆响声，不断地喷火吐烟。夜晚，激光与焰火交织辉映，水上舞台表演高潮迭起。这里的游乐项目多与大海本身以及海的传说相关，使游人分别体验神奇、浪漫、恐怖和惊险的感觉。

设在火山中的《地心探险》最富刺激性，因此也最受年轻人的青睐。这一项目是参照著名幼想小说家儒勒.凡尔纳的小说《海底两万里》、《地心游记》等设计的。人们乘上半敞篷的装甲车，在大海中和火山上飞速穿行，令人惊恐不已。当车子在洞窟中滑向深不可测的地心时，失重感会令车上的游人惊叫起来。高科技的融入使迪斯尼乐园吸引了大量的游客。

本章将介绍旅游市场营销创新，目的是扩展读者的视野，让读者在前文的基础上了解新的营销思路。在本章中，我们首先对旅游市场营销创新的相关概念进行介绍，然后从不同的旅游市场创新组织和创新人员等市场创新主体的角度出发探源，分析各种不同类型的旅游市场创新源。接着引入社会市场导向营销观念作为旅游市场营销创新的基点，分析旅游市场营销观念创新和战略创新。

第一节　市场营销创新

信息时代的到来，使得企业经营环境的每一个层面都正经历着快速和前所未有的变化；高科技的迅猛发展和应用，经济和竞争的全球化，环境保护和企业社会责任的兴起……所有这些既为企业的发展带来了机会，同时也提出了挑战。旅游企业作为服务性企业，要适应这种变化，在新的环境中谋求经营成功，就必须建立起新的营销理论、树立新的营销观念，应用新的营销战略与策略，不断进行营销创新。

在20世纪50年代和60年代，营销领域属于销售导向。70年代到80年代中期，营销进入顾客导向时代，这时重视的问题有市场细分化、目标市场的选择、产品定位以及营销组合等。80年代至今，营销处于一个激烈变动的时期，出现了社会营销、生态营销、关系营销、后营销、资料库营销、利基营销、理念营销、逆思考营销、文化营销、4Cs理论等等。这些理论各执一面，主要强调的内容有增强营销的顾客意识，将高科技文化融入现代营销，加强营销的环境保护和社会发展职能等。

一、管理创新

创新理论是著名经济学家约瑟夫·A.熊彼特于1912年出版的德文版著作《经济发展理论》中首先提出的。在这部著作中，熊彼特界定了创新的含义，并将创新这个概念纳入经济发展之中，论证创新在经济发展过程中的重大作用。熊彼特认为，创新是生产要素的新的组合，“生产意味着把我们所能支配的原材料和力量组合起来”。在这种意义下的创新，具体包括以下五种情况：

（1）采用一种新的产品，也就是消费者还不熟悉的产品，或一种产品的某一新特性。

（2）采用一种新的生产方法，也就是在有关的制造部门中尚未通过实践检验的方法，这种新方法不需要建立在新的科学发展基础之上，仅可以存在于商业上处理一种产品的新方式之中。

（3）开辟一个新的市场，也就是某一国家的某一制造部门以前不曾进入的市场，不管这个市场以前是否存在。

（4）控制原材料或半成品的一种新的供应来源，不管这种来源是已经存在的，还是第一次创造出来的。

（5）实现任何一种工业的新组织，比如造成一种垄断地位，或打破一种垄断地位。

熊彼特的创新概念首先指采用一种新的产品，而不是开发一个新产品，因为开发一个新产品属于技术创新，而采用一种新产品实则含有向消费者推销一种他们尚不熟悉产品的方式方法的过程。熊彼特指出的必须用一种新的生产方法，可以理解为必须用一种对组织内资源进行有效配置的新方式、新方法。开辟新市场、控制原材料或半制成品的一种新的供应来源，可被看作管理顺应环境变化以实现组织目标必须要考虑的问题和必须从事的活动。事实上，如果从创新角度来考察经济发展过程的话，整个经济的发展过程无非是不断的技术创新和观念更新导致新的资源配置方式方法不断产生，导致资源配置效率提高，从而逼进帕累托最优的过程。同样，从这个意义上看，熊彼特的经济发展理论其实是论述新的资源配置方式对经济发展的推动，涉及了管理创新的核心。

芮明杰教授认为管理创新的概念应源于管理的概念，管理的定义可大可小，大至组织内资源有效整合以达到目标和责任这一过程本身，小至围绕目标和责任使资源有效整合的一切细小工作和活动。也正因为如此，组织中的管理明显可分为三个层次：决策层的管理、执行层的管理和操作层的管理。无论哪个层次的管理，都是为达成组织目标对资源进行有效的配置，只是具体管理活动的内容有所不同。

管理创新是指创造一种新的更有效的资源整合范式，这种范式既可以是新的有效整合资源以达成组织目标和责任的全过程管理，也可以是新的具体资源整合及目标制定等方面的细节管理。这样一个概念至少可以包括下列五种情况；

(1)提出一种新发展思路并加以有效实施。新发展思路如果是可行的，这便是管理方面的一种创新。但这种新发展思路并非针对一个组织而言是新的，而应对所有的组织来说都是新的。

(2)创设一个新的组织机构并使之有效运转。组织结构是组织内管理活动及其他活动有序化的支撑体系。一个新的组织诞生的一种创新，如果不能有效运转则成为空想，不是实实在在的创新。

(3)提出一个新的管理方式。一个新的管理方式能提高生产效率，或使人际关系协调，或能更好地激励组织成员等等，这些都将有助于组织资源的有效整合，以达到组织的既定目标和责任。

(4)设计一种新的管理模式。所谓管理模式是指组织综合性的管理范式，是指组织总体资源有效配置实施的范式，这么一个范式如果对所有组织的综合管理而言是新的，则自然是一种创新。

(5)进行一项制度的创新。管理制度是对组织资源整合行为的规范，既是对组织行为的规范，也是对员工行为的规范。制度的变革会结组织行为带来变化，进而有助于资源的有效整合，使组织更上一层楼。因此，制度创新也是管理创新之一。

二、旅游市场营销创新的含义

从另一个角度看，熊彼特的创新理论是以企业的市场营销创新为其理论研究起点的。他在创新的定义中不仅阐述了创新的主体、实质，而且直接涵盖了市场营销的若干内容，演示了市场营销创新研究的基本方法，对市场营销创新研究有重要的指导意义。在熊彼特创新理论的基础上，中外学者对创新理论进行了多方位的深入研究和探讨，取得了丰硕的成果。其中，世界著名管理大师德鲁克对市场营销创新的定义有重要的指导意义。德鲁克认为，创新活动是“使人力和物质资源拥有巨大的物质生产能力的话动”，“任何改变现存物质财富、创造潜力的方式都可以称为创新”，“创新是创造一种资源”。按照这一基本思路，德鲁克将“市场营销创新”定义为“管理人员把社会需求转化为有利于企业的各种机会”。德鲁克对市场营销创新的定义之所以值得高度重视，是因为他对于创新和市场营销在企业管理中的地位有独到的见解，他认为，“关于企业目的的正确定义只有一种：创造顾客。”“因为任何企业的目的是创造顾客，所以它有——也只有——两个基本职能：营销和创新。”

德鲁克对市场营销创新的定义十分精辟，他在继承和发展熊彼特创新概念及其含义的基础上，吸收现代市场营销原理和实践的成果，揭示了市场营销创新的实质、目的和结果。他的定义虽然简练，内容却很丰富，至少可以从以下方面加以理解：

（一）创新主体是企业管理人员

在熊彼特的创新定义中，创新的主体被认定为企业家，而在德鲁克的市场营销创新定义中，创新的主体被界定为企业的管理人员。这种变化主要基于两个原因，首先由于熊被特的创新是一般性的，涉及企业的全部生产经营活动，因此，他是从决策的角度界定创新主体的；而德鲁克的市场营销创新则是特殊性的，仅涵盖企业经营管理的特定职能，他侧重于从过程的角度界定创新主体。事实上如果从市场营销创新过程来看，企业家、中层管理人员和企业基层员工都是不可或缺的，可以将其视为一个整合的创新主体。其次，由于熊彼特和德鲁克所处的社会历史环境很不相同，企业家之外的管理人员的地位以及素质和能力都有很大的差别，这可能也是两者界定创新主体差别的原因。

（二）创新源于企业对社会需求的把握

社会需求对企业而言，直接表现为市场需求，包括消费者和组织用户的现实需求和潜在需求，以及市场需求的发展变化趋势。市场经济条件下的企业是通过满足市场需求实现自身发展的。正如德鲁克指出的：“是顾客决定了企业的行为和观念。因为正是顾客，也只有顾客通过付钱购买商品或服务，把经济资源转化为财富，把东西转化成商品。企业认为它应该生产什么并非是最重要的——特别是对企业的将来和成功来说。顾客想购买的东西，他认为有价值的东西才是决定性的。”因此，企业的市场营销特别是市场营销创新离开了对市场需求的科学分析和正确把握，只能是无源之水，无本之木。

（三）创新的目的在于将社会需求转化为企业机会

按照现代市场营销原理，所谓企业的市场机会，就是市场上未被满足的需求。市场机会规定了企业发展的趋势和潜力。在激烈的市场竞争中，企业特别是企业家的根本任务是捕捉市场机会，而这一任务的完成首先在于能否正确分析和把握市场需求，它是企业是否能够发展以及发展程度的前提。同样，由于顾客决定了企业的性质，企业又是在激烈的市场竞争中生存的，只有比竞争对手更为卓越地满足顾客的需求，才能取得成功和持续的发展。与不断变化的顾客需求和竞争形势相适应，企业就必须不断创新，特别是进行市场营销创新。无论就企业整体创新还是市场营销创新，均是完整的创新体系，包括技术创新、产品创新、管照创新、组织创新、制度创新、文化创新等内容。

根据熊彼特的创新定义和德鲁克的市场营销创新定义的基本思路，并与现代旅游市场营销原理实践发展的实际相结合，现对旅游市场菁销创新做如下定义：所谓旅游市场营消创新，是指旅游企业有关管理人员对所掌握的企业营销资源进行新的组合，将市场需求转化为有利于企业的各种机会，实现旅游市场创新的过程。而所谓“旅游市场创新”是指旅游企业进入并全部或部分地占领以前不曾进入的市场的过程。按照现代市场营销原理，“市场由一切具有特定欲望和需求的潜在顾客组成”、“市场规模的大小由具有需求、拥有他人所需的资源且愿意以这些资源交换其所需的人数而定。”因此，“旅游市场创新”必须是针对新的顾客和新的消费群而言的，并且一般而论，其结果应该是旅游企业总的市场规模的扩大，旅游市场创新的源头是顾客未得到满足或未得到充分满足的需求，也就是市场营销原理中所界定的市场机会。由于消费音需求是分层次的，并且总是在不断发展变化，不断提升的，消费者的原有需求得到满足之后，新的需求又会产生，因此，市场上未被充分满足的需求总是存在的，而且随着社会科技进步、社会生产力水平提高以及人们收入水平提高速度的加快，市场上未被满足和未被充分满足的需求有急速加大的趋势，从而使旅游市场营销创新的必要性和可能性大为增加。因此，旅游企业对所掌握的企业营销资源进行新的组合只是旅游市场营销创新的表现形式，将市场需求转化为企业的各种机会是旅游市场营销创新的内容，而实施旅游市场创新是旅游市场营销创新的目的和结果。

三、旅游市场营销创新的意义与地位

从旅游企业的根本任务和基本职能来看，现代旅游企业是市场营销组织。离开了创造顾客这个根本任务，企业就失去了生存的根据和意义，一切现代旅游企业创造顾客的观念、文化、战略、策略、活动、组织等的总合就是现代旅游市场营销。与之相适应，旅游企业的一切管理活动实质上都是为创造顾客，也就是企业的市场营销资源配置。旅游企业的一切创新必然是以市场营销创新为核心，以实现旅游市场创新为结果和标准的。在买方市场条件下，旅游企业实现创造顾客这一目的就必须比其他竞争音更为卓越地为顾客创造价值和使顾客满意，而比竞争者更为卓越就需要创新。对旅游市场营销创新和旅游市场创新的概念进行界定，可以得出一个基本结论：旅游市场创新是现代旅游企业一切创新的核心，旅游企业的创新体系是围绕旅游市场营销创新建立起来的。

首先，旅游企业管理创新，实质上是为了比竞争者更好地满足市场需求。所谓管理创新是指创造一种新的更有效的资源整合及目标制定等方面的细节管理。而且，管理创新包含了组织创新和制度创新的内容。其根据和内在动力是有效地配置资源。配置资源的合理性是以效率和需求为标准的，而效率又是以需求为依据的。旅游企业更有效地配置资源的目的和标准，只能是实现旅游市场创新。在买方市场条件下，在日趋激烈的市场竞争中，旅游企业取得优势的根本途径是更卓越地为顾客创造价值，使顾客满意，这就是旅游市场营销。旅游企业的市场实践证明，不仅资源配置及其效率的标准是对市场需求的满足及其程度，而且企业管理创新只有围绕营销的需要才有意义，也才能称之为创新。不能适应企业市场营销需要的企业管理，包括其组织和制度无论多么理想化，也是不成立和必须改变的。由于市场需求和市场竞争形式在不断发生变化，旅游企业有效地开展营销活动的要求和条件也在不断地发生变化，旅游企业管理包括组织、制度自然需要不断创新。

其次，旅游企业文化创新是旅游市场营销创新的途径和目标。最先进的企业文化是营销导向，亦即市场导向的文化。因此，旅游企业文化创新的基本趋势就是建立一套在企业中的每一个决策都始终将消费者利益放在第一位，始终以卓越地为顾客创造价值和使顾客满意为基本价值观和信念，整个企业所有的部门、所有的环节、所有的员工都自觉地为使顾客满意而分担责任的企业文化。一个旅游企业塑造了这样的文化或者说文化达到了这样的境界，既可以保证企业“创造顾客”的战略顺利实现，在竞争中建立和展示其核心或独特能力，也是企业上升到更高层次的标志，是现代旅游企业应该不断追求的目标。

由此可见，旅游市场营销创新是现代旅游企业一切创新的核心，旅游企业的创新体系是以旅游市场创新为目的、旅游营销创新为核心、顾客满意为归宿的完整的创新体系，旅游企业的其他创新内容都是围绕旅游市场创新建立起来的。

第二节　旅游市场营销创新源

要进行旅游市场营销创新就必须拥有相应的市场创新要素，包括各种新技术、新工具、新组织、新思想以及其他各种新的市场要素和资源等。所谓旅游市场营销创新源，是指产生各种旅游市场营销创新要素的源泉以及旅游企业获取这些市场要素的渠道。旅游企业没有必要的旅游市场营销创新源，就无法开展旅游市场营销创新活动。因此，了解产生各种市场营销创新要素的源泉以及获取这些市场营销创新要素的渠道，有助于认识和掌握旅游市场营销创新活动的基本规律，从而可以指导旅游企业积极主动地开展旅游市场营销创新。

下面从不同的旅游市场创新组织和创新人员等市场创新主体的角度出发探源，分析产生各种旅游市场创新要素的根本源泉以及创新企业获取这些市场创新要素的主要渠道，以了解各种不同类型的旅游市场营销创新源。

一、技术型市场营销创新源

企业的研究与开发部门是一个主要的市场营销创新源，市场营销创新是实现各种新的科学技术成果商品化与市场化的过程，是各种新的生产要素和市场资源转化为商品的过程。因此，新的科学技术成果是一种重要的市场创新要素，而相应的研发人员就是产生、吸收与转化新科学技术成果的重要源泉和渠道，因而也是重要的市场营销创新源。

旅游企业作为服务性企业，无需研发部门和研发人员，但仍需要从事应用性研究的技术人员。通过从事应用性研究，技术人员可以及时吸收最新的科学技术成果，使企业迅速获取各种市场创新要素，并将这些新科学技术成果转化为新的商品、新的营销工具，开辟新的市场。为了保持市场创新活功的先进性，创新企业既要重视开发企业内部的技术资源，又要充分吸收和利用企业外部的新技术成果。例如迪斯尼乐园利用先进的现代科学技术建立起来的“鬼怪世界”、“未来世界”、“太空遨游”等，饭店集团采用的全球预定系统、互联网营销系统等，都是将先进的科学技术成果转化为新的产品、新的营销工具，开辟了新的市场。

二、营销型市场营销创新源

旅游企业的市场营销机构与人员是重要的旅游市场营销创新源。旅游市场营销创新既是市场供给的创新，又是市场需求的创新。如果把旅游企业的技术人员所提供的旅游市场营销创新源看作是市场供给方面的创新来源，那么，市场营销人员所提供的旅游市场营销创新源则主要是市场需求方面的创新源。不过，这种划分并没有什么绝对的界限，因为只有当这两个方面的市场营销创新源汇合在一起时，才能导致成功的旅游市场营销创新。

从旅游市场营销创新源及其开发与利用的角度看，旅游市场营销人员既是企业内部产生各种市场创新要素的一个重要源泉，又是企业获取各种市场创新要素的一个重要渠道。

首先，旅游企业的各类市场营销人员直接面对市场，了解市场需求的发展现状及其变化趋势，可以提出更为切合市场实际情况的市场创新概念和思想。或者说，最具有市场创新发言权的是旅游企业的市场营销人员。事实上，现代旅游企业拥有多方面的市场营销人员，这些市场营销人员能够从各种不同角度提出有关新市场的构思，尤其是在改创型市场创新与仿创型市场创新活动中，绝大多数的新市场概念几乎都来自于企业的市场营销方面。由于商品科技化与市场科技化的不断发展，旅游企业市场营销人员的技术能力和技术水平也在不断提高。而随着市场营销人员科技化程度和水平的提高，市场创造力和创新水平也会不断提高，将会成为一个更加重要的市场营销创新源。

其次，市场营销人员是旅游企业的外交人员，是旅游企业对外发展各种市场关系的代表，是旅游企业实现市场联系的重要纽带，因而也是旅游企业获取外部市场创新要素的一个重要渠道。许多企业都拥有自己的市场营销网络和市场营销人员，通过企业的经销商、代理商、广告经理、推销人员、公共关系人员及其他有关市场营销方面的人员，企业可以获得来自企业外部的新的市场信息和新的市场资源，开发相应的市场营销创新源。

三、用户型市场营销创新源

旅游企业的使命就在于服务社会、服务顾客。市场创新的目的是为了促进企业的发展，也是为了满足顾客日益增长的市场需求。作为市场需求的主体，顾客是一个重要的市场要素。顾客的市场选择权是决定市场创新发展方向的一个关键因素。顾客的需求、设想、意见等都是旅游企业进行市场创新的一个重要来源。

在不同的市场创新条件下，不同的顾客意见在市场创新活动过程中所起到的作用是不同的。这主要取决于有关顾客与市场创新者两个方面的条件，包括顾客的需求意识水平及其市场概念化的能力，以及市场创新者的技术开发能力及其市场概念化的水平等。总之，顾客是一个重要的市场创新源，关键在于旅游企业要善于开发和运用这个创新源，只要旅游企业能够充分开发并合理运用这个市场营销创新源，就一定可以有效地进行市场创新，既满足用户的新需求，又促进企业的新发展。

四、竞争型市场营销创新源

在市场经济条件下，旅游企业不仅要面向众多的用户，而且要面对众多的市场竞争者。为了提高其市场地位和市场竞争力，获取更高的利润，这些市场竞争者本身也必须不断地进行市场创新。因此，市场创新者可以根据其市场竞争对手的市场创新行为，来开展相应的市场创新活动。事实上，市场创新竞争已经成为现代旅游企业之间开展市场竞争的一种基本形式，也是推动市场创新活动不断发展的一个重要动力。或者说，有关的市场竞争者及其市场创新行为和市场创新要素，也是旅游企业一个重要的市场营销创新源。只要市场创新者敢于并善于向自己的市场竞争对手学习，就会找到一个更高的市场创新起点，并开发大量有用的市场创新源。近来，在世界上兴起一种崭新的方法——定点超越法(Benchmarking)，即将本公司的经营状况与竞争对手或行业内一流的领先音进行分析对比，并在此基础上移植并发展对手的领先手段。这就是由竞争对手那里获取市场营销创新源。

由于旅游企业要面对众多的市场竞争者，而创新竞争又成为一种基本的市场竞争手段和战略，所以，旅游企业就要面对众多的市场创新者。因此，这些富于创新精神的市场竞争对手也就成为一个重要的市场营销创新源。有些旅游企业甚至与其市场竞争对手进行合作，共同开发新产品，开展协作性市场创新。

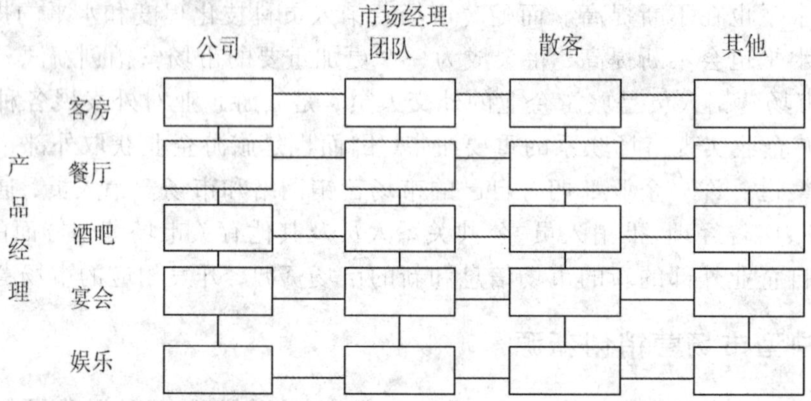

图 11－1　产品—市场管理型市场营销组织

五、合作型市场营销创新源

一个旅游企业既有众多的市场竞争者，也有众多的市场合作者。社会化生产方式不仅使企业之间的生产分工越来越细，而且使企业之间的市场联系越来越紧密。在现代市场经济条件下，所有的企业都必须面向市场，都离不开必要的市场联系与市场合作，否则便没有一个企业能够成功地进行市场创新。为了有效地开展市场创新，所有的旅游企业都应该寻求企业外部的市场合作者所提供的创新来源。因此对于市场创新者来说，旅游企业外部的市场合作者也是一个重要的市场营销创新源。

对于许多市场地位不高和市场竞争能力较差的旅游企业来说，可以通过合资、合营、合作开发等多种市场合作方式，来实现市场创新，以提高市场地位和市场竞争力，促进企业发展。对于具有较强市场竞争力的市场领先者来说，也需要从企业外部的市场合作者那里获取必要的市场创新条件。只要旅游企业善于开展市场合作，建立广泛的市场联系，就一定可以充分地开发与利用市场合作者这个市场营销创新源，找到一条合适于本企业实际情况的市场创新道路。

总之，旅游企业应利用各种市场营销创新源进行市场营销创新。旅游企业在市场营销创新过程中，当前要特别注重的几个原则是：一要重视市场调研，充分掌握市场信息；二要选择满足程度低或易被市场忽视的空档商品和负需求商品，拾遗补缺；三要考虑商品市场寿命周期。如此才有助于发现商机，找到市场"盲点"，从而有针对性地开拓目标市场。目前绝大多数旅游产品虽表现为买方市场，但供过于求是相对的，任何一种商品在市场上都存在时空上的空档。所以旅游企业当务之急，是要在消费市场需求结构升级换代中寻找机会，进行市场创新。因为我国当前的"经济过剩"主要是一种结构性过剩，是局部现象而非全局现象。部分商品过剩主要是由于市场开发跟不上消费变化，从而导致产品结构与消费需求结构相矛盾造成的。目前，旅游市场因"产品过剩"导致同行头破血流的竞争是存在的，然而真正弊病却在于，一方面有的事情没人做、"空白"没人填，另一方面过多的人又争着去做同一件事。因此，买方市场条件下，解决旅游商品供给"过剩"问题，除了需要政府改善宏观经济环境外，微观上对于旅游产品经营者来讲，应以新观念拓展新市场，以新方法引导公众消费，不断进行市场创新，一方面积极开发需求未满足或根本就被忽视的旅游产品，另一方面努力培育能诱发需求满足潜在需要的旅游产品。

第三节　旅游市场营销创新策略

一、旅游市场营销创新的基点——社会市场导向营销观念

观念是人们对客观世界的理性认识，观念创新是人们适应客观世界的发展和变化，并科学、准确地把握客观世界变化的规律和发展趋势，以正确的方式构建新的思维、新的理念、新的思想，并形成对变化了的客观世界新的正确认识。旅游市场营销作为一种业务活动的过程，是在一定的旅游市场营销观念支配下进行的。旅游市场营销观念就是旅游企业的经营思想，是旅游企业对市场的根本态度和看法。旅游市场营销观念作为企业经营行为的指导方针，决定着企业经营活动的方向，企业经营措施、方法、策略的制定和应用效果。因此，树立正确的旅游市场营销观念是旅游企业经营取得成功的主导因素。

旅游市场营销创新是基于社会市场导向的营销观念之上的。这种营销观念是指融旅游企业经营各方面为一体的综合的价值创造与价值传递活动。具体地讲，就是旅游企业研究如何适应和刺激消费者需求，系统地组织企业整体经营管理活动，创造和传递既能有效满足消费者需求，又能符合社会长远发展利益的产品和服务，从而取得满意的经济

效益和社会效益的行为过程。同以往的营销定义相比，它强调和突出了消费者需求与企业效益的同步满足，以及企业经济效益同社会效益的融合发展，把以注被割裂和对立的四个因素统一了起来。如果说以往的营销旨在努力创造利润，那么这一新的营销努力目标在于创造价值，这种价值是将顾客价值、企业价值和社会价值融合在一起的价值。

强调重视社会价值对旅游企业来说具有特殊意义。旅游业虽然是一个“无烟工业”，但并非是无污染的产业。随着旅游活动的开展及大量旅游者的涌入，首先会对旅游目的地的环境和生态造成消极影响，如疾病的流传、环境的污染、生态平衡的破坏，从而使良好的自然景观受到影响。我国一些旅游点的废弃包装物随处可见，噪音污染亦十分严重就是例证。其次，会造成对传统文化、艺术及各种文物古迹的破坏和影响。例如，意大利古罗马广场有着数千年的历史，现在那里许多大理石装饰被一些不道德的游客凿得面目全非，他们把凿下的大理石当作纪念品带走。随着诸如此类旅游资源遭到破坏，它们对游客的吸引力也在下降。再次，会引导旅游目的地的消费超前增长，从而刺激通货膨胀，物价上涨，对社会经济增长和经济结构产生消极的作用。所以，旅游业的营销更应该重视创造社会价值，走旅游业的可持续发展之路。具体到每一个旅游企业来说，讲求社会利益.就是应该尽可能满足顾客正当的、健康的需求，对会给社会带来不良影响的不健康的需求，旅游企业必须采取反营销措施.降低甚至消除这种需求。比如，美国因酗酒造成交通事故的比例较高，美国法律则规定饭店、餐饮业不得经营酒类，包括啤酒。饭店、餐厅严格执行法律规定，本身就是在反营销。还有我国一些娱乐场所，禁止未成年人入内，这也是在反营销。因为这是一种社会责任，是企业应尽的社会职责。

社会市场导向营销包括四个要素:顾客导向、竞争焦点、社会协调和创新机能，这些要素都着眼于长期利益。

（一）顾客导向

营销的效益来自于企业的产品、服务同顾客进行相互满足的交换，面顾客需求能否获得满足则是这种交换关系的基础。要想有效地满足顾客需求就必须持续地为顾客提供优异的价值。因此，旅游企业应首先了解顾客现在和未来的整个价值链。旅游企业只有让顾客在旅游企业市场上发挥更大的效能，才能在顾客价值链的每一个环节上创造价值。

坚持顾客导向，要求旅游企业不仅应研究顾客、追随和满足顾客，而且应使顾客成为企业活动的向导，加强顾客参与，让他们启发企业人员的创新意识，从而开发出真正适合于顾客的产品。只有当企业对市场上顾客的定义优于其对自身产品和服务的定义时，企业才能得到长久的优势和发展。

阅读资料

坚持顾客导向的希尔顿饭店

斯塔特勒和希尔顿是美国也是世界杰出的饭店经营管理人士。斯塔特勒被称为“商业饭店之父”，他是第一个指出“宾客至上、服务第一”经营思想的人，斯塔特勒的“客人永远是对的”信条，开拓了商业饭店营销的先导。希尔顿被称为“饭店大王”，希尔顿饭店公司是目前世界上最著名的商业饭店联号之一。早在20世纪30年代，希尔顿就提出了“最少最大”（意思是顾客花最少的钱以取得最大限度的服务）的经营口号。希尔顿对饭店营销的主要贡献，在于他从宾客需要出发，大胆改革服务设施，提出将饭店办成一个“小社会”，提供全面服务，使饭店成为宾客的家外之“家”，而且更加舒适，更加现代化。纵观世界上经营成功的饭店，无一不得益于饭店经营者们以顾客为导向的管销理念的实践与探索。“顾客的声音是上帝的声音”，它指引着企业走向成功。

（二）竞争焦点

竞争是市场经济的特质，恩格斯曾指出，“竞争的实质就是消费力对生产力的关系”。这种关系既包括总消费力和总生产力之间的矛盾和不平衡，也包括消费结构与生产结构之间的矛盾和不平衡。随着社会经济的发展，这种矛盾和不平衡日渐分散和加剧，由此而使竞争更为激烈。在市场上，商品生产者和资源需求者对市场份额的瓜分和争夺是竞争的集中体现。

科技发展和全球市场的整合，使得竞争日趋同质化，于是在大量生产之余，加上更好的品质、更多的品种、更低的价格、更完善的服务就造就了现代社会商品和服务的竞争利基。因此，要创造优异的价值，并非只把眼光放在顾客身上就够了，还必须考虑到：顾客认为哪些竞争者的产品可以同样或更好地满足他们的需求？一个企业要提供优异产品和服务，就必须了解主要竞争对手短期的长处和弱点以及长期的能力和策略。

当前，我国旅游业面临的竞争是国内和国际双重的竞争环境。从国内来看，企业面临的竞争形势的主要特点表现为：其一是全方位竞争。由于市场化进程的加快和市场化程度的提高，各市场主体对如何在市场经济条件下发展的认识在提高；需求者逐渐懂得如何维护自己的利益；商家懂得了“信营为本”；企业认识了营销的目的是满足需求者的需要，从而竞争发展为全方位的竞争，包括产品的竞争、质量的竞争、价格的竞争、技术的竞争、人才的竞争等等。其二是双重竞争环境业已形成。外国资本的进入，极大地改变了国内市场的竞争环境，加剧了市场竞争的激烈程度，企业面临的不仅是来自国内的挑战，而且还面临来自国外的挑战。中国旅游企业与从发达国家来到中国的外国旅游企业相比，竞争实力十分悬殊。中国旅游企业对于这种竞争市场必须树立全新的竞争观念。

在竞争的同时也应具有开放与合作的观念。随着我国加入WTO，中国旅游业对外将更加开放，更多的外国企业、产品进入我国。为此，我国旅游业在选择对外开放的同时，还须加快对内开放与改革的步伐，进行广泛合作。一方面是国内企业的开放与合作，另一方面是与国外跨国公司进行广泛合作，引入竞争机制，学习先进的营销方法，不断进行营销创新。

（三）社会协调

社会协调亦即辞职能协调。社会协调不仅包括旅游企业能力与外在经营环境各个层面的协调，还包括旅游企业内人力与各种资源的合理调配，只有进行了这两个方面有效的协调，才能创造出优异价值。顾客价值链上的任何一个环节都是旅游企业创造价佰的机会，这表示旅游企业任何职能部门中的管理者和员工都能在价佰的创造上有所贡献，而且也只有每个员工——无论他与决策过程有多远，都真正认识到并真正投身于这种创造价值的活动，企业才能维持和发展竞争优势。

（四）创新机能

旅游企收要有效地对迅速变化的经营环境做出反应，就必须在营销中融入创新机能。创新可以使旅游企业成为一个具有选择能力与进化机制的活结构，从而在变动的环境中不断达到旅游企业内部状况与外部环境的协调与平衡，进而实现旅游企业整体的进化与变革。因此，创新机能是社会市场导向营销的一个重要因素。

值得注意的是，社会市场导向并不等同于营销导向，因为价值的创造是通过整个组织的核心能力而不是单纯的营销职能来完成的。当一家旅游企业培养出社会市场导向时，营销组织会趋于淡化，这并不是因为营销变得不重要，而是企业所有的职能部门和个人都已致力于创造和提供优异的价值，营销职能已化为一般的管理职能而融入企业日常的经营活动中。例加无疆界管理就是指内部职能的划分变得很模糊，整个公司的各个部门融会成一个团体，共同进行公司的经营活动，至于顾客服务，它不是某一个人或部门的职责，而是每一个人的职责。

二、旅游市场营销观念创新

观念是行动的先导，没有观念上的创新，就不会有行动上的创新。营销观念不仅要求旅游企业掌握、了解市场营销和社会营销等一级观念，还应积极导入并采纳整合营销、关系营销、直复营销、绿色营销、知识营销、信息营销和文化营销等一些次级的营销新概念和竞争新观念，以不断更新企业的战略思维并从宏观上指导企业的全部营销活动。当今世界知识经济的兴起，比以往任何时候都更强烈地要求企业界不断更新观念，尤其是营销竞争观念。这是推进企业创新发展的动力，是企收营销取得成功的前提。下面介绍一些近年兴起的营销新观念，他们虽然只是从一个侧血阐明某一观点，但会对旅游市场营销创新有所启发。

（一）绿色营销

为了寻求一条有利于经济、人类和环境的协调发展之路，国家和政府制定了“可持续发展战略”，企业则相应地提出了绿色营销观念。如果说可持续发展战略是从宏观方面促进人与自然、经济社会与环境和谐发展的话，绿色营销则是从微观角度协调经济发展、资源永续利用和保持生态环境之间的关系，其最终目的都是为了实现人类社会的可持续发展。

所谓绿色营销，是指企业在营销过程中充分体现环境意识和社会意识，从产品的设计、生产、废弃物的处理方式，直至产品消费过程中制定的有利于环境保护的市场营销组合策略。即产品在生产过程中少用能源和资源，并且不污染环境；在产品使用过程中不污染环境而且低能耗；产品使用后易于拆解，可以回收翻新或能够完全废置。绿色营销作为可持续发展战略的有效途径，成为现代营销发展的必然选择。作为旅游业，保持可持续发展尤为重要。

阅读资料

生态海南——绿色营销规划

满眼翠绿，四季花香，今日海南，以良好的热带生态系统、蓬勃发展的生态产业、洁净的空气水源与一流的生活环境，吸引了全国乃至世界的目光。努力营造和发掘海南得天独厚的生态优势，加快建设可持续发展生态示范省，是海南“十五”乃至未来更长远的发展战略。

海南在制定“十五”规划中，对如快建设生态省提出了具体目标：到2005年，森林覆盖率达55%，建成沿海防护林体系和天然林保护体系，主要江河湖库水质达标率达98%。同时，启动热带高效生态农业、海岛生态旅游业、新型生态工业、生态城镇与生态文化的发展，以促进社会经济与环境的良性循环。

2000年以来，海南进一步加大生态林业建设力度，全面落实了70万亩“椰林工程”、“海防林工程”、“浆纸林工程”造林任务；同时广泛开展“绿化宝岛百万人大行动”，大力实施退耕还林，加强原始天然林、珊湖礁、海防林的保护。

海南将生态环境作为资源来经营，积权引导和发展生态旅游业，展开整个旅游目的地绿色营销，加快生态城镇和生态社区建设步伐。

（二）品牌营销

产品是在工厂所生产的东西，而品牌则是消赞者所购买的东西。一件产品可以被竞争对手模仿，但品牌是独一无二的。产品会很快过时落伍，而成功的品牌是持久不衰的。随着经济的发展和人民生活水平的提高，消费者的消费行为已经进入了品牌消费时期。所谓品牌消费是指消费者在购买行为中以市场认可的品牌产品为其购买决策的重要参数；其中部分消费者专一某偏好品牌并将其作为消费追求对象，整个市场上存在者较为明显的品牌消费者集群。在市场推进和拓展方面，往往显示出强烈的马太效应——强者更强，弱者更弱，从而使名牌产品在市场中占有绝大部分份额，取得垄断优势和主要地位。因此，企业应通过品牌营销获取竞争优势。品牌营销是指通过品牌的形象塑造、宣传和对其所依附的产品更新、质量提高等营销手段的运用创建消费者认可的品牌。

严格来讲，品牌本身不是财富，品牌忠诚才是企业的财富。品牌忠诚是指由于质量、价格、信誉等诸多因素的吸引力，消费者对某一品牌的商品情有独钟，形成偏爱并长期购买某一品牌商品的行为。品牌忠诚的营造要求企业始终树立以消费者为中心的观念，千方百计满足顾客需求，赢得消费者的好感和信赖。这是提高企业品牌忠诚的根本途径。具体可以通过洞察消费需求、提供长期的产品质量保证、为顾客提供满意的服务、塑造良好的企业形象等来塑造品牌忠诚。例如，湖南旅游业实施的旅游品牌营销新战略，使湖南逐步形成了以名人名山为品牌的全新旅游形象。未来10年，湖南将推出一个旅游龙头张家界、四条旅游精品线路和十四大专项旅游产品。在旅游营销总的对策上，逐步实现旅游市场品牌营销的变革与创新。

（三）关系营销

美国的卡普斯基((Copulsky)和沃尔夫(Wolf)认为，关系营销(Relationship Marketing)是对一般性的广告、促销、公共关系以及直接营销的组合，并创造更有效、更经济的方法来掌握消费者，核心是发展消费者和产品、企业之间的一种连续性关系。菲利普·科特勒则认为，关系营销是交易双方之间创造更亲密的工作关系和相互依赖关系的艺术。

摩根(Morgan)和汉特(Hunt)用承诺与信任理论来揭示关系营销的本质。他们首先将企业面对和要处理的关系分为四个方面、十种关系：第一，供应者方面，包括与商品供应者和服务供应者的关系；第二，横向关系方面，包括与竞争者、非营利性组织和政府机构三者的关系；第三，购买者方面，包括与中间购买者和最终消费者两者的关系；第四，内部关系方面，包括与下属单位、雇员和职能部门三者的关系。因此，他们提出了一个新的定义，“关系营销指所有旨在建立、发展和维护成功的关系交换的营销活动”。这种对关系营销的认识较为全固和深刻。

传统的营销将企业和顾客看作是买卖关系，企业营销活动就是完成每笔交易，并谋求每笔交易利润的最大化。关系营销认为企业与顾客的关系不只是交易关系，而应建立起良好长久的伙伴关系，企业营销的目的不只是谋求企业利润的最大化，而是着眼于谋求双方利益的最大化。从追求企业自身利益最大化到谋求企业与顾客双方利益的最大化，体现了两种营销观本质的区别。

（四）直复营销

直复营销(Direct Marketing)起源于美国，是一种为了在任何地方产生可度量反应或达成交易而使用的一种或多种广告媒体的互相作用的市场营销体系。直复营销与传统营销的区别是：传统营销中的顾客以群体出现，而直复营销的顾客则是单个个体，因而它可以根据每个顾客的购买习惯、需求进行有针对性的营销活动。传统营销中的销售活动要信息传递出去一段时间后，在另外的场所发生；而直复营销在传递广告信息的同时就销售产品，媒体就是销售场所。传统营销中的广告重在树立企业和产品的形象，引起消费者的注意；而直复营销中的广告则是为了促成消费者的立即购买行为，以达到短时间内增加产品销量与盈利的目的。在直复营销中，顾客通过回复卡、电话等方式进行查询、订货和付款、相关信息得到反馈，使得营销效果很容易测量，而传统营销效果则很难测量。

（五）大市场营销

市场营销的作用是满足目标买主的需要，并使他们能获得利益。然而，也有必要在适当的时机向非顾客提供适当数量的额外鼓励和施加一定的压力，因此，从广义的观点来看，大市场营销就是进入特定市场开展业务经营所需要的那些技能和机智。除了向顾客提供具有吸引力的产品和劳务以外，大市场营销者还可使用诱劝和赞助等手段从“守门人”那里得到满意的反应。大市场营销可定义为：为了成功地进入特定市场，并在那里从事业务经营，在策略上要协调地运用经济的、心理的、政治的和公共关系的手段，以博得外国或当地各有关方面的合作和支持。

菲利普·科特勒指出，“壁垒森严的市场可成为封闭型的或保护型的市场。对这样的市场，除了营销组合四个“P”之外，企业管理人员还必须加上另外两个“P”——公共关系（Public Relations）和权力（Power）。我把这种策略思想称为大市场营销（Mega - marketing）。”

当公司想要进入一个新市场时，就必须精通向当地有关集团提供利益的艺术，这比满足目标顾客的需求更加重要。这就要求营销人员不仅要为一般中介人服务并满足需要，而且要为这一范围之外的第三方面服务。所谓第三方面是指政府、劳工组织和其他利益集团等，它们往往会单独或者联合起来阻止一个企业进入某一有利的市场，这些第三方面集团扮演着守门人的角色，其作用愈来愈重要。

大市场营销者为了进入某一市场开展经营活动，必须经常地得到具有影响力的企业高级职员、立法部门和政府官员的支持，因此，大市场营销必须具有政治上的技能和策略，拿握高超的游说本领和谈判技巧，才能从其他方面得到预期的反应，权力是一个推的策略，公共关系则是 一个拉的策略。舆论需要较长时间的努力才能起作用。然而。一旦舆论的力量加强了，它就能帮助公司去占领市场。

（六）形象营销

企业形象是公众对企业的综合评价，是企业的表现与特征在公众心目中的反映。塑造完整、健全、独特的企业形象并非易事。它不是对企业表面的装饰，而是企业由内向外认识自我、展示自我和发展自我的过程。因为设计涉及由抽象理念到具体可视的行为、标志着诸多因素，企业形象塑造是一项艰巨的系统工程，必须借助企业形象识别系统（CIS）来完成。

CIS 系统是企业形象识别系统（Corporate Identity System）英文名称的缩写，国内外许多案例表明，CIS 系统把企业经营活动引入了全新的境界。台湾 CIS 设计权威林碧耸先生曾将 CIS 系统定义为：将企业经营理念与精神文化，运用统一的整体传达系统（特别是视觉传达系统）传达给企业周边的关系者，使其对企业产个一致的认同感。即企业先对自身良好特质、经营理念、经营行为做出自我认识和确认，然后利用识别系统统一而整体地传达，努力向公众展示，使公众获得从视觉到理念上的反复认同感，从而在心中反射出企业的整体人格形象。可以说，CIS 系统的建立就是人格化的企业表里如一的展示和认同。

阅读资料

西双版纳傣族自治州的形象营销

拥有国家级风景名胜区的西双版纳傣族自治州，努力塑造旅游整体形象，如今已成为云南旅游业一个响亮的名牌。西双版纳州在注重景区建设、实施生态保护的同时，全方位塑造"旅游名牌"形象。2000 年 4 月，该州借"中国昆明国际旅游节"举办之机，加大旅游宣传力庋，以每年近 80 万元的投资在昆明国际机场显著位置推出面积为 600 多平方米的"西双版纳民族旅游广告宣传长廊"，开创了地州旅游业在省会昆明作大型宣传的先河。州旅游局还邀请各方人士对全州进行旅游 CI 形象设计，策划旅游营销方案，使西双版纳的旅游形象宣传更科学、规范和富有成效。

（七）感性营销

感性营销就是以感性观点来分析人们的消费行为，把个人的感性差异的满足，作为企业营销战略核心的营销活动。感性营销来源于人们的感性消费。西方市场行销理论将消费者的需求分为三个不同阶段，首先是量的满足阶段，其次足质的满足阶段，第三阶段是感性消费时代。这三个阶段的演进是与社会经济发展密切相关的。从"量"到"质"到"感性"，实际上是社会经济的发展经历了从温饱型到富裕型再进入享受型的阶段。

在感性消费时代，过去那种单一的、大批量生产的产品已经远远不能满足消费者的需要。规模经济的生产方式愈来愈不能适应市场的变化。为了达到产品的差异化、多样化以及个性化，生产企业只有认真研究不同层次的消费心理，了解他们的欲望和需要。企业家必须从感性的新思路去从事生产经营、产品设计、制造以及销售，紧扣人们的感性消费心理，来维持和拓展市场。

感性营销之所以受到人们的青睐，根本原因在于企业站在用户立场上，以消费者满不满意、喜不喜欢作为产品没计和开发的准则，从而从情感上触动厂消费者，使消费者产生购买的欲望，并最终形成购买行为。

（八）CS 营销

CS（Customer Satisfaction）营销即是顾客满意营销。所谓顾客满意营销，其核心思想是企业的全部经营活动都要从满足顾客的需要出发，以提供满足顾客需要的产品或服务为企业的责任和义务，以满足顾客需要、使顾客满意为企业的经营目的。在美国，从汽车业到旅游服务业现在都已开始发布顾客满意度排行榜。在日本，据经济报业集团员新研究显示.提供顾客满意的产品和服务，已经成了未来日本企业最重要的优先考虑问题，许多大企业，无论是电子、汽车还是旅游业，都加强了他们的顾客满意职能。

CS营销战略把顾客满意所引发的对企业的信任和忠诚视作企业最重要的资产。CS营销开辟了企业市场营销的新视野、新观念和新方法，已被国外企业界人士看作是增强市场竞争能力、塑造良好企业形象的主要武器。

旅游企业将产品和服务提供给目标顾客之后，还必须了解顾客的满意程度。使顾客满意才能造就忠诚的顾客，而顾客对企业的忠诚和信任是企业实现利润的稳固基础。使顾客满意的关键在于增加顾客所获得的价值。如企业在同样的价格水平上，针对顾客的个人偏好提供个性化服务，就可为顾客提供更多的价值，必然提高顾客的满意度。因此，顾客的特殊偏好也是重要的信息。市场信息的获得需要借助于大规模的调查和一套成熟的调查技术。顾客个人偏好信息则要靠日常的积累，有赖于现代化的管理技术和管理手段，如电脑联网等。据报道，曾获美国国会巴德里治质量奖的里兹·卡尔顿饭店集团已储存了近50万客人的信息，当客人再次入住该集团的成员饭店，成员饭店都可以迅速地从信息中心调取客人的资料，从而提供客人所需要的服务。这是它成功的重要原因。国内知名旅游专家钱炜教授指出，饭店业不仅要提倡标准化、规范化的服务，还要提倡个性化服务，而大规模的个性化服务(集团化加电脑联网)则是21世纪饭店业发展的趋势。

(九)文化营销

文化营销是指将文化因素渗透到企业营销活动及其过程中，通过价值观的认同或文化需求的满足而赢得消费者的营销活动。与传统营销相比，文化营销策略具有以下持点：

1.在市场调研上，文化营销以满足大众文化需求为目标，因而市场调研的主题是消费者情感体验、价格认同、社会识别等文化需求，并密切关注消费时尚、消费方式的变化趋势。

2.在市场定位上，文化营销市场定位的要点在于明确自己产品满足消费者什么样的文化需求，在满足这种需求上与竞争对手有什么文化层面上的区别。

3.在产品策略上，文化营销视野中的产品不仅能满足用户的物质需求，更能满足用户的精神、文化需求。因此，文化营销十分重视产品的包装、命名、造型以及品牌中的文化品味。文化营销认为，尽管产品本身并无感情可言，但可通过别具一格的文化内涵设计赋予产品文化气息和情感氛围，使之与消费者心理需求相吻合。

4.在价格策略上，文化营销认为，价格由价值决定，产品提供的价值，即包括使用价值，也包括文化价值，商品定位应以顾客获得的总价值为准线，文化价值大小的确定以顾客的认知为基准。

5. 在促销策略上，文化营销十分注重促销活动的文化内涵，并把这种文化内涵赋予商品之中，创造出商品的文化价值，并通过赋予商品文化内涵，创造产品——文化需求联系，呼唤顾客的心理需求。

（十）整合营销

整合营销（Integrated Marketing Communication，简称 IMC）是欧美 20 世纪 90 年代以消费者为导向的营销思想在传播宣传领域的具体体现，其基本思想可以概括为以下两个方面：其一是强调营销沟通中的统一计划，即把广告、营业推广、包装、公共关系等一切与企业的对外传播和沟通有关的活动都归于一项统一的活动计划中；其二是强调统一沟通口径，即企业应当以一致的传播资料面对消费者，综合运用和协调使用各种各样的沟通手段，使营销沟通能发挥出最佳沟通效果。

整合营销与传统营销最大的区别在于重心的转移，从传统的消极、被动地适应消费者转向积极、主动地与消费者沟通交流。IMC 与传统的 4Ps 相对应，从全新地营销角度提出了 4Cs 主张。即在营销活动中，要考虑消费者的需求和欲望（Consumer wants needs）、消费者为满足其需求所愿意付比的成本（Cost）、怎样给消费者提供方便（Convenience）、如何同消费者沟通相交流（Communication）。

整合营销的出现和发展是现代营销环境发展的必然产物，是营销传播理沦在人们对广告不看、不信、不记忆的时期，为适应环境而进行的突破传统营销理论的一场自我革命。

（十一）网络营销

网络营销是建立在 Internet 基础上的，并借助联机网络、电话通信和数字交互式媒体的威力来实现营销目标。网络营销与传统营销相比，其独特之处在于：

1. Internet 无所不及，其超越时空限制并具备传送文字、声音、动画和影像的多媒体能力，较之传统的媒体具有更强的表现力，可以充分发挥营销人员的创意。

2. Internet 可以展示商品样本，连接资料库提供产品信息的查询，可以和顾客做双向沟通，可以收集市场情报，可以进行产品测试与消费者满意调查等，是产品没计、商品信息提供以及顾客服务的最佳工具。

3. Internet 上的促销是一对一的、理性的、消费者主导的、非强迫的、循序渐进的，同时也是一种低成本与人性化的促销，因此符合分级与直销的发展趋势。

4. Internet 使用者数量快速成长并遍及全球，使用者多属年轻人、中产阶级、高教育水平的人群，因此是一项极具开发潜力的促销渠道。Internet 上的营销可由商品信息提供至收款、售后服务一气呵成，因此也是一种全过程的营销渠道。

互联网是一种利用通信线路，将全球电脑纳入国际互联网的信息传递系统，它必将是未来市场营销最重要的渠道。在消费者导向的时代，市场营销管理中的 4Ps 应该与 4Cs，即顾客（Customer）、成本（Cost）、方便（Convenience）和沟通（Communication）进行充分的结合。而网络营销正好符合顾客主导、成本低廉、使用方便和充分沟通的要求，因而，必将成为未来企业营销创新的重要方式。

网络营销可以使营销企业实现双赢。例如由新城科技公司创建的我国第一人旅游网站联盟雅选网(www.yahtour.com)在广州投入运营伊始，就获得来自境内外700家加盟旅游企业的70多万元广告收入，借助于网络营销创出网站和传统行业联盟迅速盈利的商业新模式。又如，中青旅收购了“上海大陆旅游资源信息网”，该旅游信息网为上海十大重点应用系统之一，目前是我国五大旅游网站协会的会长单位，已有数百家的酒店、旅游社客户资源。中青旅旨在组建网上旅游营销中心，实现公司旅游品牌、旅游资源与科技优势的有效嫁接，逐渐形成覆盖全国的旅游线路产品销售网络，全方位拓展网络营销。

总之，营销创新的前提是观念的创新。许多人把“创新”看作技术上的重大发明创造，认为创新意味着科技进步，设备更新，似乎创新是一项规模浩大的工程，这样的认识直接导致人们将创新神秘化，把它当作实力雄厚企业的专利。其实，营销创新包括产品、市场、经营等多方面的内容，大到营销体制的变革，小到某些服务细节的改进，都应被看作营销创新的内容。还有许多人把营销创新当作企业管理人员的专利，认为普通员工就是按服务标准做好自己的本职工作，营销创新与己无关。实际上，营销创新关系到企业的生存和发展，进而直接影响到每个员工的切身利益。只有全体员工清楚地认识到这一点，才能保证营销创新的顺利实施，而如果所有问题都依赖少数的管理人员，不仅创新活动将举步维艰，而且会使员工个人遭受损失。

三、旅游市场营销战略创新

呼唤创新，实现创新，是旅游业的灵魂。创新需要创造性思维。创造性思维是一种高级思维过程，一种通过脑力劳动获得新观念、新思想、新主意、新方法的思维过程。这种过程常以一定的经验和知识累积为基础，以解决现实生活中存在的理论或者实际问题为目的，以丰富的联想和大胆的想象作催化剂，以具有社会意义的、新型、独特的产物为终结。创造性思维贯穿在旅游市场营销的各个环节。

下面首先分析旅游市场需求的变化，然后在此基础上对通过创造性思维进行旅游市场营销战略创新进行探讨。

(一)旅游市场需求的转变

早期的大众旅游可以追溯到工业革命时朗。旅游业继承传统工业的大规模标准化生产模式的不成熟性以及经济技术等的不发达性，造就了大批要求低且需求类似的不成熟的旅游者。这时的旅游市场需求体现为对于内涵相似的标准化旅游产品的大规模无差异需求。这种需求基本上是大众化的、可以预测且缺乏弹性的，一定程度上可以由旅游产品生产者来创造和引导，因为不成熟的旅游者对于旅游产品并无严格标准和很高预期。随着旅游业最初沿袭借鉴的工业化生产方式的变革和旅游业自身的不断成熟，旅游市场开始由于不同类型需求的出现而经历了不同程度的“非大规模化”，旅游者追求变化和差异的需要使大规模同质旅游市场自然分割成多样化的微观市场。具有不同需求的群体在不同的分销渠道上追逐不同的旅游产品。尤其是进入20世纪80年代后期以来，以资本为核心资源的工业社会向知识经济转化过程中产生的生产交换模式变化、以Internet为代表的信息技术的飞速发展和以其为凭借的旅游者消费意识的转化和成熟度的提高，更加剧了需求的个性化和多样化趋势。相对于大众旅游时期来讲，旅游市场需求总体呈现出细分化、差异化、复杂化和个性多样化。虽然由于旅游者对于旅游的需求增加、有效需求转化为实际需求的过程也更为便捷等原因，总体需求水平相对于以前大量地提高，但同时旅游者在不断创新自己高度个性比的需求，从而使这些需求分散于日趋超细划分的市场需求群中。

旅游需求向微观个性化转变的总体趋势在对旅游产品种类、旅游产品信息渠道和旅游产品交易渠道的需求上有以下具体表现：

1. 旅游产品需求变化

在对旅游产品的需求方面，现代旅游者出于对自主、灵活、发挥个性等的追求，在参加旅游的形式方面体现出对形态多样的散客自助式旅游的强烈需求。如据美国《旅游与娱乐》杂志近年所做的一项关于非商务旅游特点与动机的调查显示：参加包价旅游的只占24%，有76%的旅游者以散客形式参加旅游。这一趋势还将由于Internet的普及带来的旅游者自己设计线路、网上预订的便利性而进一步增强。其对旅游产品的需求总体上体现出个性、多样、自助、参与等特点。

对饭店业来说，随着跨国公司的发展和国际间经贸往来的增加，商务客逐渐构成我国许多高档豪华饭店的主要客源。商务客人的需求与以往的观光客人有所不同，他们往往对价格不很敏感，而需要省时、方便、准确、快捷的服务，并希望能在饭店内完成电文传递、印制文件、商务咨询、机票预订等事项。顾客需求的变化迫使饭店及时进行创新改造，提供其所需服务。

2. 旅游产品信息渠道需求变化

这种对于产品个性多样化的需求甚至会升级为通过自己设计组装产品来满足，这些都对接触和获得信息的渠道有了更高的要求。多样化旅游产品信息在总量上不断增多，而单体规模日益减小，指向的市场日趋分散化和全球化。每个需求群都有其强烈的偏好和消费特点，只有通过越来越具差别性的媒介才能与其互相沟通。同时旅游者对于这些分散信息的快速取得和易于整理的需求又不断提高，这一切都是分散地利用不发达信息技术的传统大众传媒形式所难以兼顾的。可以说惟独依靠以Internet为代表的信息技术的发展才能满足这种对信息渠道的广度、随意性和高速化的需求。

3. 旅游产品交易方式需求变化

在旅游产品交易方式的需求方面，旅游者对于交易的便利性、及时性、随时性、快捷高效性等都有了更高的价值取向。其常常愿意采用随走随买、零星分散的购买方式来进行交易。总体来讲，旅游者需要及时获得大量的旅游信息，通过自己加工整理和与旅游生产者互动的方式，针对自己的个性化需求定制适合自己的旅游产品，并通过快速高效的交易渠道随时进行旅游交易。

处于这一需求发展进程不同阶段的地区会体现出不同的个性化特征，其终极形式都为一定范围内几乎个个不同的需求的权端个性化。但由于旅游业的全球一体化运作，一定市场范围内的个人需求扩展到整个旅游市场的需求总体，则会形成一定规模的同质需求市场，从而使旅游营销战略的变革和实施成为可能。

（二）旅游市场营销战略创新

对应于大众旅游时期的需求特点，大规模营销（Mass Marketing）战略的观念建立在旅游者对于单一产品有大量需求的假定上，认为采取大批量生产、促销和分销单一产品从而降低成本和价格来创造最大的潜在市场的无差别营销是最有效的。其运作中不考虑各可能存在的细分市场间的差别，而致力于旅游者需求中的相同之处，推出单一的包价旅游产品来追求整个市场，即用相似的、标准化的、缺乏变化的包价旅游产品去满足常规的旅游需求。其采用以价促销并追求产品在销售数量上的规模扩张和最大化，凭借广泛的销售渠道、大规模的广告宣传在旅游者心目中树立某一产品的超级形象。在此战略阶段，产品设计、生产、促销和销售各环节之间联系很少，且在整体上可以不顾及旅游者的需求特点。

随着大众旅游需求因旅游业发展而必然体现出的非大规模化，旅游产品营销者开始关注需求的差异性，从而在经历了提供多种产品来扩大旅游者基数的差异营销战略后，转向向目标市场营销战略的变革，即提供多样化旅游产品来针对性地满足日趋复杂多变的旅游需求。目标市场营销中，营销者区分出构成旅游市场的各种不同群体间的差别，并从中选择一个或几个细分市场，为每个目标市场开发相应产品和制定营销计划。以有效市场细分为基础的目标市场营销战略造就了旅游产品种类、旅游方式、旅游交易形式等在近些年的极大丰富化，顺应了旅游者的多样化需求。同时由于市场微观化导致市场细分程度由原来的细分市场（segmental market）到超细分市场（niche market）、又在向类似于“一对一”市场（one - to - one market）的终极细分市场的转化，营销的着力点也从目标市场群的需求转到超细分市场需求甚至将转向目标个体需求。这种目标个体需求在旅游活动全球化的强大市场基数下仍然具有其有利可图的运作规模，从而最终形成以批量为基础、从事大量的高度个性化产品生产以满足每个旅游者需求的“一对一”顾客定制化营销战略。

这一旅游营销战略运作中必然要贯彻以下思想：强调将每个单个旅游者都作为有独

一无二个性的微观目标市场，凸现对其个性需要的终极关怀；从旅游产品生产上实现顾客定制化，让旅游者参与生产完全符合自己愿望的产品。一方面让旅游者通过Internet等方式自选自组体现自己个性的旅游产品；另一方面，即使在向旅游市场提供标准化旅游产品，如包价旅游时，也不仅限于生产某一标准的营销供应品，而是让旅游者有权对其中内容进行选择、剪裁和重组。即：即使产品不能顾客化定制，营销方法也可以顾客化定制。这种极富个性的定制化营销要建立在网络等技术手段的支持下。总之，相对于大众营销来讲，目标市场营销是针对若干个细分化程度不一的细分市场实施分散营销的战略。

(三)旅游产品销售创新

自从20世纪80年代中后期以来，随着全球经济技术的发展和旅游业的不断成熟，旅游营销战略正经历着由大规模营销向以“一对一”的顾客定制化营销为终极形式的目标市场营销的变革。相应地，作为旅游营销组合重要成员的旅游产品销售渠道也在不同程度上由原来的长宽并重走向日益短宽化。尤其是计算机技术的飞速发展，一方面促进了旅游产品供给方力图跨越中间环节的渠道最短化倾向，另一方面更为渠道的拓宽提供了无限的天地，从而进一步推动了渠道策略向以宽为主的变革。

旅游需求及其引导的旅游营销战略的变革必将引发旅游产品销售渠道策略的变革。以长宽两个维度的组合来勾勒旅游产品销售渠道的框架可以总结出，在大众营销时期，旅游产品销售渠道决策坚持长宽并重的取向。首先，由于旅游需求是大规模同质的，旅游产品生产也是大批量的，因而对分销系统的最根本要求就是能否实现销量最大化，而这一点在当时的经济技术条件下是单纯依靠旅游产品生产者自身所难以实现的，从而使以旅行社为代表的大量销售中介机构成为分销的主力军，每条间接销售渠道上所运行的销售量成为宽度决策中关注的焦点。同时，由于旅游需求的无差异性和旅游产品的标准化、专业知识含量低等特点，旅游产品生产者和最终消费者可以相互隔离而相安无事，不需要就产品进行大量沟通。标准化的旅游产品经由大量中间环节到达最终消费者时不会有很大变化。这就为间接销售渠道的长度取向提供了可能，为达到自己难以直接到达的客源市场，旅游产品生产者可以尽可能延长和更加中间环节。销售渠道策略的出发点即为以尽可能多的、销售能力尽可能大的旅游中间商的介入来形成长度上尽可能触及和分散到全球各地、宽度尽可能承载最大交易量的长宽并重的销售渠道结构。但是在此阶段，渠道在长度上有受国家间进入壁垒等限制而艰以到达的市场，宽度上更有出于技术手段等的限制。

当旅游需求发展到高度个性化时，“一对一”的营销战略必然要求生产者实现包括交易在内的与旅游者的直接接触，缩短销售渠道直至实现面对面的销售。在旅游产品生产者不得不直接关注各种个性化需求从而有针对性地生产多样的非标准化旅游产品的顾客定制化营销时期，有效的销售渠道必然体现为旅游产品供需双方直接互动接触的渠道最短化形态。由于旅游中间商往往缺乏关于各种个性特色化旅游产品的专门信息和知识，由过多中间环节形成的过长渠道不仅会使旅游产品生产者的产品销售成本提高，也会使其对维持产品特色的控制力削弱，甚至导致高度个性化、附加价值高的旅游产品在到达最终消费者时已发生了个性上的改变和价值含量的降低，难以满足旅游需求对个性化的追求。再加上为了顺应旅游者对于交易的便捷度、灵活性、及时性、快速高效性的需求等原因，更产生了以计算机网络技术为支撑的跨越旅游销售中间环节的销售渠道短宽化趋势。

旅游产品销售渠道短宽化趋势的具体实现在总体上都是以计算机网络化为基础的。互联网络提供了巨大的信息量和交易便利度，从而作为强大的技术支撑为销售渠道的宽度决策提供了无限的扩展天地；旅游销售渠道长度决策中的短化取向的实现则依赖于信息网络化带动的规模经济效应和对应旅游需求多样个件化而采取的范围经营等途径。

首先，前者主要表现为销售渠道变革中的一体化趋势。计算机技术在问讯、预订直至网络方面的发展和普及为旅游产品生产者在主要市场范围内扩大同顾客的直接接触提供了可能。其导致的垂直一体化是近年旅游产品销售渠道发展中最重大的变革之一。传统销售渠道是由独立的旅游产品生产者、旅游批发商、零售商等构成的，每个成员作为独立实体追求自己的利润最大化，即使是以损害渠道系统整体利益为代价也在所不惜。垂直一体化的销售渠道系统则相反，它是由生产者、批发商、零售商形成的以产权为约束的统一联合体。如近年来美国旅游批发商为了对抗供应商越过自己的直销趋势，实行反向一体化，通过购买兼并等方式取得供应商，同时实行前向一体化，买进包括旅行代理商在内的国内外零售层次来控制零售点。正反向一体化使大批发商的规模更大，有的甚至成为大型垄断企业，通过同时拥有生产、批发、零售三个层次而控制整个旅游产品分销渠道，使渠道最短化。

其次，旅游营销战略向个性化的转变必然导致旅游产品生产者利用范围经济效应实现多样特色比的产品生产，而这种非标准化的产品必然要求采用已不单纯是作为交易手段的直接销售渠道，从而使销售渠道在长度上趋向于最短，面在宽度上由于多样化产品的生产而实现总销量上互相补充而呈现出的渠道短宽化。

思考与练习：

1. 旅游市场营销创新的含义和意义是什么？

2. 旅游市场营销创新源的含义是什么？大致包含哪些类型？请举例说明。

3. 社会市场导向营销观念的组成要素包含什么？

4. 请举例分析旅游市场营销的观念创新。

5. 旅游市场需求目前发生了哪些变化？应采取什么样的营销创新战略与其相适应？

案例：

环球泛太平洋饭店的营销战略

（一）饭店现状

位于泰国曼谷的环球泛太平洋饭店集团是环球饭店旅游集团的分公司，该饭店旅游集团总部设在多伦多市，是加拿大最大的一家独资企业，经营业务遍布加拿大、美国、古巴和泰国等国。环球泛太平洋饭店集团建于1993年，位于曼谷商业旅游地区之一的中心地带一座20层综合型大厦。环球泛太平洋饭店集团自己定位于一家提供四星级以上住宿、五星级服务的宾馆。在销售与营销部经理卡林汗眼中，这座饭店如果在北美地区或欧洲早就晋升为五星级饭店了。但是由于曼谷地区市场竞争异常激烈，消费者的期望也很高，饭店降低半档的定位也是十分必要的。

饭店主要迎合两种类型截然不同的消费者：国际商务人员和寻欢作乐的游客。环球泛太平洋饭店集团约60%的年利润收入来自客房服务以及如洗衣、商务服务等相关项目。其余的40%则来源于酒水饮料、食品等服务项目。客房服务项目的综合销售比率如下：

商务客人：55% ~60%

游客及广告会议：25% ~30%

航空公司员工：15%

近年来，由于曼谷地区旅游业的迅速发展，许多新建饭店陆续开业。据统，将来几年这一发展势头还将持续下去。因此，这给饭店带来了极强的挑战。目前，环球泛太平洋饭店集团一位重要客户——某国际航空公司——很可能停止续签与饭店的订房合同、因此饭店客房上房率会很快出现较大的下跌，这无疑更使饭店经营雪上加霜。

（二）饭店旅客情况介绍

环球泛太平洋饭店一直致力于吸引商务旅客的入住率，因为这一类型消费群体的利润产出要高于其他类型的消费群体利润产出。这类房客更乐意使用饭店其他服务设施——餐厅、洗衣房、电话电传等。大约95%的商务旅客都在曼谷当地预定房间。当地订房比海外预定要便宜一些。

休闲旅游类房客可分为两大类：单身游客和团体游客。这两类游客服务的利润产 C1日子商务旅客。由于饭店周边各类饭馆、饮食店星罗棋布，他们使用饭店内设餐厅在中午和晚间用餐可能性要小得多。这一状况迫使环球泛太平洋饭店集团必须注意吸引曼谷地区当地居民来饭店餐厅用餐。

日本商务游客类旅游者占环球泛太平洋饭店经营业务项目中一个不小的份额，饭店因此特别注意吸纳这一类型的房客。在过去的数年中，日本人一直是泰国数量最大的外国投资者，这一趋势将在未来持续下去。环球泛大平洋饭店商务旅客服务中，日本游客占该饭店经营利润额的30%、旅游住客服务利润额的40%左右。

对于各个饭店来说，争取航空公司机组人员的订房合同具有极大的竞争性。这些订房合同有助于各家饭店实现自己的上房宰指标。各个航空公司选择长期包订饭店合同的关键因素主要有客房价格、饭店安全程度和卫生条件。

(三)饭店的营销机遇

在开发一种确保充分发挥饭店在区域市场中作用的市场营销战略计划时，卡林汗先生发现实现饭店更高上房率和客房平均利润率的目标可以有多个市场昔销创新选择方案。

首先，可以考虑组织、运用下属营销人员在饭店所在区域市场中实行闪电式大规模促销活动，提高人们对环球泛太干洋饭店价镇的认同以及饭店服务项目的知名度。每位营销人员已经居于市场中的特定位置，在各自负责的商务区间树立了良好的形象。这一市场目前拥有16栋办公楼，每栋20层。这类促销活动需要注意一些细节，进行客尸开发活动必须采用适当的方式、不能让泰籍营销人员感到不适。与亚洲其他地方一样，在泰国从事经营活动关键在于在企业与消费者群体之间建立良好的个人关系。卡林汗先生认为他的营销人员擅长于为现有客户服务，但在同其他潜在客户交往时就显得比较勉强。

其次，卡林汗先生必须考虑让饭店营销人员在曼谷地区周边两个较大的卫星城市去开发新的商务客源。这两个卫星城市分别位于环球泛太平详饭店以来20公里处和30公里处，是几个新近获得较大发展的实业集团公司总部所在地，还有规模不小的外贸开发特区。这两个新兴城市目前缺乏四星级以上的饭店。卡林汗先生的这一举措就是针对这一地区为数不少的全球知名企业集团驻当地人员的具体需求而决定的。当地这些外资企业集团中有不少属于日本人开的企业。卡林汗先生注意到日本人习惯在一些娱乐性强的环境氛围中谈生意、做买卖。因此，他肯定日本商务人员乐意在环球泛太平洋饭店所在区域的宾馆饭店里从事业务活动。另外在曼谷以北30公里和50公里还有两个小型城，它们均可为环球泛太平洋饭店提供新的商务客源。

卡林汗先生考虑的另一个选择方案是将饭店客源新目标对准旅游业中的经纪人，特别是当地的旅游经纪人，人们往往将旅游经纪人和旅游团经纪人相混淆，其实他们是海外一些度假公司驻自地办事处代表，由于控制着自地一些相关旅游市场，往往被视为是带团旅游团体的关键环节。同时，他们也以自己的信誉对外提供海外旅游导游担保。卡林汗先生认为与这些旅游经纪人保持良好的关系，休闲娱乐业的现状将会得到根本性的改善。

环球泛太平洋饭店与目前这家航空公司客户之间进行的磋商，形势对该饭店极为不利，迫使环球泛太平洋饭店与其他航空公司加强联系，以便在该航空公司不续订房协议时，保证饭店的上房率不受大的影响。卡林汗先生已经与其他几条国际航线就相关业务方面的合作问题进行过磋商，已经有一家航空公司有需求意向。

此外，环球泛太平洋饭店还存在其他选择方案。曼谷作为全球各国外交使馆最集中的地区之一，拥有50多个国家的驻泰使馆和领事馆，其中一半左右距环球泛太平洋饭店的路程在3公里以内。此外，曼谷作为泰国的首都，从各个省府来曼谷的各级政府官员络绎不绝。而且国家政府机关在萨丽凯特女王会议中心召开的各种会议数量也很多。

环球泛太平洋饭店周边有众多的饭店，形成了激烈的市场竞争环境。但饭店前三年的经营可以说是业绩辉煌，十分成功。卡林汗先生在对饭店区域市场将存在更为激烈的竞争有了充分的了解后，目前必须决定如何通过营销创新推动环球泛太平洋饭店的继续成功。

【案例讨论题】

请根据环球泛太平洋饭店的现状和营销机遇，分析卡林汗先生提出的营销举措，并为环球泛太平洋饭店具体设计几项旅游营销创新策略。

参考文献

1. 任昕竺. 旅游市场营销与管理. 北京:人民邮电出版社, 2006
2. 王仲君. 旅游市场营销实用教程. 天津:南开大学出版社, 2010
3. 雍天荣. 旅游市场营销. 北京:对外经济贸易大学出版社, 2008
4. 徐惠群. 旅游营销. 北京:中国人民大学出版社, 2010
5. [美]科特勒,凯勒,王永贵等. 营销管理·北京:格致出版社,2009
6. 郭国庆,李先国. 市场营销学. 武汉:武汉大学出版社,2004
7. 徐春波主编. 旅游市场营销学. 北京:中国纺织出版社,2009
8. 赵西萍等. 旅游市场营销学. 北京:高等教育出版社,2002
9. 张俐俐. 旅游市场营销. 北京:清华大学出版社,2005
10. 杨志熙. 旅游市场营销学. 武汉:华中师范大学出版社,2006
11. 雍天荣. 旅游市场营销. 北京:对外经济贸易大学出版社,2008
12. 刘伟. 旅游概论. 北京:高等教育出版社, 2003:107－112
13. 蔡万坤. 餐饮管理. 北京:高等教育出版社, 2002:45－51
14. 马开良. 餐饮管理与实务. 北京:高等教育出版社, 2003:53－57
15. 张建春. 金世胜. 旅游经济学. 北京:高等教育出版社, 2001:25－26
16. 杨志熙. 旅游市场营销学. 武汉:华中师范大学出版社, 2006
17. 雍天荣. 旅游市场营销. 北京:对外经济贸易大学出版社, 2008
18. 任昕竺. 旅游市场营销与管理. 北京:人民邮电出版社, 2006
19. 王仲君. 旅游市场营销实用教程. 天津:南开大学出版社, 2010
20. 雍天荣. 旅游市场营销. 北京:对外经济贸易大学出版社, 2008
21. 徐惠群. 旅游营销. 北京:中国人民大学出版社, 2010
22. 任昕竺. 旅游市场营销与管理. 北京:人民邮电出版社, 2006
23. 王仲君. 旅游市场营销实用教程. 天津:南开大学出版社, 2010
24. 雍天荣. 旅游市场营销. 北京:对外经济贸易大学出版社, 2008
25. 徐惠群. 旅游营销. 北京:中国人民大学出版社, 2010
26. 林南枝,黄晶. 旅游市场学. 天津:南开大学出版社, 2010
27. 陈国柱. 旅游市场营销学. 天津:天津大学出版社, 2010
28. 蔡洪胜. 旅游市场营销. 北京:清华大学出版社, 2010
29. 林南枝,黄晶. 旅游市场学. 天津:南开大学出版社, 2010

30. 陈国柱. 旅游市场营销学. 天津:天津大学出版社, 2010
31. 蔡洪胜. 旅游市场营销. 北京:清华大学出版社, 2010
32. 马同斌. 现代企业营销创新. 北京:中国时代经济出版社, 2002
33. 张文贤. 市场营销创新. 上海:复旦大学出版社, 2002
34. 万后芬. 绿色营销. 北京:高等教育出版社, 2001
35. 卢泰宏,秦朔. 营销在中国. 广州:广州出版社, 2002
36. 王正选,巩春生. 市场营销学. 北京:北京工业大学出版社, 2002
37. 张卫东. 网络营销. 北京:电子工业出版社, 2002
38. 马同斌. 现代企业营销创新. 北京:中国时代经济出版社, 2002
39. 张文贤. 市场营销创新. 上海:复旦大学出版社, 2002
40. 万后芬. 绿色营销. 北京:高等教育出版社, 2001
41. 卢泰宏,秦朔. 营销在中国. 广州:广州出版社, 2002
42. 王正选,巩春生. 市场营销学. 北京:北京工业大学出版社, 2002
43. 张卫东. 网络营销. 北京:电子工业出版社, 2002